法考精神体系

历年精粹　透视命题

三国法300题

思路点拨　举一反三

殷　敏◎编著｜厚大出品

中国政法大学出版社

2024年厚大社群服务清单

主题班会
每月一次，布置任务，总结问题

学情监督
记录学习数据，建立能力图谱，针对薄弱有的放矢

备考规划
学习规划，考场应急攻略，心理辅导策略

干货下载
大纲对比、图书勘误、营养资料、直播讲义等

同步小测
同步练习，当堂讲当堂练
即时检测听课效果

单科测试
全真模拟，摸底考试
考试排名，知己知彼

专业答疑
语音、图片、文字多方式提问
专业专科答疑

主观破冰
破译主观题的规律和奥秘，使学员
对主观题从一知半解到了如指掌

扫码获取专属服务

模拟机考
全真模拟，冲刺法考，进阶训练，突破瓶颈

高峰论坛
大纲解读，热点考点精析，热点案例分析等

法治思想素材
精编答题素材、传授答题套路，使考生对论述题
万能金句熟记于心

主观背诵金句
必背答题采分点，"浓缩"知识，择要记忆
法言法语，标准化答题

　　如果问哪个群体会真正认真地学习法律，我想答案可能是备战法考的考生。

　　当厚大的老总力邀我们全力投入法考的培训事业，他最打动我们的一句话就是：这是一个远比象牙塔更大的舞台，我们可以向那些真正愿意去学习法律的同学普及法治的观念。

　　应试化的法律教育当然要帮助同学们以最便捷的方式通过法考，但它同时也可以承载法治信念的传承。

　　一直以来，人们习惯将应试化教育和大学教育对立开来，认为前者不登大雅之堂，充满填鸭与铜臭。然而，没有应试的导向，很少有人能够真正自律到系统地学习法律。在许多大学校园，田园牧歌式的自由放任也许能够培养出少数的精英，但不少学生却是在游戏、逃课、昏睡中浪费生命。人类所有的成就靠的其实都是艰辛的训练；法治建设所需的人才必须接受应试的锤炼。

　　应试化教育并不希望培养出类拔萃的精英，我们只希望为法治建设输送合格的人才，提升所有愿意学习法律的同学整体性的法律知识水平，培育真正的法治情怀。

　　厚大教育在全行业中率先推出了免费视频的教育模式，让优质的教育从此可以遍及每一个有网络的地方，经济问题不会再成为学生享受这些教育资源的壁垒。

　　最好的东西其实都是免费的，阳光、空气、无私的爱，越是弥足珍贵，越是免费的。我们希望厚大的免费课堂能够提供最优质的法律教育，一如阳光遍洒四方，带给每一位同学以法律的温暖。

没有哪一种职业资格考试像法考一样，科目之多、强度之大令人咂舌，这也是为什么通过法律职业资格考试是每一个法律人的梦想。

法考之路，并不好走。有沮丧、有压力、有疲倦，但愿你能坚持。

坚持就是胜利，法律职业资格考试如此，法治道路更是如此。

当你成为法官、检察官、律师或者其他法律工作者，你一定会面对更多的挑战、更多的压力，但是我们请你持守当初的梦想，永远不要放弃。

人生短暂，不过区区三万多天。我们每天都在走向人生的终点，对于每个人而言，我们最宝贵的财富就是时间。

感谢所有参加法考的朋友，感谢你愿意用你宝贵的时间去助力中国的法治建设。

我们都在借来的时间中生活。无论你是基于何种目的参加法考，你都被一只无形的大手抛进了法治的熔炉，要成为中国法治建设的血液，要让这个国家在法治中走向复兴。

数以万计的法条，盈千累万的试题，反反复复的训练。我们相信，这种貌似枯燥机械的复习正是对你性格的锤炼，让你迎接法治使命中更大的挑战。

亲爱的朋友，愿你在考试的复习中能够加倍地细心。因为将来的法律生涯，需要你心思格外的缜密，你要在纷繁芜杂的证据中不断搜索，发现疑点，去制止冤案。

亲爱的朋友，愿你在考试的复习中懂得放弃。你不可能学会所有的知识，抓住大头即可。将来的法律生涯，同样需要你在坚持原则的前提下有所为、有所不为。

亲爱的朋友，愿你在考试的复习中沉着冷静。不要为难题乱了阵脚，实在不会，那就绕道而行。法律生涯，道阻且长，唯有怀抱从容淡定的心才能笑到最后。

法律职业资格考试不仅仅是一次考试，它更是你法律生涯的一次预表。

我们祝你顺利地通过考试。

不仅仅在考试中，也在今后的法治使命中——

不悲伤、不犹豫、不彷徨。

但求理解。

厚大®全体老师　谨识

考生如想顺利通过法考，就必须将平时所学的知识点转化成最终能答对题的分数。一部好的历年真题解析图书能够帮助考生迅速摸清法考命题思路，帮助考生详细解读重要考点，分析应对策略。因此，历年真题解析图书是考生复习的必备资料。本书作为我的厚大三国法小包的一个组成部分，具有以下特色：

1. 精选了自2002年首届司法考试至今的300道真题，在收录中为了避免新法规与旧题目答案的冲突，删除了部分可能有异议或根据新法规没有合适答案的真题。

2. 由于自2018年首届法律职业资格考试开始，司法部不再公布真题，因此，我根据网络上和线下考生反映的三国法出题考点及试题情况，编写了匹配2018年至今真题考点的回忆版真题放在本书各考点中。

3. 编排顺序仍然依照理论卷中18讲、66个专题的顺序排列，使考生能够配套理论卷直接进行全真演练和自我检测。

4. 对每讲分别设置了以下栏目：

[应试指导] 总结该讲在考试中的重要考点和考试特点，提醒考生相应的应对策略。

[历年真题] 对历年真题以倒序方式排列，依次进行解析。每道真题下面设计了"考点提示"、"选项解析"和"要点凝练"三个栏目，帮助考生"知其然并知其所以然"。

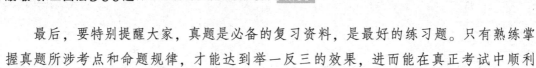

　　最后，要特别提醒大家，真题是必备的复习资料，是最好的练习题。只有熟练掌握真题所涉考点和命题规律，才能达到举一反三的效果，进而能在真正考试中顺利过关！

殷　敏

2024 年 1 月

目 录
CONTENTS

第 *1* 编　国际公法

第 **2** 编 国际私法

国际法导论 第**1**讲

应试指导

国际法导论部分在法考中有三个考点：国际法的渊源、国际法的基本原则、国际法在国内的适用。国际法的渊源包括国际条约、国际习惯和一般法律原则，难点在于从渊源的角度，区分国际法规则的立法过程、形式和适用范围；国际法的基本原则中，要把握以"主权"概念为核心的国际法各项基本原则的准确含义；国际法在国内适用的两种通行方式包括转化和并入，重点在于条约在中国国内适用的方式，尤其要理解平行适用这种方式。本讲最近几年几乎都有真题涉及，但也有一些年份无试题出现。另外，本部分真题还常与战争法、条约法、国际争端的和平解决、国家的各项制度等结合起来考查，考生在复习中应注意将该部分知识点与其他讲的相应考点相结合。

国际法的渊源 专题 01

1. 甲、乙、丙、丁四国是海上邻国，2000年四国因位于其海域交界处的布鲁兰海域的划分产生了纠纷。同年，甲国进入该区域构建了石油平台，并提出了划界方案；2001年乙国立法机关通过法案，对该区域作出了划定；2002年丙、丁两国缔结划界协定，也对该区域进行划定。2004年某个在联合国拥有"普遍咨商地位"的非政府国际组织通过决议，提出了一个该区域的划定方案。上述各划定方案差异较大。根据国际法的相关原则和规则，下列哪一选项是正确的？（2008延/1/31-单）

A. 甲国的行为不构成国际法中的先占，甲国的划界方案对其他国家没有拘束力

B. 乙国立法机构的法案具有涉外性，构成国际法的一部分，各方都应受其拘束

C. 丙丁两国缔结的协定是国际条约，构成国际法的一部分，对各方均有拘束力

D. 上述非政府组织的决议，作为国际法的表现形式，对各方均有拘束力

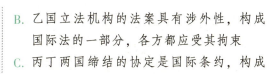

考点提示 国际法的渊源；领土取得方式

选项解析 国际法上的先占，是指国家有意识地取得不在其他任何国家主权下的土地的主权的行为。先占必须具备两个条件：①先占的对象必须为无主地，即不属于任何国家的土地，或被原属国家明确抛弃的土地。②先占应为"有效占领"。首先，国家应具有取得该无主地主权的意思，并要公开地表现出来；其次，国家

须对该地采取实际的控制,包括采取立法、司法、行政措施,建立机构,标示主权等适当的行动。本案中,布鲁兰海域并非无主地,而是存在争议的土地,甲国建立石油平台,提出划界方案,并不构成先占。故 A 项正确。

对于布鲁兰海域的主权归属,甲、乙、丙、丁四国之间存在争议,因此,他们之中任何一国或两国单独制定的划界方案在没有得到其他国家同意之前,对其他国家都不具有约束力。故 B、C 项错误。

国际组织的决议不是国际法的渊源。况且,在联合国拥有"普遍咨商地位"的非政府国际组织不是布鲁兰海域的主权享有者,它提出的划界方案对当事国更没有约束力。故 D 项错误。

参考答案 A

要点凝练

（1）先占的前提条件：无主地+有效占领；

（2）有涉外因素的国内法不是国际法的渊源；

（3）国际条约只能约束缔约国；

（4）国际组织的决议不是国际法的渊源。

2. 国际人道法中的区分对象原则（区分军事与非军事目标,区分战斗员与平民）是一项已经确立的国际习惯法原则,也体现在《1977 年日内瓦四公约第一附加议定书》中。

甲乙丙三国中,甲国是该议定书的缔约国,乙国不是,丙国曾是该议定书的缔约国,后退出该议定书。根据国际法的有关原理和规则,下列哪些选项是错误的?（2007/1/77-多）

A. 该原则对甲国具有法律拘束力,但对乙国没有法律拘束力

B. 丙国退出该议定书后,该议定书对丙国不再具有法律拘束力

C. 丙国退出该议定书后,该原则对丙国不再具有法律拘束力

D. 该原则对于甲乙丙三国都具有法律拘束力

考点提示 国际条约和国际习惯的区别

选项解析 国际习惯,是指在国际交往中由各国前后一致地不断重复所形成,并被广泛接受为有法律拘束力的行为规则或制度。国际习惯对各国有普遍约束力。故 A 项错误,当选；D 项正确,不当选。

条约仅约束缔约国。丙国曾是该议定书的缔约国,后来退出该议定书,议定书对其不再具有约束力。但国际人道法中的区分对象原则是一项已经确立的国际习惯法原则,因此,丙国退出后,虽然议定书对其不再具有约束力,但区分对象原则仍对其有约束力。故 B 项正确,不当选；C 项错误,当选。

参考答案 AC

要点凝练

（1）国际条约只能约束缔约国；

（2）国际习惯约束所有国际法主体。

02 专题 国际法的基本原则

3. 关于国际法基本原则,下列哪些选项是正确的?（2013/1/75-多）

A. 国际法基本原则具有强行法性质

B. 不得使用威胁或武力原则是指禁止除国家对侵略行为进行的自卫行动以外的一切武力的使用

C. 对于一国国内的民族分离主义活动,民族自决原则没有为其提供任何国际法根据

D. 和平解决国际争端原则是指国家间在发生争端时,各国都必须采取和平方式予以解决

考点提示 国际法的基本原则

选项解析 国际法基本原则是国际法庞大规则体系中最核心和基础的规范。国际法强行规则，是指在国际社会中公认为必须绝对遵守和严格执行的法律规范，它不得被任意选择、违背或更改。国际法基本原则具有强行法性质，但并不是所有的强行法规则都是国际法基本原则。故 A 项正确。

不得使用武力威胁或武力原则，是指禁止除国家对侵略行为进行的自卫行动和联合国安理会授权以外的一切武力的使用。故 B 项错误。

民族自决原则，是指被压迫民族有摆脱殖民统治，独立决定自己命运，建立民族独立国家的权利。其中，独立权只严格适用于殖民地民族的独立场合，且坚决反对民族分裂主义。故 C 项正确。

和平解决国际争端原则，是指国家间在发生争端时，各国都必须采取和平方式予以解决。其与不得使用武力威胁或武力原则相辅相成。故 D 项正确。

参考答案 ACD

要点凝练

（1）国际法基本原则均具有强行法性质。

（2）不得使用武力威胁或武力原则有两个例外：①行使自卫权时；②联合国安理会授权时。

（3）民族自决原则中的"独立权"适用的前提条件是该民族是处于"殖民"统治之下的民族。

（4）和平解决国际争端原则中的"争端"，仅针对国家之间的争端。

4. 亚金索地区是位于甲乙两国之间的一条山谷。18 世纪甲国公主出嫁乙国王子时，该山谷由甲国通过条约自愿割让给乙国。乙国将其纳入本国版图一直统治至今。2001 年，乙国发生内乱，反政府武装控制该山谷并宣布脱离乙国建立"亚金索国"。该主张遭到乙国政府的强烈反对，但得到甲国政府的支持和承认。根据国际法的有关规则，下列哪一选项是正确的？（2007/1/30-单）

A. 国际法中的和平解决国际争端原则要求乙国政府在解决"亚金索国"问题时必须采取非武力的方式

B. 国际法中的民族自决原则为"亚金索国"的建立提供了充分的法律根据

C. 上述 18 世纪对该地区的割让行为在国际法上是有效的，该地区的领土主权目前应属于乙国

D. 甲国的承认，使得"亚金索国"满足了国际法上构成国家的各项要件

考点提示 国际法的基本原则；领土取得方式；国家承认的性质

选项解析 和平解决国际争端原则，是指国家间在发生争端时，各国都必须采取和平方式予以解决，禁止将武力或武力威胁的方式付诸任何争端的解决过程。本题的 A 项就是对这一原则的考查。注意，和平解决国际争端原则的适用范围是国家之间的争端，本题中，"亚金索国"是乙国叛乱政府成立的组织，乙国与其叛乱政府之间的关系仍属于乙国的内政，不适用处理国家间关系的和平解决国际争端原则。乙国政府在解决"亚金索国"问题时，可以依据处理本国内政的需要，决定采取武力或者非武力的方式解决，他国无权干涉。故 A 项错误。

民族自决原则，是指在帝国主义殖民统治和奴役下的被压迫民族具有自主决定自己的命运，摆脱殖民统治，建立民族独立国家的权利。需要注意的是，民族自决原则中独立权的范围，只严格适用于殖民地民族的独立。对于一国国内民族的分离活动，民族自决原则没有为其提供任何国际法依据。本题中，"亚金索国"是乙国的叛乱政府成立的组织，并非殖民地民族，不能适用民族自决原则。故 B 项错误。

C 项考查了国家领土的传统取得方式——割让。国家领土的取得方式有传统方式与现代

方式之分，传统方式包括先占、时效、添附、征服和割让五种方式，现代方式包括殖民地独立和全民公决方式。其中，割让是一国根据条约将部分领土转移给另一国的方式。强制割让已随着战争在现代国际法中被废止而失去其合法性，非强制割让仍然是合法有效的。由于亚金索山谷是甲国通过条约自愿割让给乙国的，因此，乙国合法地取得了该领土，该地区的领土主权目前应属于乙国。故C项正确。

D项考查了国家的构成。在国际法中，国家构成必须具备四个要素：定居的居民、确定的领土、政府和主权。"亚金索国"只是乙国的叛乱组织，甲国对其的承认并不会改变其性质，因此，"亚金索国"并不因甲国的承认而成为国家。故D项错误。

参考答案 C

 要点凝练

（1）和平解决国际争端原则仅限于国家间的争端；

（2）民族自决原则中的"独立权"仅限于殖民统治之下的民族摆脱殖民统治，建立民族独立国家；

（3）割让分为强制割让和非强制割让，前者无效，后者有效；

（4）承认并不改变被承认者的性质。

---

03 专题　国际法在国内的适用

5. 根据国际法有关规则和我国有关法律，当发生我国缔结且未作保留的条约条款与我国相关国内法规定不一致的情况时，下列哪一选项是正确的？（2007/1/32-单）

A. 如条约属于民事范围，则由全国人民代表大会常务委员会确定何者优先适用

B. 如条约属于民事范围，则优先适用条约的规定

C. 如条约属于民事范围，则由法院根据具体案情，自由裁量，以公平原则确定优先适用

D. 我国缔结的任何未作保留的条约的条款与中国相关国内法的规定不一致时，都优先适用条约的规定

考点提示 条约在中国国内的适用

选项解析 对于国际条约在国内的适用和地位，目前我国宪法没有作出统一明确的规定。从一些涉及条约适用的国内立法和司法实践来看，条约的直接适用、条约与相关国内法并行适用、条约须经国内立法转化才能适用这几种情况都存在。

在民事范围内，中国缔结或参加的条约可以直接优先适用。其法律依据主要是《民事诉讼法》第271条的规定：中华人民共和国缔结或者参加的国际条约同本法有不同规定的，适用该国际条约的规定，但中华人民共和国声明保留的条款除外。

依上述法律的规定，B项正确；D项未表明条约是否为民事条约，故错误；若条约属于民事范围，则应按照《民事诉讼法》第271条的规定适用，故A、C项错误。

参考答案 B

 要点凝练

（1）民商事领域的条约直接适用；

（2）民商事领域以外的条约，需转化适用。

条 约 法 第2讲

条约由国际法主体缔结，掌握条约的性质是掌握条约法律制度的基础。熟悉《民法典》合同编是学习和理解条约法的基础，但条约法的各项制度又与合同编规则有诸多不同，主要表现在条约的缔结、条约的效力、条约的保留、条约的解释、条约的终止和暂停执行、条约的修订等各方面。对条约各项规则的细致理解是本讲的重点和难点。条约法在法考中比较重要，几乎每年都会有题目涉及，复习中应掌握条约的基本法律制度和中国《缔结条约程序法》的有关条款。

条约法律制度 专题 04

一、条约的构成要件

6. 依据《中华人民共和国缔结条约程序法》及中国相关法律，下列哪些选项是正确的？（2015/1/76-多）

A. 国务院总理与外交部长参加条约谈判，无需出具全权证书

B. 由于中国已签署《联合国国家及其财产管辖豁免公约》，该公约对我国具有拘束力

C. 中国缔结或参加的国际条约与中国国内法有冲突的，均优先适用国际条约

D. 经全国人大常委会决定批准或加入的条约和重要协定，由全国人大常委会公报公布

考点提示 缔约代表的形式要求；条约的有效要件；条约在中国国内的适用；条约的公布

选项解析《缔结条约程序法》第6条第2款规定："下列人员谈判、签署条约、协定，无须出具全权证书：①国务院总理、外交部长；②谈判、签署与驻在国缔结条约、协定的中华人民共和国驻该国使馆馆长，但是各方另有约定的除外；③谈判、签署以本部门名义缔结协定的中华人民共和国政府部门首长，但是各方另有约定的除外；④中华人民共和国派往国际会议或者派驻国际组织，并在该会议或者该组织内参加条约、协定谈判的代表，但是该会议另有约定或者该组织章程另有规定的除外。"故A项正确。

《联合国国家及其财产管辖豁免公约》目前尚未生效，因此，即使中国已经签署该公约，其也对中国无拘束力。故B项错误。

《民事诉讼法》第271条规定："中华人民共和国缔结或者参加的国际条约同本法有不同规定的，适用该国际条约的规定，但中华人民

共和国声明保留的条款除外。"此处的国际条约应区分民事领域和民商事领域以外两种情况。故 C 项错误。

《缔结条约程序法》第 15 条规定："经全国人民代表大会常务委员会决定批准或者加入的条约和重要协定，由全国人民代表大会常务委员会公报公布。其他条约、协定的公布办法由国务院规定。"故 D 项正确。

参考答案 AD

要点凝练

（1）五类正职作为缔约代表谈判时，无需出具全权证书。

（2）《联合国国家及其财产管辖豁免公约》尚未生效。

（3）民商事领域的条约直接适用。

（4）条约和重要协定，由全国人大常委会公报公布；其他条约、协定的公布办法由国务院规定。

7. 中国拟与甲国就有关贸易条约进行谈判。根据我国相关法律规定，下列哪一选项是正确的？（2010/1/32-单）

A. 除另有约定，中国驻甲国大使参加该条约谈判，无须出具全权证书

B. 中国驻甲国大使必须有外交部长签署的全权证书方可参与谈判

C. 该条约在任何条件下均只能以中国和甲国两国的官方文字作准

D. 该条约在缔结后应由中国驻甲国大使向联合国秘书处登记

考点提示 缔约代表的形式要求；条约的作准文本；条约的登记

选项解析 《缔结条约程序法》第 6 条第 2 款规定："下列人员谈判、签署条约、协定，无须出具全权证书：①国务院总理、外交部长；②谈判、签署与驻在国缔结条约、协定的中华人民共和国驻该国使馆馆长，但是各方另有约

定的除外；③谈判、签署以本部门名义缔结协定的中华人民共和国政府部门首长，但是各方另有约定的除外；④中华人民共和国派往国际会议或者派驻国际组织，并在该会议或者该组织内参加条约、协定谈判的代表，但是该会议另有约定或者该组织章程另有规定的除外。"据此可知，中国驻甲国大使参加条约谈判，无须出具全权证书。故 A 项正确，B 项错误。

《缔结条约程序法》第 13 条第 1 款规定："中华人民共和国同外国缔结的双边条约、协定，以中文和缔约另一方的官方文字写成，两种文本同等作准；必要时，可以附加使用缔约双方同意的一种第三国文字，作为同等作准的第三种正式文本或者作为起参考作用的非正式文本；经缔约双方同意，也可以规定对条约、协定的解释发生分歧时，以该第三种文本为准。"据此可知，C 项的说法太绝对。故 C 项错误。

《缔结条约程序法》第 17 条第 1 款规定："中华人民共和国缔结的条约和协定由外交部按照联合国宪章的有关规定向联合国秘书处登记。"故 D 项错误。

参考答案 A

要点凝练

（1）五类正职作为缔约代表谈判时，无需出具全权证书；

（2）作准文本依条约本身规定；

（3）中国缔结的条约和协定由外交部向联合国秘书处登记。

二、条约的缔结程序和方式

8. 根据《维也纳条约法公约》和《中华人民共和国缔结条约程序法》，关于中国缔约程序问题，下列哪些表述是正确的？（2013/1/74-多）

A. 中国外交部长参加条约谈判，无需出具全权证书

B. 中国谈判代表对某条约作出待核准的签署，即表明中国表示同意受条约约束

C. 有关引渡的条约由全国人大常委会决定批准，批准书由国家主席签署

D. 接受多边条约和协定，由国务院决定，接受书由外交部长签署

考点提示 缔约代表的形式要求；中国《缔结条约程序法》对条约签署、批准和接受的规定

选项解析 国家元首、政府首脑、外交部长、使馆馆长和一国派驻国际组织的代表参加条约谈判，无需出具全权证书。故 A 项正确。

对某条约作出待核准的签署并不意味着中国同意受条约的约束，有的还要通过国内的立法机关核准签字。故 B 项错误。

《缔结条约程序法》第 7 条第 1~3 款规定："条约和重要协定的批准由全国人民代表大会常务委员会决定。前款规定的条约和重要协定是指：①友好合作条约、和平条约等政治性条约；②有关领土和划定边界的条约、协定；③有关司法协助、引渡的条约、协定；④同中华人民共和国法律有不同规定的条约、协定；⑤缔约各方议定须经批准的条约、协定；⑥其他须经批准的条约、协定。条约和重要协定签署后，由外交部或者国务院有关部门会同外交部，报请国务院审核；由国务院提请全国人民代表大会常务委员会决定批准；中华人民共和国主席根据全国人民代表大会常务委员会的决定予以批准。"《缔结条约程序法》第 12 条规定："接受多边条约和协定，由国务院决定。经中国代表签署的或者无须签署的载有接受条款的多边条约、协定，由外交部或者国务院有关部门会同外交部审查后，提出建议，报请国务院作出接受的决定。接受书由外交部长签署，具体手续由外交部办理。"故 C、D 项正确。

参考答案 ACD

要点凝练

（1）五类正职作为缔约代表谈判时，无需出具全权证书。

（2）待核准的签署并不代表受条约约束。

（3）条约和重要协定的批准，由全国人大常委会决定；其他条约的批准，由国务院决定。

（4）多边条约和协定的接受，由国务院决定。

三、条约的保留

9. 甲、乙、丙国同为一开放性多边条约缔约国，现丁国要求加入该条约。四国均为《维也纳条约法公约》缔约国。丁国对该条约中的一些条款提出保留，下列哪一判断是正确的？（2009/1/29-单）

A. 对于丁国提出的保留，甲、乙、丙国必须接受

B. 丁国只能在该条约尚未生效时提出保留

C. 该条约对丁国生效后，丁国仍然可以提出保留

D. 丁国的加入可以在该条约生效之前或生效之后进行

考点提示 条约的保留和加入

选项解析 条约的保留，是指一国在签署、批准、接受、赞同或加入一个条约时所作的单方声明，其目的在于排除或更改条约中某些规定对该国适用时的法律效果。对于开放性多边条约的保留，其他缔约国可以接受也可以反对。故 A 项错误。

条约的保留是一国在签署、缔结或加入条约时的意思表示，其只能在条约对保留国生效之前提出，与条约本身是否已生效无关，即保留的提出只与条约对该提出保留国是否生效有关。本题中，丁国在加入该多边条约前可以提出保留；在其加入条约后，该条约对丁国生效，即产生条约的拘束力，根据条约信守义务，丁国不能再提出保留，否则将引起国家责任。故 B、C 项错误。

条约的加入，是指未对条约进行签署的国家表示同意受条约的拘束，成为条约当事方的

一种方式。对一个开放性多边条约的加入，可以在条约生效之前或生效之后进行。故 D 项正确。

参考答案 D

要点凝练

（1）保留和接受保留都是一国的权利而非义务，除非条约禁止保留。

（2）一国对条约提出保留，只能在条约对该国生效之前作出。但一国可以加入一个已生效或未生效的条约。

四、条约的冲突

10. 甲、乙、丙三国为某投资公约的缔约国，甲国在参加该公约时提出了保留，乙国接受该保留，丙国反对该保留，后乙、丙、丁三国又签订了涉及同样事宜的新投资公约。根据《维也纳条约法公约》，下列哪些选项是正确的？（2014/1/76-多）

A. 因乙、丙、丁三国签订了新公约，导致甲、乙、丙三国原公约失效

B. 乙、丙两国之间应适用新公约

C. 甲、乙两国之间应适用保留修改后的原公约

D. 尽管丙国反对甲国在原公约中的保留，甲、丙两国之间并不因此而不发生条约关系

考点提示 条约冲突的规则；条约保留的法律后果

选项解析 先后就同一事项签订的两个条约的当事国部分相同、部分不同时，在同为两条约之当事国间，适用后约优于先约的原则；在同为两条约之当事国与仅为其中一约之当事国间，适用两国均为当事国的条约。因此，虽然乙、丙、丁三国签订了新公约，但是甲国并非该公约的当事国，甲、乙、丙三国的原公约并未失效。一般只有在先后就同一事项签订的两个条约的当事国完全相同时，才适用后约代替前约的原则，即适用后约，前约失效。因此，乙、丙两国之间应适用新公约。故 A 项错误，B 项正确。

甲、乙两国仅为原公约的当事国，只能适用原公约。在保留国和接受保留国之间，按保留的范围，修改该保留所涉及的一些条款所规定的权利义务关系。对甲国的保留，乙国表示同意，应按照保留的范围改变相应条约条款，因此，甲、乙两国之间应适用保留修改后的原公约。故 C 项正确。

在保留国与反对保留国之间，若反对保留国并不反对该条约在保留国与反对保留国之间生效，则保留所涉及的规定在保留范围内不在该两国之间适用。因此，保留所涉及的规定在甲、丙两国之间视为不存在，但是条约关系依旧在甲、丙两国之间存在。故 D 项正确。

参考答案 BCD

要点凝练

（1）条约冲突的规则：前后两个缔约国完全一致的条约产生冲突，则后约取代前约；前后两个缔约国不完全一致时，应具体问题具体分析。

（2）条约保留的法律后果：在保留国和接受保留国之间，按保留范围改变相应条约条款；在保留国与反对保留国之间，保留所涉及的规定视为不存在。

五、条约对第三国的效力

11. 嘉易河是穿越甲、乙、丙三国的一条跨国河流。1982 年甲、乙两国订立条约，对嘉易河的航行事项作出了规定。其中特别规定给予非该河流沿岸国的丁国船舶在嘉易河中航行的权利，且规定该项权利非经丁国同意不得取消。事后，丙国向甲、乙、丁三国发出照会，表示接受该条约中给予丁国在嘉易河上航行权的规定。甲、乙、丙、丁四国都是《维也纳条约法公约》的缔约国。对此，下列哪项判断是正确的？（2006/1/33-单）

A. 甲、乙两国可以随时通过修改条约的方式取消给予丁国的上述权利

B. 丙国可以随时以照会的方式，取消其承担的上述义务

C. 丁国不得拒绝接受上述权利

D. 丁国如果没有相反的表示，可以被推定为接受了上述权利

考点提示 条约对第三国的效力

选项解析 根据《维也纳条约法公约》第34、36、37条的规定，条约未经第三国同意，对该第三国既不创设义务，亦不创设权利。当一个条约有意为第三国创设一项权利时，原则上仍应得到该第三国的同意。如果该第三国没有相反的表示，则应推定其同意接受这项权利，不必以书面形式明示接受，但条约另有规定者不在此限。条约使第三国担负义务时，该项义务一般必须经条约各当事国与该第三国的同意，方得取消或变更，但经确定其另有协议者不在此限；条约使第三国享有权利时，如果经确定，条约原意为非经该第三国同意，不得取消或变更该项权利，则当事国不得取消或变更。

条约使第三国享有权利时，当事国不得随意取消或变更。因此，当条约规定该项权利非经丁国同意不得撤销时，甲、乙两国不得片面修改或撤销丁国的该项权利。故A项错误。

甲、乙两国缔结条约，开放一条流经甲、乙、丙三国的河流给丁国，对于该项条约，丙国和丁国都是第三国。丙国已经正式表示接受该义务，此项义务对丙国已经产生了约束力，必须经条约各当事国与该第三国的同意方得取消或变更。因此，丙国不能单方以照会的方式，取消其承担的上述义务。故B项错误。

丁国为接受权利的第三国，其既可以接受上述权利，也可以拒绝上述权利。故C项错误。

当丁国没有相反意思表示时，应推定其接受了上述权利。故D项正确。

参考答案 D

 要点凝练

条约对第三国的效力：如果为第三国

创设权利，则第三国不反对即视为接受；如果为第三国创设义务，则必须经第三国同意。

六、条约的解释

司考（法考）暂未考查过。

七、条约的终止和暂停执行

12. 菲德罗河是一条依次流经甲乙丙丁四国的多国河流。1966年，甲乙丙丁四国就该河流的航行事项缔结条约，规定缔约国船舶可以在四国境内的该河流中通航。2005年底，甲国新当选的政府宣布：因乙国政府未能按照约的规定按时维修其境内航道标志，所以甲国不再受上述条约的拘束，任何外国船舶进入甲国境内的菲德罗河段，均须得到甲国政府的专门批准。自2006年起，甲国开始拦截和驱逐未经其批准而驶入甲国河段的乙丙丁国船舶，并发生多起扣船事件。对此，根据国际法的有关规则，下列表述正确的是：（2008/1/98-任）

A. 由于乙国未能履行条约义务，因此，甲国有权终止该条约

B. 若乙丙丁三国一致同意，可以终止该三国与甲国间的该条约关系

C. 若乙丙丁三国一致同意，可以终止该条约

D. 甲乙两国应分别就其上述未履行义务的行为，承担同等的国家责任

考点提示 多边条约重大违约的规则

选项解析 根据《维也纳条约法公约》第60条第3款的规定，乙国政府未按时维修航道标志的行为不属于重大违约，因此，甲国不能终止条约。故A项错误。

甲国的行为属于重大违约行为。当多边条约当事国一方有重大违约时，其他当事方有权以一致同意的方式，在这些当事方与违约方的关系上，或在全体条约当事方之间，全部或部

分停止施行或终止该条约。故 B、C 项正确。

甲、乙两国都有违约行为，但程度不同，甲国是<u>根本违约行为</u>，乙国是<u>一般违约行为</u>，因此，其各自承担的国家责任是不同等的。故 D 项错误。

参考答案 BC

要点凝练

> <u>多边条约重大违约的规则：</u>多边条约当事国一方重大违约，其他当事方有权以一致同意的方式，在这些当事方与违约方的关系上，或在全体条约当事方之间，全部或部分停止施行或终止该条约。

13. 甲、乙、丙三国为邻国，于 2005 年 5 月缔结筑路条约，规定甲国提供资金 500 万美元，乙国提供人员、技术并施工，在丙国境内分两期修建连接丙国与甲、乙两国的公路。条约规定，该公路归丙国所有，甲、乙、丙三国共同使用并分享 50 年收益。2006 年 7 月一期工程完成。同年 9 月，因百年不遇的洪水和泥石流，竣工地段的地貌完全改变，二期工程已无法按约定继续进行。对这种情况，筑路条约中没有相关约定。甲、乙、丙三国均为《维也纳条约法公约》的缔约国。根据国际法的有关规则，下列表述错误的是：（2008 延/1/98-任）

A. 上述情况表明该筑路条约存在缔约错误，因而该条约自始无效

B. 甲、乙、丙三国仍然有继续履行条约的义务

C. 丙国须对甲、乙两国此前投入的资金予以补偿

D. 若该条约终止执行，已经竣工公路的所有

权将处于不确定状态

考点提示 条约终止的原因和后果

选项解析 条约终止的原因之一是情势变更。情势变更，是指条约缔结后，出现了在缔结条约时不能预见的根本性变化的情况，则缔约国可以终止或退出该条约。根据本题题干中给出的信息，该条约无法继续履行不是因为甲、乙、丙三国中的任何一方或全体当事国之间的过错造成的，而是完全由于自然灾害所致。据此，上述情况属于《维也纳条约法公约》规定的情势变更的情况，而非缔约错误，当事国可以终止履行该条约。故 A 项错误，当选。

条约终止的后果有两个：①解除各当事国继续履行条约之义务；②不影响各当事国在条约终止之前经由实施条约而产生之任何权利、义务或法律情势。故 B、C 项错误，当选。

条约终止后，已经履行的部分按条约的约定确定权利义务归属。甲、乙、丙三国在签订该条约时，已经明确约定了公路所有权的归属，因此，已经竣工的公路所有权属于丙国所有，而不是处于所有权不确定的状态。故 D 项错误，当选。

参考答案 ABCD

要点凝练

> （1）条约终止的原因之一是情势变更。
> （2）条约终止的后果有两个：①解除各当事国继续履行条约之义务；②不影响各当事国在条约终止之前经由实施条约而产生之任何权利、义务或法律情势。

八、条约的修订

司考（法考）暂未考查过。

国际法律责任　第3讲

　　本讲考点在历年真题中经常出现。本讲应掌握承担国际法律责任的两个主要国际法主体——国家和政府间国际组织的各项法律制度，另外要熟悉联合国法律体系的内容，理解传统国际法律责任和国家责任制度的新发展。本讲历年真题主要集中在与国家有关的各项制度，如国家管辖权、国家主权豁免、国际法上的承认和继承，以及对归因于国家的行为的认定、现代国际法律责任在主体和客体内容上的新发展等。尤其要注意国际法律责任与国际法其他讲的关联融合，应灵活掌握国际法律责任的相关内容。

国　　家 专题 05

一、国家的构成要素

　　司考（法考）暂未考查过。

二、国家的基本权利

14. 甲国人张某侵吞中国某国企驻甲国办事处的大量财产。根据中国和甲国的法律，张某的行为均认定为犯罪。中国与甲国没有司法协助协定。根据国际法相关规则，下列哪一选项是正确的？（2011/1/33-单）

A. 张某进入中国境内时，中国有关机关可依法将其拘捕

B. 中国对张某侵吞财产案没有管辖权

C. 张某乘甲国商船逃至公海时，中国有权派员在公海将其缉拿

D. 甲国有义务将张某引渡给中国

考点提示 国家管辖权；引渡

选项解析 我国保护性管辖权行使的条件有三：①外国人；②犯罪行为在域外；③侵犯了我国的重大利益。张某侵吞中国某国企驻甲国办事处的大量财产的行为符合保护性管辖权的三个条件，据此，中国可以对张某的行为实行管辖。故 B 项错误。

　　这种管辖权通过两种途径实现：①在张某进入中国境内时对其进行拘捕；②引渡。故 A 项正确。在国际法中，国家一般没有引渡义务，因此，引渡需要根据有关引渡条约进行。故 D 项错误。

　　根据《联合国海洋法公约》第 92 条第 1 款的规定，除国际条约或本公约明文规定的例外情形外，在公海上的船舶受其船旗国的专属管辖。因此，张某乘甲国商船逃至公海时，中国无权派员在公海将其缉拿。故 C 项错误。

参考答案 A

✏️ **要点凝练**

（1）行使保护性管辖权的前提条件：外国人、行为发生在域外、侵犯了该国或其公民的重大利益。

（2）保护性管辖权的行使方式：①行为人进入受害国境内被依法拘捕；②引渡。

（3）船舶内部的事务一般由船旗国专属管辖，除非属于普遍管辖的事项。

（4）引渡是一国的权利而非义务。

三、国家主权豁免

15. 2004年在联合国大会通过并于2005年开放签署的《联合国国家及其财产管辖豁免公约》是涉及国家主权豁免制度的重要国际法律文件。关于该公约，下列说法正确的有：（2020-回忆版-多）

A. 公约坚持相对豁免理论，明确规定国家从事商业行为不可以享受管辖豁免

B. 公约坚持相对豁免理论的做法，表明相对豁免理论已经发展成为一项习惯国际法规则

C. 公约主张国家在因商业交易而引发的诉讼中，不得享有管辖豁免和执行豁免

D. 公约主张国家在因商业交易而引发的诉讼中，不得向另一国法院援引管辖豁免

考点提示 国家主权相对豁免理论

选项解析《联合国国家及其财产管辖豁免公约》采用相对豁免理论，但公约尚未生效，所以相对豁免理论目前还不能成为习惯国际法规则。故 A 项正确，B 项错误。

绝对豁免理论和相对豁免理论的差异是在管辖豁免上，但两种理论都坚持国家享有绝对的执行豁免。故 C 项错误，D 项正确。

参考答案 AD

✏️ **要点凝练**

（1）绝对豁免理论和相对豁免理论都坚持国家享有执行豁免，两种理论的差异

是在管辖豁免层次上；

（2）绝对豁免理论是习惯国际法规则，占主流地位；

（3）《联合国国家及其财产管辖豁免公约》采用相对豁免理论，但公约目前尚未生效；

（4）管执分离原则，即管辖豁免的放弃并不代表执行豁免的放弃。

16. 甲国某公司与乙国驻甲国使馆因办公设备合同产生纠纷，并诉诸甲国法院。根据相关国际法规则，下列哪些选项是正确的？（2014/1/75-多）

A. 如合同中有适用甲国法律的条款，则表明乙国放弃了其管辖的豁免

B. 如乙国派代表出庭主张豁免，不意味着其默示接受了甲国的管辖

C. 如乙国在本案中提起了反诉，则是对管辖豁免的默示放弃

D. 如乙国曾接受过甲国法院的管辖，甲国法院即可管辖本案

考点提示 国家主权豁免

选项解析 国家主权豁免，是指国家的行为及其财产不受或免受他国管辖。乙国驻甲国使馆实施的办公设备买卖行为，可以视为国家的行为。但是，一国同意适用另一国的法律、一国仅为援引豁免之目的而介入诉讼并不视为同意另一国的法院对其行使管辖权。故 A 项错误，B 项正确。

如果一国本身就该事项或案件在他国法院提起诉讼、介入诉讼或提起反诉，则不得援引管辖豁免，此即管辖豁免的默示放弃形式。因此，乙国在本案中提起反诉视为对管辖豁免的默示放弃。故 C 项正确。

国家主权豁免的放弃必须是自愿、特定、明确的，且一案一放弃，一国在一个案件上的豁免立场并不能代表今后对于所有案件的豁免

立场。因此，即使乙国曾接受过甲国法院的管辖，甲国法院也不可以据此对本案行使管辖权。故 D 项错误。

参考答案 BC

要点凝练

（1）国家主权豁免的明示放弃和默示放弃；

（2）一国在一个案件上的豁免立场并不能代表在今后所有案件上的豁免立场。

17. 克森公司是甲国的一家国有物资公司。去年，该公司与乙国驻丙国的使馆就向该使馆提供馆舍修缮材料事宜，签订了一项供货协议。后来，由于使馆认为克森公司交货存在质量瑕疵，双方产生纠纷。根据国际法的有关规则，下列哪一选项是正确的？（2008/1/32-单）

A. 乙国使馆无权在丙国法院就上述事项提起诉讼

B. 克森公司在丙国应享有司法管辖豁免

C. 乙国使馆可以就该事项向甲国法院提起诉讼

D. 甲国须对克森公司的上述行为承担国家责任

考点提示 国家主权豁免

选项解析 国家主权豁免的放弃包括明示放弃和默示放弃两种：①明示放弃，是指国家或其授权的代表通过条约、合同、其他正式文件或声明，事先或事后以明白的语言文字表达就某种行为或事项上豁免的放弃；②默示放弃，是指国家通过在外国法院的与特定诉讼直接有关的积极的行为，表示其放弃豁免而接受法院管辖，包括国家作为原告在外国法院提起诉讼、正式出庭应诉、提起反诉或作为利害关系人介入特定诉讼等。注意，国家对于管辖豁免的放弃，并不意味着对执行豁免的放弃，执行豁免的放弃必须另行明示作出。

本题中，根据外交关系法的有关规则，使馆在驻在国享有外交豁免权，该外交豁免权包括司法管辖豁免。但是，使馆可以主动放弃司法管辖豁免，利用驻在国司法系统维护自身合法权益。因此，乙国使馆有权在丙国法院就上述事项提起诉讼。故 A 项错误。

国有企业的国有资产在商事交往过程中，一律不享有豁免权。因此，克森公司不享有司法管辖豁免。故 B 项错误。

尽管甲国非乙国使馆驻在国，但克森公司是甲国公司，乙国使馆可以作为普通原告就该事项向甲国法院提起诉讼。故 C 项正确。

克森公司虽为国有物资公司，但其与乙国使馆之间的纠纷属一般的商业行为纠纷，并不是国际法上的国家行为。因此，甲国不应承担国家责任。故 D 项错误。

参考答案 C

要点凝练

（1）国有企业的行为不能归因于国家；

（2）国有企业不能享受国家主权豁免。

四、国际法上的承认

18. 甲国分立为"东甲"和"西甲"，甲国在联合国的席位由"东甲"继承，"西甲"决定加入联合国。"西甲"与乙国（联合国成员）交界处时有冲突发生。根据相关国际法规则，下列哪一选项是正确的？（2014/1/32-单）

A. 乙国在联大投赞成票支持"西甲"入联，一般构成对"西甲"的承认

B. "西甲"认为甲国与乙国的划界条约对其不产生效力

C. "西甲"入联后，其所签订的国际条约必须在秘书处登记方能生效

D. 经安理会 9 个理事国同意后，"西甲"即可成为联合国的会员国

考点提示 国家承认；国家继承；条约登记；联合国安理会的表决程序

选项 解析 国际法上的承认，一般是指既存国家对于新国家、新政府或其他事态的出现，以一定的方式表示接受或同时表明愿意与其发展正常关系的单方面行为。国际法中并没有对承认的形式作出明确规定，国际实践中有明示承认和默示承认两种形式：①明示承认形式，是指承认者以明白的语言文字直接表达承认的意思。其既包括通过正式通知、函电、照会、声明等单方面表述，也包括在缔结的条约或其他正式国际文件中进行明确表述。②默示承认形式，是指承认者不是通过明白的语言文字，而是通过与承认对象有关的行为表现出承认的意思。其主要包括与承认对象建立正式外交关系、与承认对象缔结正式的政治性条约、正式接受领事或正式投票支持参加仅对国家开放的政府间国际组织。但是，除非明确表示，下列行为一般不认为构成默示承认：a. 共同参加多边国际会议或国际条约；b. 建立非官方或非完全外交性质的某种机构；c. 与某些级别和范围的官员接触；d. 对于外国的某个地区或实体给予某类司法豁免权的安排；等等。联合国大会属于政府间国际组织，所以，乙国在联大投赞成票支持"西甲"入联，一般构成对"西甲"的承认。故 A 项正确。

条约继承的实质是在领土发生变更时，被继承国的条约对于继承国是否继续有效的问题。一般地，与领土有关的"非人身性条约"，如有关领土边界、河流交通、水利灌溉等条约，属于继承的范围；而与国际法主体人格有关的所谓"人身性条约"以及政治性条约，如和平友好、同盟互助、共同防御等条约，一般不予继承。甲国与乙国签订的划界条约属于与领土有关的"非人身性条约"，应当由继承国"东甲"和"西甲"继承。因此，"西甲"认为甲国与乙国的划界条约对其不产生效力是不正确的。故 B 项错误。

联合国会员国缔结的条约应当在联合国秘书处登记，否则联合国机构不得援引，但未登记条约本身的法律效力并不受影响。故 C 项

错误。

根据《联合国宪章》的规定，安理会表决采取每一理事国一票制。对于程序性事项的决议表决，9 个同意票即可通过；对于非程序性事项或称实质性事项的决议表决，要求 9 个同意票并且任何一个常任理事国不能否决决票，此又称为"大国一致原则"，即任何一个常任理事国都享有否决权。实践中，常任理事国的弃权或缺席不被视为否决，不影响决议的通过。安理会在向大会推荐接纳新会员国或秘书长人选、建议中止会员国的权利和开除会员国等问题上，适用非程序性事项表决程序。"西甲"入联应采取"大国一致原则"，即要求 9 个同意票并且任何一个常任理事国不能投否决票。故 D 项错误。

参考 答案 A

📝 要点凝练

（1）投票支持对方参加联合国属于默示承认；

（2）条约继承的国际法规则：与领土有关的条约继承，与领土无关的人身性及政治性条约不继承；

（3）在联合国秘书处登记并非条约的生效要件；

（4）联合国安理会对非程序性事项的表决程序，要求 9 个同意票并且任何一个常任理事国不能投否决票。

19. 甲乙二国建立正式外交关系数年后，因两国多次发生边境冲突，甲国宣布终止与乙国的外交关系。根据国际法相关规则，下列哪一选项是正确的？（2010/1/29-单）

A. 甲国终止与乙国的外交关系，并不影响乙国对甲国的承认

B. 甲国终止与乙国的外交关系，表明甲国不再承认乙国作为一个国家

C. 甲国主动与乙国断交，则乙国可以撤回其

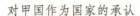

对甲国作为国家的承认

D. 乙国从未正式承认甲国为国家，建立外交关系属于事实上的承认

考点提示 国家承认

选项解析 国家承认，是指既存国家对新国家产生的事实给予确认并接受由此而产生的法律效果，与新国家进行正常交往的行为。对新国家承认后就是一种既定事实，无法回转，与是否建立外交关系也是两个问题。故 A 项正确，B 项错误。

国家承认是一种事实认可，不存在撤回问题。故 C 项错误。

建立外交关系属于法律上的承认。故 D 项错误。

参考答案 A

要点凝练

> （1）终止外交关系与国家承认是两码事；
> （2）建立外交关系属于法律上的承认。

五、国际法上的继承

20. 甲国与乙国 1992 年合并为一个新国家丙国。此时，丁国政府发现，原甲国中央政府、甲国南方省，分别从丁国政府借债 3000 万美元和 2000 万美元。同时，乙国元首以个人名义从丁国的商业银行借款 100 万美元，用于乙国 1991 年救灾。上述债务均未偿还。甲乙丙丁四国没有关于甲乙两国合并之后所涉债务事项的任何双边或多边协议。根据国际法中有关原则和规则，下列哪一选项是正确的？（2008/1/33—单）

A. 随着一个新的国际法主体丙国的出现，上述债务均已自然消除

B. 甲国中央政府所借债务转属丙国政府承担

C. 甲国南方省所借债务转属丙国政府承担

D. 乙国元首所借债务转属丙国政府承担

考点提示 国际法上的继承

选项解析 国家债务包括国债和地方化债务，前者是指国家整体所负的债务，后者是指以国家的名义承担而事实上仅用于国内某个地方的债务。至于一国应担负的其他财政义务，如国家对外国企业、法人和个人所负的债务，以及国家的地方当局自己承担的对他国所负之债（即地方债务），不属于国家债务的范畴。此外，所谓的"恶债"，即违反国际法基本原则或违背继承国根本利益所负之债，如征服债务、战争债务等，原则上也不予继承。

不同的领土变更情况，国家债务的继承情况不尽相同：①国家合并时，国家的债务应转属继承国。②国家分离、分立或领土转让时，债务继承首先应根据协议解决；若无协议，则应按照公平的比例转属继承国。③新独立国家对宗主国或殖民国家等被继承国的债务可不予继承，除非另有协议，并且这种协议不能违背有关国际法原则。

本题中，丙国为国家合并而产生的新国家，对原甲、乙两国的债务应予继承。故 A 项错误。

甲国中央政府所借债务属于国家债务，应予继承；而甲国南方省所借债务属于地方债务，不在国家继承的范围之内。故 B 项正确，C 项错误。

乙国元首以个人名义所借之款项虽从某种角度可归结为国家行为，但是其借债的对象为丁国的商业银行，此种债务亦不得继承。故 D 项错误。

参考答案 B

要点凝练

> 债务继承的国际法规则：国债、地方化债务继承；地方债务、国家对私人之债、"恶债"不继承。

06 专题 联合国

21. 联合国会员国甲国出兵侵略另一会员国。联合国安理会召开紧急会议，讨论制止甲国侵略的决议案，并进行表决。表决结果为：常任理事国4票赞成、1票弃权；非常任理事国8票赞成、2票否决。据此，下列哪一选项是正确的？（2016/1/32-单）

A. 决议因有常任理事国投弃权票而不能通过

B. 决议因非常任理事国2票否决而不能通过

C. 投票结果达到了安理会对实质性问题表决通过的要求

D. 安理会为制止侵略行为的决议获简单多数赞成票即可通过

考点提示 联合国安理会的表决程序

选项解析 联合国安理会的表决采取每一理事国一票制。对于程序性事项决议的表决满足9个同意票即可通过；对于非程序性事项或称实质性事项的决议表决，要求包括全体常任理事国在内的9个同意票才可通过，此又称为"大国一致原则"，即任何一个常任理事国都享有否决权。一般来说，非程序性事项有：事关国际社会和平与安全的事项、相关规则的制定、安理会在向大会推荐接纳新会员国或秘书长人选、建议中止会员国权利和开除会员国等。本题中，甲国出兵侵略另一会员国属于涉及和平与安全有关的事项，属于非程序性事项，需要全体常任理事国在内的9个同意票。故 D 项错误。

常任理事国的弃权和缺席均不被视为否决，不影响决议的通过。故 A 项错误。

非常任理事国2票否决也不影响决议的通过。故 B 项错误。

常任理事国没有会员国投反对票，加上非常任理事国的8票赞成，已经达到安理会对实质性问题表决通过的要求。故 C 项正确。

参考答案 C

要点凝练

联合国安理会对实质性事项的表决程序：需要15个理事国中获得9个同意票，同时五大常任理事国不能投否决票。

22. 由于甲国海盗严重危及国际海运要道的运输安全，在甲国请求下，联合国安理会通过决议，授权他国军舰在经甲国同意的情况下，在规定期限可以进入甲国领海打击海盗。据此决议，乙国军舰进入甲国领海解救被海盗追赶的丙国商船。对此，下列哪一选项是正确的？（2009/1/31-单）

A. 安理会无权作出授权外国军舰进入甲国领海打击海盗的决议

B. 外国军舰可以根据安理会决议进入任何国家的领海打击海盗

C. 安理会的决议不能使军舰进入领海打击海盗成为国际习惯法

D. 乙国军舰为解救丙国商船而进入甲国领海属于保护性管辖

考点提示 安理会的职权和决议效力；国家管辖权；国际法的渊源

选项解析 安理会是联合国唯一有权采取行动的机关，维持国际和平与安全是其主要职能。本题中，甲国海盗已严重危及国际海运要道的运输安全，安理会有权作出授权外国军舰打击海盗的决议。故 A 项错误。

安理会的决议有明确的针对性，各国不能超出决议范围行事，否则将违反国际法。本题中，根据安理会的决议，外国军舰打击海盗的范围限于甲国领海，且须经过甲国同意；若其进入任一其他国家领海，则构成对该国领土主权的侵犯。故 B 项错误。

国际习惯是产生普遍拘束力的习惯做法。

安理会的单个决议并不具备国际习惯产生的要件，只有该决议被<u>反复一致地适用</u>，产生国际法上的普遍拘束力，才可能成为国际习惯法，从而被国际社会所遵守。故 C 项正确。

<u>保护性管辖权</u>，是指国家对于在其<u>领土范围以外从事严重侵害该国或其公民重大利益的行为的外国人</u>进行管辖的权利。普遍性管辖权，是指根据国际法的规定，对于危害国际安全与和平及全人类利益的某些国际犯罪行为（如海盗行为），不论行为人的国籍及行为发生地，各国都有进行管辖的权利。本题中，乙国军舰的行为属于普遍性管辖权的行使。故 D 项错误。另外要特别注意，普遍性管辖权一般要求

在本国领土或公共区域行使，但本题中，乙国军舰进入甲国领海打击海盗的行为由于有甲国的同意，因此属于特殊的普遍性管辖。

参考答案 C

要点凝练

（1）安理会是联合国唯一有权采取行动的机关；

（2）安理会的决议不能成为国际法的渊源；

（3）行使保护性管辖权的前提条件：外国人、行为发生在域外、侵犯了该国或其公民的重大利益。

国际法律责任　专题 07

23. 甲国某核电站因极强地震引发爆炸后，甲国政府依国内法批准将核电站含低浓度放射性物质的大量污水排入大海。乙国海域与甲国毗邻，均为《关于核损害的民事责任的维也纳公约》缔约国。下列哪一说法是正确的？（2011/1/32－单）

A. 甲国领土范围发生的事情属于甲国内政

B. 甲国排污应当得到国际海事组织同意

C. 甲国对排污的行为负有国际法律责任，乙国可通过协商与甲国共同解决排污问题

D. 根据"污染者付费"原则，只能由致害方，即该核电站所属电力公司承担全部责任

考点提示 内政的范围；国际法律责任

选项解析 国际赔偿责任专门针对国家从事的某些具有跨国性危害的开发或试验性活动而设置。《关于核损害的民事责任的维也纳公约》实行双重责任制度，<u>国家和营运人共同承担对外国</u>

损害的赔偿责任。国家保证营运人的赔偿责任，并在营运人不足赔偿的情况下，对规定的限额进行赔偿。本题中，<u>核污染造成跨国危害，已不属于内政范围，甲国对此承担国际法律责任，并与营运人共同承担赔偿责任</u>。故 A、D 项错误，C 项正确。

国际海事组织的宗旨是促进各国间的航运技术合作，鼓励各国在促进海上安全、提高船舶航行效率、防止和控制船舶对海洋污染方面采取统一的标准，处理有关的法律问题。本题不是船舶对海洋的污染，不需要得到国际海事组织的同意。故 B 项错误。

参考答案 C

要点凝练

（1）内政与领土的范围不完全相对应；

（2）国家对核营运人承担补充责任。

第**4**讲　国际法上的空间划分

应试指导

　　本讲应掌握国际法上各个区域的范围与相互联系，重点掌握领土主权的取得方式、海洋各部分区域的划分及相应法律制度、南北极及外层空间相应的制度。另外，要了解国际环境保护的基本原则和相关法律制度。本讲是国际公法知识点最为密集的一个部分，考试重复率也非常高，尤其是在海洋法和外层空间法部分。最近 10 年只有个别年份无题目涉及，这是很罕见的现象，但绝不会影响本讲内容在法考中的重要性和地位。另外，要特别注意该部分真题与时事热点的结合。

08 专题　领　土

一、领土

24. 关于领土的合法取得，依当代国际法，下列哪些选项是正确的？（2016/1/75-多）

A. 甲国围海造田，未对他国造成影响

B. 乙国屯兵邻国边境，邻国被迫与其签订条约割让部分领土

C. 丙国与其邻国经平等协商，将各自边界的部分领土相互交换

D. 丁国最近 20 年派兵持续控制其邻国部分领土，并对外宣称拥有主权

考点提示 领土取得方式

选项解析 添附属于传统领土取得方式的一种。其中，合法的人工添附，需要满足两个条件：①在本国领土内进行添附；②不得损害他国利益。围海造田属于人工添附，未对他国造成影响的，即是领土的合法取得。故 A 项正确。

　　割让分为强制性割让和非强制性割让。强制性割让，即一国通过武力迫使他国割让领土，系非法的领土取得方式；非强制性割让，即国家自愿通过条约将部分领土转移给他国，包括领土的买卖、赠与、互换等，系合法的领土取得方式。故 B 项错误，C 项正确。

　　时效，是指国家公开地、不受干扰地、长期持续地占有他国领土，从而获得该领土的主权。对于时效的合法性，一直存在争议。我国不承认时效作为领土取得的一种合法方式。故 D 项错误。

参考答案 AC

要点凝练

　　（1）添附的两个前提条件：①必须在自己的领土上添附；②添附不能损害他国的利益。

　　（2）强制性割让非法，非强制性割让

合法。

（3）现代国际法不承认时效作为领土取得的合法方式。

二、边境制度

25. 甲、乙两国边界附近爆发部落武装冲突，致两国界标被毁，甲国一些边民趁乱偷渡至乙国境内。依相关国际法规则，下列哪一选项是正确的？（2016/1/33-单）

A. 甲国发现界标被毁后应尽速修复或重建，无需通知乙国

B. 只有甲国边境管理部门才能处理偷渡到乙国的甲国公民

C. 偷渡到乙国的甲国公民，仅能由乙国边境管理部门处理

D. 甲、乙两国对界标的维护负有共同责任

考点提示 界标的维护

选项解析 双方应采取必要措施防止界标被移动或损坏。若一方发现界标发生损坏，应尽快通知另一方，在双方代表在场的情况下修复或重建。甲国发现界标被毁后应立即通知乙国。故 A 项错误。

对于偷渡的国民，甲、乙两国均有权予以惩罚。故 B、C 项错误。

对界标的维护，是边境国双方共同的责任。故 D 项正确。

参考答案 D

要点凝练

（1）界标被损坏，需双方代表在场方能恢复；

（2）两国均有权惩治破坏界标以及偷渡的行为。

26. 甲河是多国河流，乙河是国际河流。根据国际法相关规则，下列哪些选项是正确的？（2011/1/74-多）

A. 甲河沿岸国对甲河流经本国的河段拥有主权

B. 甲河上游国家可对自己享有主权的河段进行改道工程，以解决自身缺水问题

C. 乙河对非沿岸国商船也开放

D. 乙河的国际河流性质决定了其属于人类共同的财产

考点提示 多国河流与国际河流

选项解析 多国河流，是指流经 2 个或 2 个以上国家领土的河流。多国河流流经各国的河段分别属于各国领土，各国分别对位于其领土内的河段拥有主权。各国不得有害地利用该河流，不得使河流改道或堵塞河流。故 A 项正确，B 项错误。

国际河流，是指通过条约规定对所有国家开放航行的多国河流。国际河流一般允许所有国家的船舶特别是商船无害通过。国际河流流经各国领土的河段仍然是该国主权下的领土，不属于人类共同的财产。故 C 项正确，D 项错误。

参考答案 AC

要点凝练

（1）多国河流仅对沿岸国家船舶开放，而国际河流对所有国家船舶开放；

（2）无论是多国河流还是国际河流，主权均归属流经国。

三、两极地区

27. 甲、乙、丙三国均为南极地区相关条约缔约国。甲国在加入条约前，曾对南极地区的某区域提出过领土要求。乙国在成为条约缔约国后，在南极建立了常年考察站。丙国利用自己靠近南极的地理优势，准备在南极大规模开发旅游。根据《南极条约》和相关制度，下列哪些判断是正确的？（2010/1/78-多）

A. 甲国加入条约意味着其放弃或否定了对南极的领土要求

B. 甲国成为条约缔约国，表明其他缔约国对

甲国主张南极领土权利的确认

C. 乙国上述在南极地区的活动，并不构成对南极地区提出领土主张的支持和证据

D. 丙国旅游开发不得对南极环境系统造成破坏

考点提示 《南极条约》

选项解析 《南极条约》确立了领土冻结要求，具体包括：①对南极领土不得提出新的或扩大现有要求；②《南极条约》不构成对任何现有的对南极领土主张的支持或否定；③条约有效期间进行的任何活动均不构成主张、支持或否

定对南极领土要求的基础。故 A、B 项错误，C 项正确。

《南极条约》还确定了保护南极环境与资源的原则。在南极进行的任何活动不得破坏南极的环境或生态。故 D 项正确。

参考答案 CD

✎ 要点凝练

（1）南极领土冻结制度；

（2）保护南极环境与资源的原则。

 专题 海 洋 法

一、内海、领海、毗连区、专属经济区、大陆架的地位比较

28. 甲、乙两国签订天然气供应合同，天然气管道要经过丙、丁两国的专属经济区和大陆架，管道口要通过丁国的领海。已知四国均为《联合国海洋法公约》的缔约国，下列哪一选项是正确的？（2023-回忆版-单）

A. 天然气管道从海底延伸到地面上的路线规划，经过丙国土地的，需事先经过丙国的同意

B. 甲、乙两国在丙国的专属经济区铺设海底管道，需要经过丙国的同意

C. 乙国铺设的天然气管道在丙国的大陆架海底发生泄漏的，乙国无需承担责任

D. 天然气管道经过丙、丁两国的大陆架，需要经过丙、丁两国的同意

考点提示 专属经济区；大陆架

选项解析 根据《联合国海洋法公约》第 79 条的规定，所有国家均有权在其他国家的大陆架上铺设海底电缆和管道，但其路线的划定须经沿海国同意。故 A 项正确，D 项错误。

其他国家在沿海国的专属经济区有航行和飞越的自由、铺设海底电缆和管道的自由，以及与此有关的其他合法活动的权利。因此，甲、

乙两国在丙国的专属经济区铺设海底管道，无需经过丙国的同意。故 B 项错误。

《联合国海洋法公约》第 59 条 "解决关于专属经济区内权利和管辖权的归属的冲突的基础" 规定："在本公约未将在专属经济区内的权利或管辖权归属于沿海国或其他国家而沿海国和任何其他一国或数国之间的利益发生冲突的情形下，这种冲突应在公平的基础上参照一切有关情况，考虑到所涉利益分别对有关各方和整个国际社会的重要性，加以解决。" 此时，乙国铺设的天然气管道在丙国的大陆架海底发生泄漏的，乙国需承担责任。故 C 项错误。

参考答案 A

✎ 要点凝练

（1）沿海国对大陆架不享有领土主权，只享有一定的管辖权；

（2）所有国家均有权在其他国家的大陆架上铺设海底电缆和管道，但其路线的划定须经过沿海国同意。

29. 甲、乙、丙三国均为《联合国海洋法公约》的缔约国。关于三国在我国有管辖权水域的行为，下列说法正确的是：（2021-回忆版-单）

A. 甲国民用飞机可以无害通过我国领海上空

B. 甲国军舰有权无害通过我国领海

C. 丙国可在我国大陆架铺设海底电缆和管道，但路线的划定需经我国主管机关同意

D. 我国军舰对违反我国毗连区规定的乙国走私船行使紧追权，在其进入公海时紧追应终止

考点提示 领海的无害通过制度；大陆架；紧追权

选项解析 无害通过是《联合国海洋法公约》开放给外国船舶无害通过沿海国领海的权利，该权利仅限于海域，不能及于上空。故 A 项错误。

《联合国海洋法公约》并未限制军舰的无害通过权，但是中国在批准《联合国海洋法公约》时对该条提出了保留，明确指出"外国军用船舶进入中华人民共和国领海，须经中华人民共和国政府批准"。故 B 项错误。

根据《联合国海洋法公约》第 79 条的规定，所有国家均有权在其他国家的大陆架上铺设海底电缆和管道，但其线路的划定须经沿海国同意。故 C 项正确。

紧追终止的海域是被紧追船舶的本国或第三国领海。故 D 项错误。

参考答案 C

要点凝练

（1）无害通过制度只能适用于船舶，不能适用于飞机；

（2）外国军舰进入中国领海需经中国政府批准；

（3）所有国家均有权在其他国家的大陆架上铺设海底电缆和管道，但其线路的划定须经沿海国同意；

（4）紧追终止的海域是他国领海。

30. "青田"号是甲国的货轮、"前进"号是乙国的油轮、"阳光"号是丙国的科考船，三船通过丁国领海。依《联合国海洋法公约》，下列哪些选项是正确的？（2016/1/76–多）

A. 丁国有关对油轮实行分道航行的规定是对"前进"号油轮的歧视

B. "阳光"号在丁国领海进行测量活动是违反无害通过的

C. "青田"号无须事先通知或征得丁国许可即可连续不断地通过丁国领海

D. 丁国可以对通过其领海的外国船舶征收费用

考点提示 领海的无害通过制度

选项解析 沿海国可制定有关无害通过的法规，指定海道或分道航行；为国家安全，在必不可少时可在特定水域暂停实行无害通过。丁国对油轮实行分道航行，符合《联合国海洋法公约》的规定，不构成对油轮的歧视。故 A 项错误。

根据《联合国海洋法公约》第 19 条第 2 款的规定，有下列行为即为"有害"：①进行任何武力威胁或使用武力、军事演习、搜集情报、进行危害沿海国国防安全的宣传；②在船上起落或接载任何飞机，发射、降落或接载任何军事装置；③违反沿海国有关法律和规章，上下任何商品、货币或人员；④违反本公约规定的任何故意和严重的污染行为；⑤捕鱼、进行研究或测量、干扰沿海国通讯系统；⑥与通过没有直接关系的其他任何活动。故 B 项正确。

根据《联合国海洋法公约》的规定，外国船舶在不损害沿海国和平、良好秩序或安全的条件下，拥有无须事先通知或征得沿海国许可而连续不断地迅速通过其领海的权利。故 C 项正确。

沿海国不得对无害通过的船舶征收费用。故 D 项错误。

参考答案 BC

要点凝练

领海的无害通过制度，包括"通过"的要求和"无害"的判断。

31. 甲国 A 公司向乙国 B 公司出口一批货物，双方约定适用 2010 年《国际贸易术语解释通则》中 CIF 术语。该批货物由丙国 C 公司"乐安"号商船承运，运输途中船舶搁浅，为起浮

抛弃了部分货物。船舶起浮后继续航行中又因恶劣天气，部分货物被海浪打入海中。到目的港后发现还有部分货物因固有缺陷而损失。"乐安"号运送该货物的航行路线要经过丁国的领海和毗连区。根据《联合国海洋法公约》，下列选项正确的是：(2012/1/97-任)

A. "乐安"号可不经批准穿行丁国领海，并在其间停泊转运货物

B. "乐安"号在丁国毗连区走私货物，丁国海上执法船可行使紧追权

C. "乐安"号在丁国毗连区走私货物，丁国海上执法机关可出动飞机行使紧追权

D. 丁国海上执法机关对"乐安"号的紧追权在其进入公海时立即终止

考点提示 领海的无害通过制度；紧追权

选项解析 "乐安"号为商船，在《联合国海洋法公约》的其他缔约国的领海享有**无害通过权**，但无害通过要求**连续不停地迅速通过**，如要下锚、停泊，均需沿海国许可。故 A 项错误。

根据《联合国海洋法公约》第 33 条第 1 款的规定，沿海国可在毗连区进行下列管制：①防止在其领土或领海内违犯其海关、财政、移民或卫生的法律和规章；②惩治在其领土或领海内违犯上述法律和规章的行为。故 B、C 项正确。

行使紧追权时，只有在被追逐的船舶进入其本国或第三国领海的情况下，紧追才应终止。故 D 项错误。

参考答案 BC

✎ 要点凝练

(1) 领海的无害通过制度，包括"通过"的要求和"无害"的判断；

(2) 紧追的主体可以是船舶，也可以是飞机，但必须具有公法性质；

(3) 紧追终止的海域是他国领海。

32. 甲国注册的渔船"踏浪号"应乙国注册的渔船"风行号"之邀，在乙国专属经济区进行捕鱼作业时，乙国海上执法船赶来制止，随后将"踏浪号"带回乙国港口。甲乙两国都是《联合国海洋法公约》的缔约国，且两国之间没有其他相关的协议。据此，根据海洋法的有关规则，下列哪些选项是正确的？(2008/1/78-多)

A. 只要"踏浪号"向乙国有关部门提交适当保证书和担保，乙国必须迅速释放该船

B. 只要"踏浪号"向乙国有关部门提交适当保证书和担保，乙国必须迅速释放该船船员

C. 如果"踏浪号"未能向乙国有关部门及时提交适当担保，乙国有权对该船船长和船员处以 3 个月以下的监禁

D. 乙国有义务将该事项迅速通知甲国

考点提示 专属经济区

选项解析 专属经济区是受国家一定管辖和支配的海域，沿海国的权利主要体现在对该区域内以**开发自然资源**为目的的活动拥有排他性的主权权利和与此相关的某些管辖权，由此对其他国家在该区域的活动构成一定的限制。

但是，在专属经济区针对有违法行为的外国船舶行使相关管辖权时应遵守以下规则：①对于被捕的船只及其船员，在其提出适当的保证书或担保后，应迅速予以释放；②沿海国对于在专属经济区内仅违反渔业法规的处罚，如有关国家间无相反的协议，**不得包括监禁或任何形式的体罚**；③在逮捕或扣留外国船只时，沿海国应通过适当途径将所采取的措施和随后进行的处罚迅速通知船旗国。故 A、B、D 项正确，C 项错误。

参考答案 ABD

✎ 要点凝练

(1) 沿海国对其专属经济区有专属的自然资源管辖权；

(2) 沿海国可以逮捕违反其自然资源管辖权的船只及船员，但应当通知船旗国；

(3) 在船只提出适当的担保后，应迅速释放，且不得对船员进行监禁或体罚。

二、公海

33. 乙国军舰 A 发现甲国渔船在乙国领海走私，立即发出信号开始紧追，渔船随即逃跑。当 A 舰因机械故障被迫返航时，令乙国另一艘军舰 B 在渔船逃跑必经的某公海海域埋伏。A 舰返航半小时后，渔船出现在 B 舰埋伏的海域。依《联合国海洋法公约》及相关国际法规则，下列哪一选项是正确的？（2009/1/30-单）

A. B 舰不能继续 A 舰的紧追

B. A 舰应从毗连区开始紧追，而不应从领海开始紧追

C. 为了紧追成功，B 舰不必发出信号即可对渔船实施紧追

D. 只要 B 舰发出信号，即可在公海继续对渔船紧追

考点提示 紧追权

选项解析 紧追权，是指沿海国的军舰或军用飞机对于在其管辖范围内的海域内违反了该沿海国法律的外国船舶进行追逐至公海仍可继续以期拿获的权利。依照公约和国际习惯，各国在行使紧追权时应遵守下列规则：

（1）紧追只可由军舰、军用飞机或其他有明显标志的经授权的为政府服务的船舶或飞机进行。

（2）紧追必须从国家管辖范围内的海域开始，即须从沿海国的内水、群岛水域、领海、毗连区、专属经济区或大陆架开始。由毗连区开始的紧追限于外国船舶对该区域所管制事项有关法律的违背；由专属经济区开始的紧追限于船舶对与该区域权利或大陆架权利有关的法规的违反。本题中，甲国渔船在乙国领海走私，侵犯了乙国在其领海上的领土主权，因此，乙国 A 舰可从领海开始紧追。故 B 项错误。

（3）紧追只有在被紧追船舶视听所及的距离内发出停驶信号后，才可开始。

（4）紧追必须连续不停地进行，不得中断。如果紧追船舶、飞机需要更替，则前者须

在后者到达后才能退出，否则即为中断，中断后再追逐，紧追便不成立。本题中，乙国 A 舰因机械故障返航后，B 舰才采取行动，乙国军舰的紧追行为已经中断，即使 B 舰发出停驶信号，其也丧失了对甲国渔船继续紧追的权利。故 A 项正确，C、D 项错误。

（5）当被紧追船被逮捕，及被紧追的船舶进入其本国或第三国领海时，紧追终止。

参考答案 A

📝 要点凝练

紧追的国际法规则，包括紧追的主体、紧追的客体、紧追开始的海域、紧追终止的海域。紧追一般应先发出信号；紧追必须连续不断；紧追原则上不得使用武力。

34. 甲国军舰"克罗将军号"在公海中航行时，发现远处一艘名为"斯芬克司号"的商船，悬挂甲国船旗。当"克罗将军号"驶近该船时，发现其已换挂乙国船旗。根据国际法的有关规则，下列哪些选项是错误的？（2007/1/79-多）

A. "斯芬克司号"被视为悬挂甲国船旗的船舶

B. "斯芬克司号"被视为具有双重船旗的船舶

C. "斯芬克司号"被视为无船旗船舶

D. "斯芬克司号"被视为悬挂方便旗的船舶

考点提示 无国籍船舶和方便旗船舶的区别

选项解析 任何国家的船舶都可以悬挂其旗帜在公海中自由航行。任何国家不得对在公海中合法航行的别国船舶加以阻碍。在公海中航行的船舶必须在一国进行登记并悬挂该国国旗，登记国称为该船的国籍国或船旗国。在公海航行的船舶必须并且只能悬挂一国旗帜，悬挂两国或两国以上旗帜航行或视方便而换用旗帜的，在国际法上应被视为无国籍船舶。故 C 项正确，不当选；A、B、D 项错误，当选。

参考答案 ABD

✎ **要点凝练**

需要特别区分无国籍船舶和方便旗船舶的概念：悬挂两国或两国以上旗帜或视方便而更换旗帜的，被视为无国籍船舶；在开放登记的国家获得登记的，为方便旗船舶。

三、国际海底区域

司考（法考）暂未考查过。

四、群岛水域与国际海峡

35. 甲国是群岛国，乙国是甲国的隔海邻国，两国均为《联合国海洋法公约》的缔约国。根据相关国际法规则，下列哪一选项是正确的？（2014/1/33-单）

A. 他国船舶通过甲国的群岛水域均须经过甲国的许可

B. 甲国为连接其相距较远的两岛屿，其群岛基线可隔断乙国的专属经济区

C. 甲国因已划定了群岛水域，则不能再划定专属经济区

D. 甲国对其群岛水域包括上空和底土拥有主权

考点提示 群岛水域

选项解析 群岛水域的航行分为无害通过和群岛海道通过两种情形。前一种是指所有国家的船舶享有通过除群岛国内水以外的群岛水域的无害通过权；后一种是指群岛国可以指定适当的海道和其上的空中通道，以便其他国家的船舶或飞机连续不停地迅速通过或飞越其群岛水域及其邻接的领海，所有的国家都享有这种群岛海道通过权。本题中，无害通过权即他国船舶无须征得甲国许可而连续不断地通过其群岛水域的航行权利。因此，他国船舶通过甲国的群岛水域无须经过甲国的许可。故 A 项错误。

群岛国可以连接群岛最外缘各岛和各干礁的最外缘各点构成直线群岛基线。群岛基线的确定需要满足《联合国海洋法公约》规定的条件，其中之一就是基线不能明显偏离群岛的一般轮廓，不能将其他国家的领海同公海或专属经济区隔断。故 B 项错误。

群岛水域的划定不妨碍群岛国按照《联合国海洋法公约》的规定划定内水，及在基线之外划定领海、毗连区、专属经济区和大陆架。故 C 项错误。

群岛国对其群岛水域包括其上空和底土拥有主权。故 D 项正确。

参考答案 D

✎ **要点凝练**

（1）群岛水域的无害通过制度；

（2）群岛基线的划定；

（3）群岛国家可以划定其领海、毗连区、专属经济区、大陆架等海域；

（4）群岛国对其群岛水域拥有主权，并且主权及于其上空和底土。

 10 专题 **国际法上的特殊空间**

一、民用航空法

36. 乘坐乙国航空公司航班的甲国公民，在飞机进入丙国领空后实施劫机，被机组人员制服后交丙国警方羁押。甲、乙、丙三国均为 1963 年《东京公约》、1970 年《海牙公约》及 1971 年《蒙特利尔公约》缔约国。据此，下列哪一选项是正确的？（2017/1/32-单）

A. 劫机发生在丙国领空，仅丙国有管辖权

B. 犯罪嫌疑人为甲国公民，甲国有管辖权

C. 劫机发生在乙国航空器上，仅乙国有管辖权

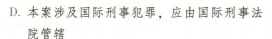

D. 本案涉及国际刑事犯罪，应由国际刑事法院管辖

考点提示 国际民航安全制度（三个反劫机公约）；国际刑事法院

选项解析 下列国家均拥有对于危害民航安全罪行的管辖权：①航空器登记国；②航空器降落地国——当犯罪嫌疑人仍在航空器内时；③承租人的营业地国或常住地国——当航空器是不带机组的出租时；④嫌疑人所在国；⑤嫌疑人国籍国或永久居所国；⑥犯罪行为发生地国；⑦罪行后果涉及国，包括受害人国籍国或永久居所国、后果涉及领土、罪行危及其安全的国家；⑧根据本国法行使管辖权的其他国家。本题中，劫机发生在丙国领空，丙国属于犯罪行为发生地国，拥有管辖权；犯罪嫌疑人是甲国公民，甲国属于嫌疑人国籍国，拥有管辖权；劫机发生在乙国航空器上，乙国属于航空器登记国，拥有管辖权。所以，本题中，甲、乙、丙三国均拥有管辖权，A、C 项中"仅"表述不正确。故 A、C 项错误，B 项正确。

国际刑事法院的管辖范围限于灭绝种族罪、战争罪、危害人类罪和侵略罪，不包括劫机罪。故 D 项错误。

参考答案 B

要点凝练

（1）劫机属于三个反劫机公约中确立的普遍管辖的罪行；

（2）国际刑事法院的管辖范围限于灭绝种族罪、战争罪、危害人类罪和侵略罪，不包括劫机罪。

37. 甲国发生内战，乙国拟派民航包机将其侨民接回，飞机需要飞越丙国领空。根据国际法相关规则，下列哪些选项是正确的？（2011/1/75-多）

A. 乙国飞机因接其侨民，得自行飞越丙国领空

B. 乙国飞机未经甲国许可，不得飞入甲国领空

C. 乙国飞机未经允许飞越丙国领空，丙国有

权要求其在指定地点降落

D. 丙国军机有权在警告后将未经许可飞越丙国领空的乙国飞机击落

考点提示 领空主权原则

选项解析 根据《国际民用航空公约》（又称《芝加哥公约》）的规定，外国航空器飞入或飞出一国领空，原则上都需要经该国许可。故 A 项错误，B 项正确。

对于非法入境的外国民用航空器，国家可以行使主权，采取符合国际法有关规则的任何适当手段，包括要求其终止此类侵犯立即离境或要求其在指定地点降落等，但不得危及航空器内人员的生命和航空器的安全，避免使用武器。故 C 项正确，D 项错误。

参考答案 BC

要点凝练

外国飞机未经允许飞入主权国家的领空，主权国家有权行使主权要求其离境或命令其迫降，但不可以将其击落。

二、外层空间法

38. 甲国与乙国联合发射的气象卫星在外层空间与丙国发射的遥感卫星相撞，造成遥感卫星坠落，遥感卫星的碎片又与在丁国境内正在飞行的丁国民航客机相撞并使其坠落。同时坠落的卫星碎片还造成了丁国地面人员及财产的损害。已知甲、乙、丙、丁四国均为外空相关国际公约的缔约国。依外空法的相关制度，下列哪些选项是正确的？（2020-回忆版-多）

A. 任何国家都享有探索和利用外空的权利，并应为全人类谋取利益

B. 甲、乙两国联合发射的气象卫星应同时至甲、乙两国登记

C. 对于两个卫星之间的相撞，应适用过错责任原则

D. 卫星碎片造成的丁国民航客机的坠落，甲、乙、丙三国应承担绝对责任

考点提示 《外空公约》《登记公约》《责任公约》

选项解析 根据《关于各国探索和利用包括月球和其他天体在内外层空间活动的原则条约》（又称《外空公约》）的规定，任何国家探索外层空间都不得损害其他国家的权利和利益，不得为获取自己片面私利利用外空。故 A 项正确。

根据《关于登记射入外层空间物体的公约》（又称《登记公约》）的规定，空间物体若由 2 个以上发射国发射，应由其共同决定其中的一个国家进行登记。故 B 项错误。

根据《外空物体所造成损害之国际责任公约》（又称《责任公约》）的规定，发射国对其空间物体在地球表面或给飞行中的飞机造成的损害，应承担绝对责任；发射国对其空间物体在地球表面以外的其他地方，对另一发射国的空间物体，或其所载人员或财产造成损害，承担过错责任。故 C、D 项正确。

参考答案 ACD

要点凝练

（1）外层空间属于公共空间，不能据为己有；

（2）联合发射空间物体的，只能由其中一个国家进行登记；

（3）空对地承担绝对责任，空对空承担过错责任。

39. 乙国与甲国航天企业达成协议，由甲国发射乙国研制的"星球一号"卫星。因发射失败卫星碎片降落到甲国境内，造成人员和财物损失。甲乙两国均为《空间物体造成损害的国际责任公约》缔约国。下列选项正确的是：（2009/1/98-任）

A. 如"星球一号"发射成功，发射国为技术保密可不向联合国办理登记

B. 因"星球一号"由甲国的非政府实体发射，甲国不承担国际责任

C. "星球一号"对甲国国民的损害不适用《责任公约》

D. 甲国和乙国对"星球一号"碎片造成的飞机损失承担绝对责任

考点提示 《登记公约》《责任公约》

选项解析 依据外空活动的登记制度，发射国应对其发射的空间物体进行登记，包括将该空间物体载入其所保存的适当内容的国内登记册，同时在切实可行的范围内尽快将有关情报报告联合国秘书长，以便在其保存的总登记册里进行登记。由此可见，发射国应对其发射的空间物体向联合国办理登记。故 A 项错误。

根据《责任公约》的规定，发射国对其外空活动承担国际责任，不论这种活动是其政府部门或非政府实体从事。故 B 项错误。

《责任公约》只解决跨国损害赔偿，发射国的空间物体对下列两种人员造成的损害不适用公约：①该发射国的国民；②在空间物体从发射至降落的任何阶段内参加操作的，或者在空间物体从发射至降落的任何阶段内，应发射国的邀请而留在紧接预定发射或回收区地带的外国国民。故 C 项正确。

发射国对其空间物体在地球表面造成的损害或给飞行中的飞机造成的损害，负有绝对责任。根据《责任公约》的规定，发射或促使发射空间物体的国家以及从其领土或设施发射空间物体的国家均为发射国。因此，本题中，甲国和乙国都是发射国。故 D 项正确。

参考答案 CD

要点凝练

（1）发射外空物体需进行双重登记；

（2）国家对其国内任何一个实体的外空领域的行为对外承担绝对责任；

（3）空对地承担绝对责任，空对空承担过错责任；

（4）《责任公约》只解决跨国损害赔偿。

国际环保法 专题

40. 甲、乙两国是温室气体的排放大国，甲国为发达国家，乙国为发展中国家。根据国际环境法原则和规则，下列哪一选项是正确的？（2008/1/34-单）

A. 甲国必须停止排放，乙国可以继续排放，因为温室气体效应主要是由发达国家多年排放积累造成的

B. 甲国可以继续排放，乙国必须停止排放，因为乙国生产效率较低，并且对于环境治理的措施和水平远远低于甲国

C. 甲、乙两国的排放必须同等地被限制，包括排放量、排放成分标准、停止排放时间等各方面

D. 甲、乙两国在此问题上都承担责任，包括进行合作，但在具体排量标准、停止排放时间等方面承担的义务应有所区别

[考点提示] 共同但有区别的责任原则

[选项解析] 防止气候变化的根本措施是温室气体减排，减排是所有国家共同的责任。故 A、B 项错误。

根据共同但有区别的责任原则，对发达国家承担的具体减排目标应有所限制。本题中，甲、乙两国作为温室气体的排放大国，都应当承担减排责任。但由于甲国为发达国家，乙国为发展中国家，所以二者在承担义务方面应当根据不同情况有所区别。故 C 项错误，D 项正确。

[参考答案] D

 要点凝练

温室气体减排的基本原则是"共同但有区别的责任原则"。

第5讲 国际法上的个人

应试指导

个人虽然不是国际法的主体,但与个人有关的国际法的各项制度在法考中却占据很重要的地位。国际法上有关个人的制度主要包括外国人待遇、国籍、出入境、引渡、外交保护和庇护等。其中,国籍、出入境、引渡属于法考的常考点。另外,这部分还要掌握《国籍法》《出境入境管理法》《引渡法》三部法律的重要内容。其中,对于《出境入境管理法》的相关真题,本书将根据2013年7月1日开始施行的新法作出解析。本部分属于法考的高频考点部分,最近10年几乎每年均有题目涉及,考生应给予足够重视。

12 专题 中国国籍制度

41. 根据《中华人民共和国国籍法》的规定,下列选项中,公民可以基于血统取得中国国籍的有:(2020-回忆版-多)

A. 甲,出生于日本东京,父母双方均为中国公民

B. 乙,出生于中国上海,父亲为中国公民,母亲为无国籍人

C. 丙,出生于美国夏威夷并在出生时即获得了美国国籍,父母双方均为中国公民并定居在夏威夷

D. 丁,出生于中国深圳,父母双方均为无国籍人并定居在中国

【考点提示】中国国籍的取得

【选项解析】根据《国籍法》的规定,中国国籍的取得原则为"双系血统为主,兼采出生地主义"。"双系血统为主",是指父母一方为中国国籍,子女不论出生在哪里,均可以取得中国国籍。故A、B项当选。

根据《国籍法》的规定,中国国籍取得的例外为:父母双方或一方为中国公民并定居在外国+子女出生在外国时即获得外籍,则该子女不可获得中国国籍。据此,丙不可以取得中国国籍。故C项不当选。

"出生地取得中国国籍"必须同时满足三个条件:父母均无国籍或国籍不明+父母定居中国+子女出生在中国境内。D项中,丁可以根据出生地取得中国国籍,但不能根据血统取得中国国籍。故D项不当选。

【参考答案】AB

【要点凝练】

(1)"双系血统为主";

(2)"出生地取得中国国籍"的三个

条件；

  （3）中国国籍取得的例外。

42. 中国公民李某与俄罗斯公民莎娃结婚，婚后定居北京，并育有一女李莎。依我国《国籍法》，下列哪些选项是正确的？（2017/1/75-多）

A. 如李某为中国国家机关公务员，其不得申请退出中国国籍

B. 如莎娃申请中国国籍并获批准，不得再保留俄罗斯国籍

C. 如李莎出生于俄罗斯，不具有中国国籍

D. 如李莎出生于中国，具有中国国籍

考点提示 中国国籍制度

选项解析 《国籍法》第 12 条规定："国家工作人员和现役军人，不得退出中国国籍。"故 A 项正确。

《国籍法》第 8 条规定："申请加入中国国籍获得批准的，即取得中国国籍；被批准加入中国国籍的，不得再保留外国国籍。"故 B 项正确。

《国籍法》第 5 条规定："父母双方或一方为中国公民，本人出生在外国，具有中国国籍；但父母双方或一方为中国公民并定居在外国，本人出生时即具有外国国籍的，不具有中国国籍。"李莎的父母一方为中国公民，婚后定居北京，所以，虽然李莎出生在外国，但仍具有中国国籍。故 C 项错误。

《国籍法》第 4 条规定："父母双方或一方为中国公民，本人出生在中国，具有中国国籍。"故 D 项正确。

参考答案 ABD

要点凝练

  （1）国家工作人员和现役军人，不得退出中国国籍；

  （2）中国《国籍法》不承认中国公民具有双重国籍；

  （3）中国国籍取得采用"双系血统为主，兼采出生地主义"原则。

43. 中国公民王某与甲国公民彼得于 2013 年结婚后定居甲国并在该国产下一子，取名彼得森。关于彼得森的国籍，下列哪些选项是正确的？（2015/1/75-多）

A. 具有中国国籍，除非其出生时即具有甲国国籍

B. 可以同时拥有中国国籍与甲国国籍

C. 出生时是否具有甲国国籍，应由甲国法确定

D. 如出生时即具有甲国国籍，其将终生无法获得中国国籍

考点提示 中国国籍制度

选项解析 《国籍法》第 5 条规定："父母双方或一方为中国公民，本人出生在外国，具有中国国籍；但父母双方或一方为中国公民并定居在外国，本人出生时即具有外国国籍的，不具有中国国籍。"故 A 项正确。

《国籍法》第 3 条规定："中华人民共和国不承认中国公民具有双重国籍。"故 B 项错误。

出生时是否可以具有甲国国籍，应依据甲国法的规定确定。故 C 项正确。

《国籍法》第 7 条规定："外国人或无国籍人，愿意遵守中国宪法和法律，并具有下列条件之一的，可以经申请批准加入中国国籍：①中国人的近亲属；②定居在中国的；③有其它正当理由。"《国籍法》第 8 条规定："申请加入中国国籍获得批准的，即取得中国国籍；被批准加入中国国籍的，不得再保留外国国籍。"因此，外国人满足一定条件可以申请加入中国国籍。故 D 项错误。

参考答案 AC

要点凝练

  （1）中国《国籍法》不承认中国公民具有双重国籍；

  （2）中国国籍取得采用"双系血统为主，兼采出生地主义"原则。

44. 中国人王某定居美国多年，后自愿加入美国国籍，但没有办理退出中国国籍的手续。根据我国相关法律规定，下列哪些选项是正确的？（2010/1/80-多）

A. 由于王某在中国境外，故须向在国外的中国外交代表机关或领事机关办理退出中国国籍的手续

B. 王某无需办理退出中国国籍的手续

C. 王某具有双重国籍

D. 王某已自动退出了中国国籍

考点提示 中国国籍的退出

选项解析 《国籍法》第9条规定："定居外国的中国公民，自愿加入或取得外国国籍的，即自动丧失中国国籍。"王某定居美国，加入美籍后，自动丧失中国国籍，无需办理退籍手续。故A项错误，B、D项正确。

《国籍法》第3条规定："中华人民共和国不承认中国公民具有双重国籍。"王某不具有双重国籍。故C项错误。

 参考答案 BD

要点凝练

中国国籍的退出有两种方式：①自动退出。需满足两个前提条件，即定居外国+自愿申请加入外国国籍。②申请退出中国国籍得到批准。

 13 专题 **中国《出境入境管理法》**

45. 中国公民李智和德国人珍妮结婚后取得德国国籍并定居德国。经申请，有关公安机关注销了李智的身份证与户籍。根据中国《国籍法》和《出境入境管理法》的相关规定，下列哪一选项是正确的？（2023-回忆版-单）

A. 如公安机关发现李智存在严重违法决定将其驱逐出境，李智可向法院提起行政诉讼

B. 如李智有危害国家安全的嫌疑并被公安机关拘留审查，李智可依法申请行政复议

C. 如李智涉及民事诉讼，法院应认定李智具有中国国籍

D. 如李智有未了结的民事诉讼，李智不得出境

考点提示 《出境入境管理法》；中国国籍的退出

选项解析 《出境入境管理法》第81条第2款规定："外国人违反本法规定，情节严重，尚不构成犯罪的，公安部可以处驱逐出境。公安部的处罚决定为最终决定。"故A项错误。

《出境入境管理法》第64条规定："外国人对依照本法规定对其实施的继续盘问、拘留审查、限制活动范围、遣送出境措施不服的，可以依法申请行政复议，该行政复议决定为最终决定。其他境外人员对依照本法规定对其实施的遣送出境措施不服，申请行政复议的，适用前款规定。"因此，如李智对其被公安机关拘留审查不服，可依法申请行政复议，行政复议机关作出的行政复议决定是最终决定，李智不能因不服行政复议决定而再提起行政诉讼。故B项正确。

中国国籍的退出有两种方式：①自动退出。其需满足两个前提条件，即定居外国+自愿申请加入外国国籍。②申请退出中国国籍得到批准。李智已满足自动退出中国国籍的条件，因此不再具有中国国籍。故C项错误。

根据《出境入境管理法》第28条第2项的规定，外国人在中国境内有未了结的民事案件，法院决定不准出境的，则不准出境。因此，李智能否出境需要看法院的态度，而不是一概限制其出境。故D项错误。

参考答案 B

要点凝练

(1) 公安部对外国人作出的处罚决定和行政复议机关作出的相应的行政复议决定均为最终决定；

(2) 自动丧失中国国籍需满足两个前提条件，即定居外国+自愿申请加入外国国籍；

(3) 外国人在中国境内有未了结的民事案件，法院决定不准出境的，则不准出境。

46. 2005 年，中国孤儿乙被甲国夫妇收养，后改名艾琳，随养父母去甲国定居并取得甲国国籍。2019 年，艾琳被中国上海某高校录取前往中国读书。依据中国《国籍法》及《出境入境管理法》的规定，下列说法正确的是：（2021-回忆版-单）

A. 艾琳可以利用周末假期前往快餐店兼职打工

B. 甲国夫妇前往中国看望艾琳，但甲国爆发严重的呼吸道传染病的，中国出入境边防检查机关可以拒绝其入境并不说明理由

C. 艾琳可以不用办理签证直接入境

D. 艾琳可以同时拥有甲国和中国国籍

考点提示 《出境入境管理法》；中国国籍制度

选项解析 外国人要在中国境内参加工作，必须办理工作类签证。即使是外国大学生勤工助学，也需遵守学校勤工助学管理规定，并不得超过岗位范围或者时限。故 A 项错误。

出入境边防检查机关负责实施出入境边防检查，对不准入境的，可以不说明理由。故 B 项正确。

根据《出境入境管理法》第 15 条的规定，外国人进入中国境内，应当申请办理签证。艾琳的中国国籍已经丧失，所以其必须办理签证才能入境。故 C 项错误。

根据《国籍法》第 9 条的规定，中国公民自动丧失中国国籍需要同时满足**两个条件**：①定居外国；②自愿加入或取得外国国籍。本

题中，艾琳两个条件均满足，所以艾琳的中国国籍自动丧失。故 D 项错误。

参考答案 B

 要点凝练

(1) 外国人入境中国，必须办理签证；

(2) 外国人在中国参加工作，必须办理相关手续；

(3) 出入境边防检查机关负责实施出入境边防检查；

(4) 自动丧失中国国籍，需满足两个前提条件，即定居外国+自愿申请加入外国国籍。

47. 甲国人汉斯因公务来中国某地，在中国北京连续居住 2 年。根据中国相关法律的规定，下列说法正确的有：（2019-回忆版-多）

A. 汉斯如果和中国籍妻子生了一个小孩，可取得中国国籍

B. 汉斯利用周末假期在某培训机构兼职教课，属于非法就业

C. 中国北京是汉斯的经常居所地

D. 汉斯有尚未完结的民事诉讼的，边检机关可限制其出境

考点提示 中国国籍的取得；《出境入境管理法》；经常居所地的司法解释

选项解析 根据中国《国籍法》的规定，中国国籍的取得采取"双系血统为主，兼采出生地主义"原则。汉斯的妻子为中国国籍，因此，小孩可以基于血统取得中国国籍。故 A 项正确。

根据《出境入境管理法》第 43 条第 2 项的规定，外国人超出工作许可限定范围在中国境内工作的，属于非法就业。故 B 项正确。

根据《最高人民法院关于适用〈中华人民共和国涉外民事关系法律适用法〉若干问题的解释（一）》（以下简称《涉外民事关系法律适用法解释（一）》）第 13 条的规定，自然人在涉外民事关系产生或者变更、终止时已经

连续居住 1 年以上且作为其生活中心的地方，法院可以认定为其经常居所地，但就医、劳务派遣、公务等情形除外。本题中，汉斯在中国北京连续居住 2 年是因公务，应排除。故 C 项错误。

根据《出境入境管理法》第 28 条第 2 项的规定，外国人在中国境内有未了结的民事案件，法院决定不准出境的，则不准出境。因此，要看法院的态度，而不是一概限制其出境。故 D 项错误。

参考答案 AB

要点凝练

（1）中国国籍的取得采取"双系血统为主，兼采出生地主义"原则；

（2）外国人在中国参加工作，必须办理相关手续；

（3）经常居所地的司法解释的排除情形包括"就医、劳务派遣、公务"等情形；

（4）外国人在中国境内有未了结的民事案件，法院决定不准出境的，则不准出境。

48. 马萨是一名来华留学的甲国公民，依中国法律规定，下列哪些选项是正确的？（2017/1/76-多）

A. 马萨入境中国时，如出入境边防检查机关不准其入境，可以不说明理由

B. 如马萨留学期间发现就业机会，即可兼职工作

C. 马萨留学期间在同学家中短期借住，应按规定向居住地的公安机关办理登记

D. 如马萨涉诉，则不得出境

考点提示《出境入境管理法》

选项解析《出境入境管理法》第 25 条规定："外国人有下列情形之一的，不准入境：①未持有效出境入境证件或者拒绝、逃避接受边防检查的；②具有本法第 21 条第 1 款第 1 项至第

4 项规定情形的；③入境后可能从事与签证种类不符的活动的；④法律、行政法规规定不准入境的其他情形。对不准入境的，出入境边防检查机关可以不说明理由。"故 A 项正确。

《出境入境管理法》第 41 条第 1 款规定："外国人在中国境内工作，应当按照规定取得工作许可和工作类居留证件。任何单位和个人不得聘用未取得工作许可和工作类居留证件的外国人。"另《出境入境管理法》第 43 条规定："外国人有下列行为之一的，属于非法就业：①未按照规定取得工作许可和工作类居留证件在中国境内工作的；②超出工作许可限定范围在中国境内工作的；③外国留学生违反勤工助学管理规定，超出规定的岗位范围或者时限在中国境内工作的。"故 B 项错误。

《出境入境管理法》第 39 条第 2 款规定："外国人在旅馆以外的其他住所居住或者住宿的，应当在入住后 24 小时内由本人或者留宿人，向居住地的公安机关办理登记。"故 C 项正确。

《出境入境管理法》第 28 条规定："外国人有下列情形之一的，不准出境：①被判处刑罚尚未执行完毕或者属于刑事案件被告人、犯罪嫌疑人的，但是按照中国与外国签订的有关协议，移管被判刑人的除外；②有未了结的民事案件，人民法院决定不准出境的；③拖欠劳动者的劳动报酬，经国务院有关部门或者省、自治区、直辖市人民政府决定不准出境的；④法律、行政法规规定不准出境的其他情形。"如果马萨涉诉民事案件，则只有当法院决定不准出境时，马萨才不能出境。故 D 项错误。

参考答案 AC

要点凝练

（1）出入境边防检查机关不准入境的，可以不说明理由。

（2）外国人在中国境内工作，应当取得工作许可和工作类居留证件。

（3）外国人在旅馆以外的其他住所居

住或者住宿的，应当在入住后 24 小时内由本人或者留宿人，向居住地的公安机关办理登记。

（4）外国人涉诉刑事案件的，一律不准出境；涉诉民事案件的，由法院决定是否准许出境。

49. 王某是定居美国的中国公民，2013 年 10 月回国为父母购房。根据我国相关法律规定，下列哪一选项是正确的？（2014/1/34-单）

A. 王某应向中国驻美签证机关申请办理赴中国的签证

B. 王某办理所购房产登记需提供身份证明的，可凭其护照证明其身份

C. 因王某是中国公民，故需持身份证办理房产登记

D. 王某回中国后，只要其有未了结的民事案件，就不准出境

考点提示《出境入境管理法》

选项解析《出境入境管理法》第 11 条第 1 款规定："中国公民出境入境，应当向出入境边防检查机关交验本人的护照或者其他旅行证件等出境入境证件，履行规定的手续，经查验准许，方可出境入境。"王某是定居美国的中国公民，因此，其出境入境无需办理签证。故 A 项错误。

《出境入境管理法》第 14 条规定："定居国外的中国公民在中国境内办理金融、教育、医疗、交通、电信、社会保险、财产登记等事务需要提供身份证明的，可以凭本人的护照证明其身份。"因此，王某办理房屋登记可凭护照证明其身份。故 B 项正确，C 项错误。

《出境入境管理法》第 12 条规定："中国公民有下列情形之一的，不准出境：①未持有效出境入境证件或者拒绝、逃避接受边防检查的；②被判处刑罚尚未执行完毕或者属于刑事案件被告人、犯罪嫌疑人的；③有未了结的民事案件，人民法院决定不准出境的；④因妨害

国（边）境管理受到刑事处罚或者因非法出境、非法居留、非法就业被其他国家或者地区遣返，未满不准出境规定年限的；⑤可能危害国家安全和利益，国务院有关主管部门决定不准出境的；⑥法律、行政法规规定不准出境的其他情形。"因此，只有当法院决定不准出境时，王某才不能出境。故 D 项错误。

参考答案 B

要点凝练

（1）外国人入境中国，必须办理签证；

（2）定居国外的中国公民在中国境内办理相关事务的，可凭本人护照证明其身份；

（3）外国人涉诉民事案件的，由法院决定是否准许出境。

50. 甲国公民杰克申请来中国旅游，关于其在中国出入境和居留期间的管理，下列哪些选项是正确的？（2013/1/76-多）

A. 如杰克患有严重精神障碍，中国签证机关不予签发其签证

B. 如杰克入境后可能危害中国国家安全和利益，中国出入境边防检查机关可不准许其入境

C. 杰克入境后，在旅馆以外的其他住所居住或者住宿的，应当在入住后 48 小时内由本人或者留宿人，向居住地的公安机关办理登记

D. 如杰克在中国境内有未了结的民事案件，法院决定不准出境的，中国出入境边防检查机关有权阻止其出境

考点提示《出境入境管理法》

选项解析《出境入境管理法》第 21 条第 1 款规定："外国人有下列情形之一的，不予签发签证：①被处驱逐出境或者被决定遣送出境，未满不准入境规定年限的；②患有严重精神障碍、传染性肺结核病或者有可能对公共卫生造成重大

危害的其他传染病的；③可能危害中国国家安全和利益、破坏社会公共秩序或者从事其他违法犯罪活动的；④在申请签证过程中弄虚作假或者不能保障在中国境内期间所需费用的；⑤不能提交签证机关要求提交的相关材料的；⑥签证机关认为不宜签发签证的其他情形。"故A项正确。

《出境入境管理法》第24条规定："外国人入境，应当向出入境边防检查机关交验本人的护照或者其他国际旅行证件、签证或者其他入境许可证明，履行规定的手续，经查验准许，方可入境。"《出境入境管理法》第25条规定："外国人有下列情形之一的，不准入境：①未持有效出境入境证件或者拒绝、逃避接受边防检查的；②具有本法第21条第1款第1项至第4项规定情形的；③入境后可能从事与签证种类不符的活动的；④法律、行政法规规定不准入境的其他情形。对不准入境的，出入境边防检查机关可以不说明理由。"故B项正确。

《出境入境管理法》第39条规定："外国人在中国境内旅馆住宿的，旅馆应当按照旅馆业治安管理的有关规定为其办理住宿登记，并向所在地公安机关报送外国人住宿登记信息。外国人在旅馆以外的其他住所居住或者住宿的，

应当在入住后24小时内由本人或者留宿人，向居住地的公安机关办理登记。"故C项错误。

《出境入境管理法》第27条规定："外国人出境，应当向出入境边防检查机关交验本人的护照或者其他国际旅行证件等出境入境证件，履行规定的手续，经查验准许，方可出境。"《出境入境管理法》第28条规定："外国人有下列情形之一的，不准出境：……②有未了结的民事案件，人民法院决定不准出境的；……"故D项正确。

参考答案 ABD

📝 要点凝练

（1）中国签证机关拒绝签发签证的理由；

（2）中国出入境边防检查机关拒绝外国人入境的理由；

（3）外国人在旅馆以外的其他住所居住或者住宿的，应当在入住后24小时内由本人或者留宿人，向居住地的公安机关办理登记；

（4）外国人涉诉民事案件的，由法院决定是否准许出境。

---

 14 专题 外交保护

51. 中国人张某在甲国杀死一甲国公民后逃至乙国。已知甲国和乙国之间没有签订引渡条约，但是中国和甲、乙两国均分别签有引渡条约。下列说法正确的有：（2018-回忆版-多）

A. 中国外交部可以向乙国政府请求对张某先行采取强制措施再行引渡

B. 如甲国向乙国申请引渡，则乙国无正当理由不得拒绝引渡

C. 如乙国未经中国同意将张某引渡给甲国，则中国可以向乙国提起外交保护

D. 如乙国将张某引渡给中国后，甲国向中国

提请引渡张某，则中国政府应当予以拒绝

考点提示 引渡；外交保护

选项解析 中国《引渡法》第48条规定："在紧急情况下，可以在向外国正式提出引渡请求前，通过外交途径或者被请求国同意的其他途径，请求外国对有关人员先行采取强制措施。"故A项正确。

甲、乙两国之间无引渡条约，因此没有引渡的义务。故B项错误。

外交保护的前提条件有三个：国籍继续原则、实际损害且损害归因于国家原则、用尽当

地救济原则。本题后两个条件均不符合。故 C
项错误。

　　根据"**本国国民不引渡原则**"，外国向中
国请求引渡的人如果具有中国国籍，应当拒绝
引渡。故 D 项正确。

参考答案 AD

要点凝练

> （1）无条约，无引渡义务；
> （2）外交保护的前提条件；
> （3）引渡的四项基本原理。

52. 甲国公民廖某在乙国投资一家服装商店，
生意兴隆，引起一些从事服装经营的当地商人
不满。一日，这些当地商人煽动纠集一批当
地人，涌入廖某商店哄抢物品。廖某向当地
警方报案。警察赶到后并未采取措施控制事
态，而是袖手旁观。最终廖某商店被洗劫一
空。根据国际法的有关规则，下列对此事件
的哪些判断是正确的？（2006/1/77－多）

A. 该哄抢行为可以直接视为乙国的国家行为

B. 甲国可以立即行使外交保护权

C. 乙国中央政府有义务调查处理肇事者，并
追究当地警察的渎职行为

D. 廖某应首先诉诸乙国行政当局和司法机
构，寻求救济

考点提示 外交保护

选项解析 国家行为，是指引起国际责任的行为
必须是能够根据国际法归因于国家的不当行为。

一般私人或私人团体本身对外国或外国人的不
法侵害不引起国家责任，但是该行为如果是由
于国家的失职造成或国家对该行为进行纵容，
则可能引起国家对本身失职或放纵行为的责任，
这称之为间接责任。乙国警察的行为构成对哄
抢行为的放纵，即只构成间接国家行为。乙国
中央政府有义务调查处理肇事者，并追究当地
警察的渎职行为，否则应承担相应的国家责任。
故 A 项错误，C 项正确。

　　外交保护，是指一国国民在外国受到不法
侵害，且依该外国法律程序得不到救济时，其
国籍国可以通过外交方式要求该外国进行救济
或承担责任，以保护其国民或国家的利益。国
家行使外交保护权一般应符合三个条件：①一
国国民权利受到侵害是由于所在国的国家不当
行为所致；②受害人自受害行为发生起到外交
保护结束的期间内，必须持续拥有保护国国籍；
③在提出外交保护之前，受害人必须用尽当地
法律规定的一切可以利用的救济办法，包括行
政和司法救济手段。对照本题，可以得出结论：
廖某应先寻求用尽当地救济，救济未果的，
甲国才能行使外交保护权。故 B 项错误，D 项
正确。

参考答案 CD

要点凝练

> 外交保护的前提条件有三个：①实际
> 损害原则且损害可以归因于国家；②国籍
> 继续原则；③用尽当地救济原则。

引渡和庇护 专题 15

一、引渡

53. 金荣是甲国人，萨亚是乙国人，甲国和
乙国都是《联合国反腐败公约》的缔约国，
且两国之间有双边引渡条约。甲国指控二人

在其境内的商业活动存在腐败行为，现二人均
已逃到乙国。甲国请求乙国引渡金荣和萨亚。
参照乙国法律的相关规定，二人的行为均不
违法，乙国对甲国指控的行为不予处罚。依
据《联合国反腐败公约》和引渡的相关规则，

下列哪些选项是正确的？（2023-回忆版-多）

A. 依据《联合国反腐败公约》的规定，金荣不应该被引渡

B. 依据《联合国反腐败公约》的规定，萨亚不应该被引渡

C. 《联合国反腐败公约》优先于两国的双边引渡条约

D. 两国就引渡不必然适用《联合国反腐败公约》

考点提示 《联合国反腐败公约》；引渡

选项解析 《联合国反腐败公约》第44条第1款规定："当被请求引渡人在被请求缔约国领域内时，本条应当适用于根据本公约确立的犯罪，条件是引渡请求所依据的犯罪是按请求缔约国和被请求缔约国本国法律均应当受到处罚的犯罪。"金荣和萨亚的行为均不违反乙国法律，乙国对甲国指控的行为不予处罚。因此，金荣不应该被引渡。故 A 项正确。

《联合国反腐败公约》第42条第2款规定："在不违背本公约第4条规定的情况下，缔约国还可以在下列情况下对任何此种犯罪确立其管辖权：①犯罪系针对该缔约国国民；②犯罪系由该缔约国国民或者在其领域内有惯常居所的无国籍人实施；③犯罪系发生在本国领域以外的、根据本公约第23条第1款第2项第2目确立的犯罪，目的是在其领域内实施本公约第23条第1款第1项第1目或者第2目或者第2项第1目确立的犯罪；④犯罪系针对该缔约国。"萨亚是乙国人，根据《联合国反腐败公约》第44条的双重犯罪原则以及第42条的本国国民不引渡原则，萨亚不应该被引渡。故 B 项正确。

《联合国反腐败公约》第44条第6款规定："以订有条约为引渡条件的缔约国应当：①在交存本公约批准书、接受书、核准书或者加入书时通知联合国秘书长，说明其是否将把本公约作为与本公约其他缔约国进行引渡合作的法律依据；……"因此，《联合国反腐败公约》不必然作为缔约国之间产生引渡义务的依据。故 C 项错误，D 项正确。

参考答案 ABD

要点凝练

（1）本国国民不引渡原则；

（2）双重犯罪原则；

（3）《联合国反腐败公约》不必然作为缔约国之间产生引渡义务的依据。

54. 甲国公民施密特在乙国旅游期间，乙国应丙国要求将施密特扣留，之后丙国向乙国请求引渡施密特。根据国际法相关规则和实践，下列说法正确的有：（2019-回忆版-多）

A. 如果施密特的行为同时违反乙、丙两国的法律，乙国可以引渡

B. 如果施密特的行为只违反丙国法律，乙国应当拒绝引渡

C. 因施密特为甲国公民，乙国无权将施密特引渡给丙国

D. 如果施密特是政治犯，乙国应当拒绝引渡

考点提示 引渡

选项解析 根据"双重犯罪原则"，被请求引渡人的行为必须是请求国和被请求国的法律都认定的犯罪。故 A、B 项正确。

根据"本国国民不引渡原则"，只要施密特不是引渡被请求国乙国人即可。故 C 项错误。

根据"政治犯不引渡原则"，如果施密特是政治犯，乙国应当拒绝引渡。故 D 项正确。

参考答案 ABD

要点凝练

引渡的四项基本原理。

55. 甲国公民汤姆于 2012 年在本国故意杀人后潜逃至乙国，于 2014 年在乙国强奸一名妇女后又逃至中国。乙国于 2015 年向中国提出引渡请求。经查明，中国和乙国之间没有双边引渡条约。依相关国际法及中国法律规定，

下列哪一选项是正确的？（2015/1/33-单）

A. 乙国的引渡请求应向中国最高人民法院提出

B. 乙国应当作出互惠的承诺

C. 最高人民法院应对乙国的引渡请求进行审查，并由审判员组成合议庭进行

D. 如乙国将汤姆引渡回本国，则在任何情况下都不得再将其转引

考点提示 中国《引渡法》

选项解析 《引渡法》第 10 条规定："请求国的引渡请求应当向中华人民共和国外交部提出。"故 A 项错误，引渡的联系机关是外交部，而不是最高人民法院。

《引渡法》第 15 条规定："在没有引渡条约的情况下，请求国应当作出互惠的承诺。"故 B 项正确。

《引渡法》第 16 条规定："外交部收到请求国提出的引渡请求后，应当对引渡请求书及其所附文件、材料是否符合本法第二章第二节和引渡条约的规定进行审查。最高人民法院指定的高级人民法院对请求国提出的引渡请求是否符合本法和引渡条约关于引渡条件等规定进行审查并作出裁定。最高人民法院对高级人民法院作出的裁定进行复核。"同时，《引渡法》第 22 条规定："高级人民法院根据本法和引渡条约关于引渡条件等有关规定，对请求国的引渡请求进行审查，由审判员 3 人组成合议庭进行。"故 C 项前半句错误，应由高级人民法院审查并作出裁定。

《引渡法》第 14 条规定："请求国请求引渡，应当作出如下保证：①请求国不对被引渡人在引渡前实施的其他未准予引渡的犯罪追究刑事责任，也不将该人再引渡给第三国。但经中华人民共和国同意，或者被引渡人在其引渡罪行诉讼终结、服刑期满或者提前释放之日起 30 日内没有离开请求国，或者离开后又自愿返回的除外。……"故 D 项错误，特殊情况下可以将其转引，而非在任何情况下都不得转引。

参考答案 B

要点凝练

（1）外交部是引渡请求的对外意思联络机关。

（2）无条约，无义务。在没有引渡条约的情况下，请求国应当作出互惠的承诺。

（3）最高院指定的高院应对引渡请求进行审查，最高院复核。

（4）请求国一般不得对被请求人转引渡，但特殊情况下可以。

56. 甲国公民库克被甲国刑事追诉，现在中国居留，甲国向中国请求引渡库克，中国和甲国间无引渡条约。关于引渡事项，下列选项正确的是：（2013/1/97-任）

A. 甲国引渡请求所指的行为依照中国法律和甲国法律均构成犯罪，是中国准予引渡的条件之一

B. 由于库克健康原因，根据人道主义原则不宜引渡，中国可以拒绝引渡

C. 根据中国法律，引渡请求所指的犯罪纯属军事犯罪的，中国应当拒绝引渡

D. 根据甲国法律，引渡请求所指的犯罪纯属军事犯罪的，中国应当拒绝引渡

考点提示 引渡

选项解析 双重犯罪原则是引渡的条件之一。故 A 项正确。

引渡是国家的权利而不是义务，中国可以基于人道主义原则拒绝引渡。故 B 项正确。

根据我国或者甲国法律的规定，引渡请求所指的犯罪纯属军事犯罪的，我国应当拒绝引渡。故 C、D 项正确。

参考答案 ABCD

要点凝练

（1）引渡的四项基本原理：本国国民不引渡、双重犯罪、政治犯不引渡、罪名特定；

（2）根据我国或请求国法律的规定，若引渡请求所指的犯罪纯属军事犯罪，则我国应当拒绝引渡。

57. 中国人高某在甲国探亲期间加入甲国国籍，回中国后健康不佳，也未申请退出中国国籍。后甲国因高某在该国的犯罪行为，向中国提出了引渡高某的请求，乙国针对高某在乙国实施的伤害乙国公民的行为，也向中国提出了引渡请求。依我国相关法律规定，下列哪一选项是正确的？（2009/1/32-单）

A. 如依中国法律和甲国法律均构成犯罪，即可准予引渡

B. 中国应按照收到引渡请求的先后确定引渡的优先顺序

C. 由于高某健康不佳，中国可以拒绝引渡

D. 中国应当拒绝引渡

考点提示 引渡；中国国籍的丧失

选项解析 "双重犯罪原则"规定在《引渡法》第7条第1款第1项，其只是引渡的必要条件之一，而非充分条件。故 A 项错误。

《引渡法》第17条规定："对于2个以上国家就同一行为或者不同行为请求引渡同一人的，应当综合考虑中华人民共和国收到引渡请求的先后、中华人民共和国与请求国是否存在引渡条约关系等因素，确定接受引渡请求的优先顺序。"可见，"引渡请求的先后"是应当综合考虑的因素之一，而非唯一因素。故 B 项错误。

《引渡法》第9条规定："外国向中华人民共和国提出的引渡请求，有下列情形之一的，可以拒绝引渡：①中华人民共和国对于引渡请求所指的犯罪具有刑事管辖权，并且对被请求引渡人正在进行刑事诉讼或者准备提起刑事诉讼的；②由于被请求引渡人的年龄、健康等原因，根据人道主义原则不宜引渡的。"C 项符合本条第2项的规定，但依题意，中国拒绝引渡

是缘于"本国国民不引渡原则"，健康不佳并非根本原因。故 C 项错误。

《国籍法》第3条规定："中华人民共和国不承认中国公民具有双重国籍。"《国籍法》第9条规定："定居外国的中国公民，自愿加入或取得外国国籍的，即自动丧失中国国籍。"《国籍法》第14条规定："中国国籍的取得、丧失和恢复，除第9条规定的以外，必须办理申请手续。未满18周岁的人，可由其父母或其他法定代理人代为办理申请。"本题中，高某虽然加入了甲国国籍，但由于其未在甲国定居，且未申请退出中国国籍，因此，其中国国籍并未丧失，事实上属于双重国籍人。但由于中国不承认双重国籍，而高某的中国国籍并未丧失，因此，对于其甲国国籍不予认可。根据我国法律的规定，高某仍为中国公民。《引渡法》第8条是关于拒绝引渡情形的规定，其第1项规定，"根据中华人民共和国法律，被请求引渡人具有中华人民共和国国籍的"，应当拒绝引渡。因此，中国应当拒绝对高某的引渡请求。故 D 项正确。

参考答案 D

✏️ 要点凝练

（1）被请求引渡人具有中国国籍的，应当拒绝引渡。

（2）中国国籍的自动丧失需满足两个条件：①定居外国；②自愿加入或取得外国国籍。

二、庇护

58. 甲国和乙国因历史遗留问题爆发大规模武装冲突，甲国大量难民涌入乙国境内。依据1951年《关于难民地位的公约》以及1967年《关于难民地位的议定书》的规定，下列判断正确的是：（2022-回忆版-单）

A. 甲国难民涌入乙国后，不得从事营利性的工作和参加营利性的社团组织

B. 甲国难民涌入乙国境内，乙国对其的接纳

属于国际法上的庇护

C. 如甲国难民未经允许进入乙国境内，则乙国可以对其进行必要惩戒

D. 如甲国难民被遣返后有生命危险，则乙国无论如何均不得将其遣返回国

考点提示 《关于难民地位的公约》；庇护

选项解析 1951 年《关于难民地位的公约》第 18 条规定："缔约各国对合法在其领土内的难民，就其自己经营农业、工业、手工业、商业以及设立工商业公司方面，应给以尽可能优惠的待遇，无论如何，此项待遇不得低于一般外国人在同样情况下所享有的待遇。"因此，难民在当地是否可以从事营利性的工作，应依据当地法律法规和政策而定。故 A 项错误。

庇护，是指一国对因政治原因而遭受他国追诉（包括可能追诉）或处罚的外国人（包括无国籍人）给予保护并拒绝将其交还或引渡的一项国际法制度。所在国对难民的接纳与庇护制度是两码事。故 B 项错误。

《关于难民地位的公约》第 31 条规定："①缔约各国对于直接来自生命或自由受到第 1 条所指威胁的领土未经许可而进入或逗留该国领土的难民，不得因该难民的非法入境或逗留而加以刑罚，但以该难民毫不迟延地自行投向当局说明其非法入境或逗留的正当原因者为限。②缔约各国对上述难民的行动，不得加以除必要以外的限制，此项限制只能于难民在该国的地位正常化或难民获得另一国入境准许以前适用。缔约各国应给予上述难民一个合理的期间以及一切必要的便利，以便获得另一国入境的许可。"故 C 项错误。

《关于难民地位的公约》第 32 条第 1 项规定："缔约各国除因国家安全或公共秩序理由外，不得将合法在其领土内的难民驱逐出境。"《关于难民地位的公约》第 33 条第 1 项规定："任何缔约国不得以任何方式将难民驱逐或送回（'推回'）至其生命或自由因为他的种族、宗教、国籍、参加某一社会团体或具有某种政治见解而受威胁的领土边界。"若难民被遣返

后有生命危险，则无论如何均不得将其遣返回国。故 D 项正确。

参考答案 D

要点凝练

（1）难民在当地的待遇，应依据当地法律法规和政策而定，一般不得低于外国人在同样情况下所享有的待遇；

（2）所在国对难民的接纳与庇护制度是两码事；

（3）缔约各国除因国家安全或公共秩序理由外，不得将合法在其领土内的难民驱逐出境。

59. 甲国人亨利持假护照入境乙国，并以政治避难为名进入丙国驻乙国的使馆。甲乙丙三国都是《维也纳外交关系公约》的缔约国，此外彼此间没有相关的其他协议。根据国际法的有关规则，下列哪些选项是正确的？（2007/1/78—多）

A. 亨利目前位于乙国领土上，其身份为非法入境者

B. 亨利目前位于丙国领土内，丙国有权对其提供庇护

C. 丙国有义务将亨利引渡给甲国

D. 丙国使馆有义务将亨利交由乙国依法处理

考点提示 引渡；庇护

选项解析 根据一般国际法规则，国家没有义务允许外国人入境，外国人入境要持有有效护照并获得入境签证。亨利持假护照进入乙国，是非法入境。故 A 项正确。

在另一国派驻使领馆并非领土主权的取得方式，而仅仅构成对他国领土主权的限制。因此，丙国驻乙国使馆仍然属于乙国领土，只不过领土主权受到丙国的限制。故 B 项错误。

引渡是一国的权利而不是义务。故 C 项错误。

域外庇护，又称外交庇护，是指给予避难者

在驻在国的使馆、领馆、军舰甚至商船内以庇护，即庇护国在外国领土上庇护外国人。域外庇护与领土庇护的最大区别在于，其是庇护国在外国领土上利用特权与豁免来庇护外国人。在国际法上，国家只应根据属地优越权在本国领土内行使庇护权，而没有所谓"域外庇护"权，否则就侵犯了其他国家的领土主权。所以，域外庇护一直未得到国际社会的普遍接受。故

D 项正确。

参考答案 AD

要点凝练

（1）外国人持假护照入境为非法入境；

（2）一国驻外使馆并非该国领土；

（3）引渡是一国的权利而非义务；

（4）域外庇护非法。

本讲要掌握外交关系与领事关系的联系与区别、外交代表机关的各项制度，包括建立、组成、职务、特权与豁免等。重点和难点在于区分外交关系法中不同性质的机构和不同身份人员权利义务的具体规定，区分外交特权豁免与领事特权豁免规则的不同之处。本讲中，使领馆馆舍的特权与豁免以及使领馆人员的特权与豁免制度的考试重复率最高。本讲基本每年考查 1 题，只有少数年份未考查。本部分试题综合性较强，复习中应全面掌握。

外交机关与使领馆人员　专题 16

一、外交机关

60. 甲乙丙三国因历史原因，冲突不断，甲国单方面暂时关闭了驻乙国使馆。艾诺是甲国派驻丙国使馆的二秘，近日被丙国宣布为不受欢迎的人。根据相关国际法规则，下列哪些选项是正确的？（2014/1/74-多）

A. 甲国关闭使馆应经乙国同意后方可实现

B. 乙国驻甲国使馆可用合法手段调查甲国情况，并及时向乙国作出报告

C. 丙国宣布艾诺为不受欢迎的人，须向甲国说明理由

D. 在丙国宣布艾诺为不受欢迎的人后，如甲国不将其召回或终止其职务，则丙国可拒绝承认艾诺为甲国驻丙国使馆人员

考点提示 使馆；"不受欢迎的人"制度

选项解析 在外交关系建立并互设使馆之后，由于某种原因，一国也可以单方面暂时关闭使馆，甚至断绝与另一国的外交关系，并不需要接受国同意。故 A 项错误。

根据《维也纳外交关系公约》的规定，使馆的职务包括调查和报告，即可以以一切合法的手段调查接受国的各种情况，并及时向派遣国作出报告。故 B 项正确。

对于派遣国的使馆馆长和外交人员，接受国可以随时不加解释地宣布其为"不受欢迎的人"。因此，丙国宣布艾诺为不受欢迎的人，无须向甲国说明理由。故 C 项错误。

对于被宣布为"不受欢迎的人"的使馆人员，如果在其入境以后被宣告，则派遣国应酌情召回该人员或终止其使馆人员的职务；否则，接受国可以拒绝承认该人员为使馆人员，甚至令其限期离境。故 D 项正确。

参考答案 BD

要点凝练

（1）关闭使馆无需接受国同意；

（2）使馆的职务包括调查和报告；

（3）宣布"不受欢迎的人"无须说明理由，派遣国应酌情召回或终止其职务，否则，接受国可以拒绝承认该人员为使馆人员。

二、使领馆人员

61. 经乙国同意，甲国派特别使团与乙国进行特定外交任务谈判，甲国国民贝登和丙国国民奥马均为使团成员，下列哪些选项是正确的？（2009/1/79-多）

A. 甲国对奥马的任命需征得乙国同意，乙国一经同意则不可撤销此项同意

B. 甲国特别使团下榻的房舍遇到火灾而无法获得使团团长明确答复时，乙国可以推定获得同意进入房舍救火

C. 贝登在公务之外开车肇事被诉诸乙国法院，因贝登有豁免权乙国法院无权管辖

D. 特别使团也适用对使馆人员的"不受欢迎的人"的制度

考点提示 特别使团

选项解析 根据《联合国特别使团公约》的规定，特别使团的派遣无须双方存在外交关系，但特别使团在派遣前应当通过外交途径或者其他双方同意或共同接受的途径取得接受国的同意，针对具有接受国或第三国国籍的特别使团代表，接受国可随时撤销同意派遣的决定。故A项错误。

特别使团及其成员的特权与豁免比照领馆和领事官员的特权与豁免。比如：①特别使团的房舍不可侵犯，但在遇到火灾或其他严重的灾难而无法获得使团团长明确答复的情况下，接受国可以推定获得同意而进入房舍；②使团外交人员的司法及行政豁免的例外中，又增加了有关人员公务以外使用车辆的交通肇事引起的诉讼，接受国可以管辖。故B项正确，C项错误。

特别使团在性质上属于外交人员，因此适用接受国对使馆人员的"不受欢迎的人"的制度。故D项正确。

参考答案 BD

要点凝练

（1）特别使团的派遣必须事先征得接受国的同意；

（2）特别使团及其成员的特权与豁免比照领馆和领事官员的特权与豁免；

（3）特别使团适用"不受欢迎的人"的制度。

17 专题 外交特权与豁免以及领事特权与豁免

一、外交特权与豁免

62. 李亚萍是甲国驻乙国使馆的一名武官。依据《维也纳外交关系公约》的规定，关于李亚萍享有的相关权利，下列哪一说法是正确的？（2023-回忆版-单）

A. 周末空余时间可以利用自己的特长从事专业技术活动

B. 不得因维护甲国利益而参与乙国反动组织的游行活动

C. 涉及民事诉讼可以书面放弃管辖豁免

D. 涉及刑事案件可接受乙国的刑事审判和处罚

考点提示 外交特权与豁免

选项解析 《维也纳外交关系公约》第42条规定："外交代表不应在接受国内为私人利益从事任何专业或商业活动。"因此，李亚萍不得

在节假日利用自己的特长从事专业技术活动。故 A 项错误。

《维也纳外交关系公约》第 41 条第 1 款规定："在不妨碍外交特权与豁免之情形下，凡享有此项特权与豁免之人员，均负有尊重接受国法律规章之义务。此等人员并负有不干涉该国内政之义务。"故 B 项正确。

外交人员和领事官员的特权和豁免的放弃必须由派遣国明示进行，李亚萍不能单方书面放弃管辖豁免。故 C 项错误。

武官为外交人员，外交人员刑事管辖完全豁免，因此，对于刑事案件，所在国法院对李亚萍没有管辖权，但刑事责任可通过外交途径承担。故 D 项错误。

参考答案 B

要点凝练

（1）外交人员刑事管辖完全豁免，其他管辖相对豁免；

（2）外交人员应尊重接受国的法律规章；

（3）外交人员放弃管辖豁免需由派遣国明示放弃。

63. 依据《维也纳外交关系公约》及相关国际法规则，下列哪些行为符合国际法的规定？(2021-回忆版-多)

A. 甲国的外交邮袋可以托交该国商业飞机机长转递

B. 甲、乙两国宣战后，甲国查封乙国大使馆的档案文件

C. 即使甲国驻乙国大使馆长期处于撤离状态，乙国也不得进入其馆舍搜查档案文件

D. 甲国驻乙国大使馆有权庇护被乙国通缉的丙国逃犯丁

考点提示《维也纳外交关系公约》；庇护

选项解析 根据《维也纳外交关系公约》的规定，外交邮袋可托交预定在准许入境地点降落

的商业飞机机长转递。故 A 项当选。

使馆财产及档案无论在何时何处，均不得侵犯。即使两国断交、使馆长期或暂时撤退、发生武装冲突也不例外。故 B 项不当选，C 项当选。

甲国驻乙国大使馆只有权庇护甲国人，如果庇护了非甲国人，则为域外庇护，国际法不认可。故 D 项不当选。

参考答案 AC

要点凝练

（1）外交邮袋可托交预定在准许入境地点降落的商业飞机机长转递；

（2）使馆财产及档案无论在何时何处，均不得侵犯；

（3）国际法不认可域外庇护。

64. 根据《维也纳外交关系公约》和《维也纳领事关系公约》的规定，下列说法正确的是：(2020-回忆版-单)

A. 甲国驻乙国使馆的参赞非工作时间在高速公路上交通肇事，该参赞声明放弃外交特权与豁免，乙国有权对其逮捕并审判

B. 甲国特别外交信差涉嫌毒品犯罪，待其将负责携带的外交邮袋送交收件人后，乙国有权对其逮捕并审判

C. 甲国驻乙国领事官员可在甲国驻乙国大使的批准下，在领馆范围外从事职务活动

D. 甲国驻乙国公使可在节假日有偿参加乙国招商引资等商事活动

考点提示《维也纳外交关系公约》《维也纳领事关系公约》

选项解析 外交人员和领事官员的特权和豁免的放弃必须由派遣国明示进行，不能自己放弃。故 A 项错误。

外交信差在执行职务时应受到接受国的保护，派遣国或其使馆还可派特别外交信差，这种信差也享有外交信差的豁免，但当其将负责

携带的外交邮袋送交收件人后即不再享有此等豁免。故 B 项正确。

领事官员执行职务应限于领馆辖区范围内，在领馆辖区范围外执行职务须经接受国同意。甲国驻乙国领事官员在乙国的批准下，可以在领馆范围外从事职务活动，而不是在甲国驻乙国大使的批准下。故 C 项错误。

外交代表不应在接受国内为私人利益从事任何专业或商业活动。因此，甲国驻乙国公使不可以在节假日有偿参加乙国招商引资等商事活动。故 D 项错误。

参考答案 B

📝 要点凝练

（1）外交人员和领事官员的特权和豁免的放弃必须由派遣国以明示方式进行；

（2）外交信差执行职务时可以享受特权和豁免；

（3）领事官员在领馆辖区范围外执行职务须经接受国同意；

（4）外交代表不应在接受国内为私人利益从事任何专业或商业活动。

65. 甲国公民汉斯为甲国派往乙国大使馆的武官。已知甲、乙两国均为《维也纳外交关系公约》的缔约国，下列说法正确的有：（2019-回忆版-多）

A. 甲国大使馆非经许可，不得私自安装无线电发报机

B. 乙国应该为甲国大使馆提供免费物业服务

C. 甲国驻乙国大使馆爆发传染性疾病期间，乙国卫生防疫人员可以强行进入使馆馆舍消毒

D. 汉斯射杀 3 名翻墙进入使馆的乙国人，乙国司法部门不得对其进行刑事审判

考点提示 《维也纳外交关系公约》

选项解析 《维也纳外交关系公约》第 27 条第 1款规定："使馆非经接受国同意，不得装置并

使用无线电发报机。"故 A 项正确。

使馆馆舍一般费用均免除，但物业管理费、清除垃圾的费用等不免除。故 B 项错误。

使馆馆舍绝对豁免，即使有特殊情况，如火灾或流行病爆发等，也不例外。故 C 项错误。

武官为外交人员，外交人员刑事管辖完全豁免。因此，乙国司法部门不得对汉斯进行刑事审判。故 D 项正确。

参考答案 AD

📝 要点凝练

（1）使馆馆舍绝对豁免；

（2）外交人员刑事管辖完全豁免。

66. 甲、乙两国均为《维也纳外交关系公约》缔约国，甲国拟向乙国派驻大使馆工作人员。其中，杰克是武官，约翰是二秘，玛丽是甲国籍会计且非乙国永久居留者。依该公约，下列哪一选项是正确的？（2017/1/33-单）

A. 甲国派遣杰克前，无须先征得乙国同意

B. 约翰在履职期间参与贩毒活动，乙国司法机关不得对其进行刑事审判与处罚

C. 玛丽不享有外交人员的特权与豁免

D. 如杰克因参加斗殴意外死亡，其家属的特权与豁免自其死亡时终止

考点提示 外交特权与豁免

选项解析 必须经接受国同意（可无理由拒绝）才能派遣的人员有：使馆馆长、武官、领馆馆长、特别使团、不具有派遣国国籍的人员。其他人员可以直接派遣。杰克是武官，甲国派遣杰克必须先征得乙国的同意。故 A 项错误。

外交人员刑事管辖完全豁免，接受国不得进行刑事审判和处罚。约翰是二秘，属于一般外交人员。故 B 项正确。

根据《维也纳外交关系公约》的规定，使馆的行政与技术人员及与其构成同一户口的家属，如非接受国国民且不在该国永久居留者，则享有外交人员享有的一般特权与豁免，但有一些限制和修改，包括：①其执行职务范围以

外的行为不享有民事和行政管辖的豁免；②除其最初到任时所输入的物品外，不能免纳关税及其他课征；③其行李不免除海关查验。玛丽是会计，属于行政与技术人员，不是外交人员。另外，玛丽是甲国籍会计且非乙国永久居留者，因此，其也享有外交人员享有的一般特权与豁免。故 C 项错误。

使馆人员死亡的，其家属应继续享有其应享有的特权与豁免，<u>直到给予其离境的合理期间结束时为止</u>。故 D 项错误。

参考答案 B

要点凝练

（1）必须经接受国同意才能派遣的人员包括使馆馆长、武官、领馆馆长、特别使团、不具有派遣国国籍的人员；

（2）外交人员刑事管辖完全豁免；

（3）使馆的行政与技术人员享有外交人员享有的一般特权与豁免；

（4）使馆人员死亡的，其家属应继续享有其应享有的特权与豁免，直到给予其离境的合理期间结束时为止。

67. 甲乙丙三国均为《维也纳外交关系公约》缔约国。甲国汤姆长期旅居乙国，结识甲国驻乙国大使馆参赞杰克，二人在乙国与丙国汉斯发生争执并互殴，汉斯被打成重伤。后，杰克将汤姆秘匿于使馆休息室。关于事件的处理，下列哪一选项是正确的？（2012/1/32-单）

A. 杰克行为已超出职务范围，乙国可对其进行逮捕

B. 该使馆休息室并非使馆工作专用部分，乙国警察有权进入逮捕汤姆

C. 如该案件在乙国涉及刑事诉讼，杰克无作证义务

D. 因该案发生在乙国，丙国法院无权对此进行管辖

考点提示《维也纳外交关系公约》

选项解析 <u>外交人员的人身不得侵犯</u>。故 A 项错误。

使馆馆舍非经馆长许可，接受国人员不得进入。故 B 项错误。

外交人员完全免除作证义务。故 C 项正确。

属人管辖既包括加害人国籍国对加害人的管辖，也包括受害人国籍国对受害人的保护。本案中，受害人汉斯为丙国人，因此，丙国法院对汉斯的管辖为属人管辖，对加害人汤姆和杰克的管辖为保护性管辖。从不同的角度来看，丙国法院对该案均有管辖权。故 D 项错误。

参考答案 C

要点凝练

（1）外交人员的人身不得侵犯；

（2）使馆馆舍绝对豁免；

（3）外交人员完全免除作证义务；

（4）保护性管辖的前提条件。

二、领事特权与豁免

68. 甲乙两国均为《维也纳领事关系公约》缔约国，阮某为甲国派驻乙国的领事官员。关于阮某的领事特权与豁免，下列哪一表述是正确的？（2013/1/32-单）

A. 如犯有严重罪行，乙国可将其羁押

B. 不受乙国的司法和行政管辖

C. 在乙国免作证义务

D. 在乙国免除缴纳遗产税的义务

考点提示《维也纳领事关系公约》

选项解析 与外交人员享有完全的刑事管辖豁免不同，领事官员犯有严重的罪行或执行裁决时并不享有豁免权。当领事官员犯有重罪时，可以限制其自由，将其羁押。故 A 项正确。

领事官员执行职务的行为，不受接受国的司法和行政管辖，也无相关作证义务。阮某为甲国派驻乙国的领事官员，并不享有绝对的司法和行政管辖的豁免以及作证义务的豁免。故 B、C 项的表述是片面的，错误。

领事的职务行为<u>民事管辖一般豁免</u>，免交一些地方税，但是<u>间接税和遗产税不得免除</u>。故 D 项错误。

参考答案 A

✎ 要点凝练

（1）领事官员刑事管辖豁免有两个例外：①犯有严重罪行；②执行司法裁决。

（2）除了刑事之外，领事官员仅在执行职务时豁免，非职务行为不豁免。

（3）领事官员的间接税和遗产税不得免除。

69. 甲乙二国建有外交及领事关系，均为《维也纳外交关系公约》和《维也纳领事关系公约》缔约国。乙国为举办世界杯足球赛进行城市改建，将甲国使馆区域、大使官邸、领馆区域均纳入征用规划范围。对此，乙国作出了保障外国使馆、领馆执行职务的合理安排，并对搬迁使领馆给予及时、有效、充分的补偿。根据国际法相关规则，下列哪些判断是正确的？（2010/1/79-多）

A. 如甲国使馆拒不搬迁，乙国可采取强制的征用搬迁措施

B. 即使大使官邸不在使馆办公区域内，乙国也不可采取强制征用搬迁措施

C. 在作出上述安排和补偿的情况下，乙国可征用甲国总领馆办公区域

D. 甲国总领馆馆舍在任何情况下均应免受任何方式的征用

考点提示 使领馆的特权与豁免

选项解析 根据《维也纳外交关系公约》的规定，使馆馆舍，是指专供使馆使用和供使馆馆

长寓所之用的建筑物或建筑物之各部分，以及其所附属之土地。使馆馆舍不受侵犯包括下列三方面的意义：①接受国人员非经使馆长许可，不得进入使馆馆舍；②接受国负有特殊责任，采取一切适当步骤保护使馆馆舍免受侵入或损害，并防止一切扰乱使馆安宁或有损使馆尊严之情事；③使馆馆舍及设备，以及馆舍内其他财产与使馆交通工具免受搜查、征用、扣押或强制执行。可知，甲国使馆免受一切征用和强制执行，乙国不能采取强制的征用搬迁措施。故 A 项错误，B 项正确。

领馆馆舍，是指专供领馆使用的建筑物或建筑物之各部分，以及其所附属之土地。领馆馆舍的不受侵犯在一定限度内，具有以下三点特征：①接受国人员未经同意不得进入领馆馆舍中专供领馆工作之用的部分，除非在领馆遇火灾或其他灾害须迅速采取保护行动时，才推定领馆馆长已表示同意。②接受国负有特殊责任，采取一切适当步骤保护领馆馆舍免受侵入或损害。③领馆馆舍、设备以及领馆的财产与交通工具应免受为国防或公用目的而实施的任何方式的征用。如确有必要，应采取一切可能步骤以免妨碍领馆执行职务，并应向派遣国作出迅速、充分及有效的补偿。可知，领馆馆舍与使馆馆舍有所区别，在确有必要时，可以征用领馆馆舍，但应保障领馆执行职务，并作出迅速、充分及有效的补偿。故 C 项正确，D 项错误。

参考答案 BC

✎ 要点凝练

使馆馆舍绝对豁免，领馆馆舍相对豁免。

本讲应了解解决国际争端的传统方式和当代国际法和平解决争端的各项方法，理解斡旋与调停、报复与反报、调查与和解的联系与区别。国际争端解决的法律方法主要有国际常设仲裁法院、国际法院、国际海洋法法庭三种，其中，国际法院的管辖权特点、规则和司法程序是考试的重点。本讲要么不考，要么也就考查 1 题，内容本身不难，纯属记忆性内容，复习中应注意与国家责任制度、国际法的基本原则和联合国各项制度的融合。

国际争端的解决方式　专题 18

70. 甲、乙两国因某海域石油开发问题爆发冲突，丙国元首出面斡旋并邀请甲、乙两国元首前往丙国首都进行和谈。依据相关国际法规则，下列表述正确的是：（2022-回忆版-单）

A. 丙国元首可以出面举办欢迎晚宴并就相关问题提出解决方案

B. 甲、乙两国元首到达丙国首都前，可以通过网络方式秘密进行谈判

C. 甲、乙两国元首到达丙国谈判时，丙国元首可以主持谈判

D. 甲国可派遣军队进入争议海域，并对海域进行封锁，禁止乙国船舶进入

考点提示 解决国际争端的政治（外交）方法；平时封锁

选项 解析 斡旋与调停的区别在于，斡旋没有第

三方参与，而调停有第三方参与。丙国元首可出面斡旋并举办欢迎晚宴，但斡旋中第三方本身不能参加谈判，也不能就相关问题提出解决方案。故 A、C 项错误。

　　国际争端的非强制解决方法，是指在争端各方自愿的基础上，解决国际争端的方法。它分为政治解决方法和法律解决方法。政治解决方法包括谈判、协商、斡旋、调查、和解等。谈判形式多样，可以公开也可以秘密，可以口头也可以书面。故 B 项正确。

　　平时封锁，是指一国的海军对另一国的海岸进行封锁，禁止有关船只的出入。平时封锁只能由安理会决定，其是维持或恢复国际和平与安全所必要时采取的一种措施，并非国家解决争端采用的合法方式。故 D 项错误。

参考答案 B

✏️ **要点凝练**

（1）斡旋与调停的区别在于：前者第三方不参与，后者第三方参与；

（2）平时封锁只能由安理会决定。

---

71. 甲、乙两国发生武装冲突。丙国元首出面协调并于丙国首都达成三方停火协议，后由于甲、乙两国对停火协议产生歧义再次爆发战争。依据海牙体系规则及相关国际法规则，下列说法正确的是：（2021-回忆版-单）

A. 丙国元首的行为构成调停

B. 甲、乙两国宣战后，甲、乙两国的商业条约自动废止

C. 甲、乙两国宣战后，甲国可以没收乙国驻甲国大使馆的财产

D. 丙国应对三方达成的停火协议承担法律责任

考点提示 斡旋与调停的区别；战争的法律后果

选项解析 解决国际争端的传统方式中，斡旋与调停的区别在于：前者第三方不出面，后者第三方出面。故 A 项正确。

另外，调停中还需注意，调停方对调停成败不承担法律责任，且调停方案本身没有法律约束力。故 D 项错误。

两国宣战后，关于条约事项受到的影响，主要分为三类：①同盟条约、互助条约或和平友好条约立即废止；②一般的政治和经济类条约停止效力；③边界条约、割让条约继续维持。甲、乙两国的商业条约属于一般的经济类条约，应暂停效力。故 B 项错误。

根据《维也纳外交关系公约》的规定，使馆财产及档案无论在何时何处，均不得侵犯。故 C 项错误。

参考答案 **A**

✏️ **要点凝练**

（1）斡旋与调停的区别在于：前者第三方不参与；后者第三方参与，且调停方对调停成败不承担法律后果和责任。

（2）战争对条约关系的影响需具体类型具体分析。

（3）使馆财产及档案无论在何时何处，均不得侵犯。

---

72. 根据国际法相关规则，关于国际争端解决方式，下列哪些表述是正确的？（2011/1/76-多）

A. 甲乙两国就界河使用发生纠纷，丙国为支持甲国可出面进行武装干涉

B. 甲乙两国发生边界争端，丙国总统可出面进行调停

C. 甲乙两国可书面协议将两国的专属经济区争端提交联合国国际法院，国际法院对此争端拥有管辖权

D. 国际法院可就国际争端解决提出咨询意见，该意见具有法律拘束力

考点提示 国际争端的解决方式；国际法院

选项解析 干涉，是指第三方擅自或片面介入其他国家间的争端，并强迫按照干涉国的方式解决争端。此种争端解决方式违反了不干涉内政这一国际法的基本原则，被认为是不合法的。故 A 项错误。

非强制方法，是指在各方自愿的基础上，解决国际争端的方法，分为政治解决方法和法律解决方法。政治解决方法包括谈判、协商、斡旋、调停、调查、和解等。调停与斡旋的区别在于：前者第三方是出面的。因此，甲、乙两国发生边界争端，丙国总统可出面进行调停的说法是正确的。故 B 项正确。

国际法院可以根据争端双方的协议行使管辖权。故 C 项正确。

国际法院可就国际争端的解决提出咨询意见，该意见虽不具有法律拘束力，但对于有关问题的解决及国际法院的发展有重要影响。故 D 项错误。

参考答案 **BC**

要点凝练

（1）武力干涉非法；

（2）斡旋第三方不出面，调停第三方出面；

（3）国际法院的自愿管辖依据争端双方书面协议而达成；

（4）国际法院的咨询意见不具有法律拘束力。

73. 2001年，甲国新政府上台后，推行新的经济政策和外交政策，在国内外引起强烈反应。乙国议会通过议案，谴责甲国的政策，并要求乙国政府采取措施，支持甲国的和平反政府运动；同时乙国记者兰摩也撰写了措辞严厉的批评甲国政策的文章在丙国报纸上发表；甲国的邻国丁国暗自支持甲国的反政府武装的活动。根据上述情况和国际法的相关原则，下列哪一选项是正确的？（2008延/1/32-单）

A. 乙国记者的行为，涉嫌违反国际法

B. 乙国议会的法案一旦被执行，则涉嫌违反国际法

C. 丙国的行为涉嫌违反国际法

D. 丁国的行为不涉嫌违反国际法

考点提示 国际争端的解决方式

选项解析 现代国际法确立了和平解决国际争端的基本原则，因此，传统的以干涉、战争、平时封锁等方法来解决国际争端的情况已经不符合国际法的要求了。本题中，乙国因甲国新政府的经济和外交政策而产生争端，因此，乙国采用干涉、支持甲国的和平反政府运动的方式来报复甲国是违反国际法的。故B项正确。

同理，丁国暗自支持甲国的反政府武装的行为也是违反国际法的。故D项错误。

乙国的记者不是国际法的主体，他的行为不构成违反国际法。故A项错误。

丙国本身没有对甲、乙两国之间的争端发表或实施任何行为，因此，只是乙国的记者在其国内报纸上发表了相关的文章，这与丙国国家本身的行为没有任何关系。故C项错误。

参考答案 B

 要点凝练

干涉内政的主体必须是国际法主体，个人、法人均不属于干涉内政的主体。

国际争端的法律解决方法 专题

一、国际常设仲裁法院

司考（法考）暂未考查过。

二、国际法院

74. 联合国国际法院是联合国的重要附属机构之一，联合国大会及安理会现欲推举甲国籍公民约翰为补选的国际法院法官。依据《联合国宪章》及相关国际法规则，下列表述正确的有：（2022-回忆版-多）

A. 约翰当选为国际法院法官后，审理涉及甲国的案件不适用回避制度

B. 安理会就约翰是否能够当选为法官的表决的同意票需超出2/3

C. 约翰的提名由各国代表团提出

D. 若常任理事国投否决票，则约翰不能当选为国际法院法官

考点提示 国际法院法官制度

选项解析 联合国国际法院法官在审理案件时也有回避制度，但法官回避的唯一理由是就任前曾经参与过该案件的审理。故A项正确。

联合国国际法院法官在联合国大会和安理

会中分别独立进行选举，只有在这两个机关同时获得绝对多数票方可当选。安理会常任理事国对国际法院法官的选举没有否决权，但在安理会选举国际法院法官时，当选者需获得 9 个同意票，而非超出 2/3 的同意票。故 B、D 项错误。

联合国际法院法官的人选由各国代表团提名，分别递交联合国大会和安理会审议。故 C 项正确。

参考答案 AC

要点凝练

（1）国际法院法官回避的理由是就任前曾经参与过该案件的审理；

（2）国际法院法官的选举在安理会中是程序性事项。

75. 关于国际法院，依《国际法院规约》，下列哪一选项是正确的？（2016/1/34-单）

A. 安理会常任理事国对法官选举拥有一票否决权

B. 国际法院是联合国的司法机关，有诉讼管辖和咨询管辖两项职权

C. 联合国秘书长可就执行其职务中的任何法律问题请求国际法院发表咨询意见

D. 国际法院做出判决后，如当事国不服，可向联合国大会上诉

考点提示 国际法院

选项解析 国际法院法官在联合国大会和安理会中分别独立进行选举，只有在这两个机关同时获得绝对多数票方可当选。安理会常任理事国对法官选举没有否决权。故 A 项错误。

国际法院是联合国的下设机构，其享有两类管辖权，分别是诉讼管辖权和咨询管辖权。故 B 项正确。

联合国大会及大会临时委员会、安理会、经社理事会、托管理事会及经大会授权的联合国专门机构或其他机构，可以请求国际法院发表咨询意见。国家、团体、个人包括联合国秘

书长，都无权请求国际法院发表咨询意见。故 C 项错误。

国际法院的判决具有终局性，一经作出即对当事国产生拘束力，当事国必须履行，不得上诉。故 D 项错误。

参考答案 B

要点凝练

（1）安理会常任理事国对国际法院法官的选举无否决权；

（2）国际法院的诉讼管辖权和咨询管辖权；

（3）国际法院一审终审，当事国无上诉权。

76. 甲乙两国协议将其边界领土争端提交联合国国际法院。国际法院作出判决后，甲国拒不履行判决确定的义务。根据《国际法院规约》，关于乙国，下列哪一说法是正确的？（2011/1/34-单）

A. 可申请国际法院指令甲国国内法院强制执行

B. 可申请由国际法院强制执行

C. 可向联合国安理会提出申诉，请求由安理会作出建议或决定采取措施执行判决

D. 可向联大法律委员会提出申诉，由法律委员会决定采取行动执行判决

考点提示 国际法院判决的执行

选项解析 根据《联合国宪章》和《国际法院规约》的规定，国际法院的判决具有终局性，判决一经作出，即对本案及本案当事国产生拘束力，当事国必须履行。如一方拒不履行，则他方可向安理会提出申诉，请求由安理会作出建议或决定采取措施，以执行判决。国际法院没有执行庭，也不能指令国内法院强制执行。故 C 项正确，A、B、D 项错误。

参考答案 C

要点凝练

国际法院无执行庭，若一方不自觉执

行，则另一方可向安理会提出申诉，请求安理会作出建议或决定采取措施，以执行判决。

三、国际海洋法法庭

77. 甲国籍船舶"越海号"于某公海海域航行时，故意撞击正在公海海域执行捕鱼作业的中国籍渔船"越渔号"，致使"越渔号"船舶中一人当场死亡，另有数人受伤。后在"越海号"船舶船长约翰于中国海南某港口上岸治病时，渔民家属向海南某中级人民法院提起刑事附带民事诉讼。现已知中国和甲国均为《联合国海洋法公约》的缔约国。据此，下列表述正确的是：（2022-回忆版-多）

A. 本案刑事附带民事诉讼中的刑事部分，应当适用中国法

B. 关于两船碰撞的侵权赔偿责任，应当适用《联合国海洋法公约》

C. 本案刑事附带民事诉讼中的刑事部分，可以由联合国海洋法法庭管辖

D. 本案民事部分的赔偿，应当适用中国法

考点提示 海事关系的法律适用；国际海洋法庭的管辖权

选项解析 刑法属于公法领域。刑事附带民事诉讼案件中，当事人选择法律适用的效力范围仅限于刑事附带民事诉讼的民事部分，不能就刑事部分选择法律适用。故 A 项正确。

根据《海商法》第273条第2、3款的规定，同一国籍的船舶，无论碰撞在何地，损害赔偿均应当适用船旗国法律；不同国籍的船舶，如果在公海上碰撞，则适用法院地法。因此，本案应适用法院地法，即中国法。故 B 项错误，D 项正确。

国际海洋法法庭的管辖范围主要限于国家与国家之间的海洋权益争端。本案刑事附带民事诉讼中的刑事部分涉及刑事犯罪，并非国家之间的争端，因此，应由中国法院管辖。故 C

项错误。

参考答案 **AD**

要点凝练

（1）海事关系的法律适用；

（2）国际海洋法法庭的管辖范围主要限于国家与国家之间的海洋权益争端。

78. 甲、乙、丙三国对某海域的划界存在争端，三国均为《联合国海洋法公约》缔约国。甲国在批准公约时书面声明海洋划界的争端不接受公约的强制争端解决程序，乙国在签署公约时口头声明选择国际海洋法法庭的管辖，丙国在加入公约时书面声明选择国际海洋法法庭的管辖。依相关国际法规则，下列哪一选项是正确的？（2017/1/34-单）

A. 甲国无权通过书面声明排除公约强制程序的适用

B. 国际海洋法法庭对该争端没有管辖权

C. 无论三国选择与否，国际法院均对该争端有管辖权

D. 国际海洋法法庭的设立排除了国际法院对海洋争端的管辖权

考点提示 国际海洋法法庭

选项解析 国际海洋法法庭的任择强制管辖，是指一国在签署、批准或加入《联合国海洋法公约》时，或在其后任何时间，可以自由用书面声明方式选择海洋法法庭的管辖。只有争端各方都选择了法庭程序，法庭才有管辖权。本题中，甲国有权通过书面声明排除公约强制程序的适用。故 A 项错误。

甲国在批准公约时书面声明海洋划界的争端不接受公约的强制争端解决程序，乙国在签署公约时口头声明选择国际海洋法法庭的管辖，丙国在加入公约时书面声明选择国际海洋法法庭的管辖。三国并未都选择国际海洋法法庭程序，所以国际海洋法法庭对该争端没有管辖权。故 B 项正确。

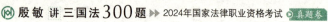

国际法院诉讼管辖权中的对事管辖必须基于一定的方式而确立。故 C 项错误。

国际海洋法法庭的设立不排除国际法院对海洋争端的管辖，争端当事国可以自愿选择将争端交由哪个机构来审理。故 D 项错误。

参考答案 B

📝 要点凝练

（1）国际海洋法法庭的任择强制管辖，需所有争端当事方均作出书面声明方式的选择；

（2）国际海洋法法庭的设立不排除国际法院对海洋争端的管辖。

79. 甲乙两国就海洋的划界一直存在争端，甲国在签署《联合国海洋法公约》时以书面声明选择了海洋法法庭的管辖权，乙国在加入公约时没有此项选择管辖的声明，但希望争端通过多种途径解决。根据相关国际法规则，下列选项正确的是：（2014/1/97-任）

A. 海洋法法庭的设立不排除国际法院对海洋活动争端的管辖

B. 海洋法法庭因甲国单方选择管辖的声明而对该争端具有管辖权

C. 如甲乙两国选择以协商解决争端，除特别约定，两国一般没有达成有拘束力的协议的义务

D. 如丙国成为双方争端的调停国，则应对调停的失败承担法律后果

考点提示 国际海洋法法庭；调停

选项解析 国际海洋法法庭是根据《联合国海洋法公约》而设立的，它是在海洋活动领域的全球性国际司法机构。国际海洋法法庭的设立不排除国际法院对海洋争端的管辖，争端当事国可以自愿选择将海洋争端交由哪个机构来审理。故 A 项正确。

关于国际海洋法法庭管辖权的任择强制管辖性质，根据《联合国海洋法公约》的规定，一国在签署、批准或加入本公约时，或在其后任何时间，可以自由用书面声明方式选择国际海洋法法庭的管辖。只有争端各方都选择了法庭程序，法庭才有管辖权。故 B 项错误。

解决国际争端的政治（外交）方法有谈判与协商、斡旋与调停、调查与和解。实践中，谈判与协商可能会达成协议，也可能破裂或无限期进行或延期。除非特别约定，一般地，谈判或协商的当事国没有达成有拘束力协议的义务。故 C 项正确。

调停，是指第三方以调停人的身份，就争端的解决提出方案，并直接参加或主持谈判，以协助争端解决。调停国提出的方案本身没有拘束力，调停国对于进行调停或调停成败也不承担任何法律义务或后果。故 D 项错误。

参考答案 AC

📝 要点凝练

（1）国际海洋法法庭的设立不排除国际法院对海洋争端的管辖；

（2）国际海洋法法庭的任择强制管辖，需所有争端当事方均作出书面声明方式的选择；

（3）调停方对调停成败不承担法律后果和责任。

本讲应掌握战争开始和战争结束的法律标志，理解国际法对战争手段的限制规则、对战时平民及受难者保护的有关规则。本讲难点在于对"区分原则"细节的掌握，以及目前国际刑事司法机构的基本运作机制，尤其是国际刑事法院的相关制度。本讲内容在最近 10 年中一半年份考题未涉及，一半年份就考 1 题。

战争的法律后果　专题 20

80. 甲、乙两国相邻，两国因边界问题引发纠纷。根据相关国际法规则，下列哪些说法是正确的？（2021-回忆版-多）

A. 两国爆发战争后，互助友好条约立即废止

B. 两国爆发战争后，边界条约立即废止

C. 甲国军舰在海上遇到乙国商船后，可对其拿捕没收

D. 甲国可以对其境内的乙国公民进行敌侨登记并进行强制集中居住

考点提示 战争的法律后果

选项解析 关于条约事项受到的影响，主要分为三类：①同盟条约、互助条约或和平友好条约立即废止；②一般的政治和经济类条约停止效力；③边界条约、割让条约继续维持。故 A 项正确，B 项错误。

　　对于公、私船舶及货物，可予以拿捕没收，但从事探险、科学、宗教或慈善以及执行医院任务的除外。故 C 项正确。

　　对于敌国公民可以实行各种限制，如进行敌侨登记、强制集中居住等。故 D 项正确。

参考答案 ACD

要点凝练

　　（1）战争导致条约关系受到的影响需具体类型具体分析；

　　（2）公、私船舶及货物，可予以拿捕没收；

　　（3）对于敌国公民可以实行各种限制。

81. 甲、乙国发生战争，丙国发表声明表示恪守战时中立义务。对此，下列哪一做法不符合战争法？（2012/1/34-单）

A. 甲、乙战争开始后，除条约另有规定外，二国间商务条约停止效力

B. 甲、乙不得对其境内敌国人民的私产予以没收

C. 甲、乙交战期间，丙可与其任一方保持正常外交和商务关系

D. 甲、乙交战期间，丙同意甲通过自己的领土过境运输军用装备

考点提示 战争的法律后果；战时中立国的义务

选项解析 根据战争法规则，战争开始，交战国之间的一般的政治和经济类条约，除非另有规定，停止效力。A项符合战争法，故不当选。

战争开始，交战国对于其境内的敌国人民的财产可予以限制，但不得没收。B项符合战争法，故不当选。

战时中立国的基本义务是不作为、防止和容忍。C项属于中立国的权利，符合战争法，

故不当选。D项违反了中立国的不作为和防止义务，不符合战争法，故当选。

参考答案 D

要点凝练

（1）战争导致条约关系受到的影响需具体类型具体分析；

（2）战争对财产的影响：私有财产原则上不可以没收，公有财产原则上可以没收（除去使馆的财产、档案）；

（3）中立国的三项义务：不作为、防止、容忍。

---

21 专题 对作战的限制和对受难者的保护

82. 甲国入侵乙国，乙国向甲国宣战，但未派遣军队。丙国是乙国的同盟国，向甲国宣战并派军队入境乙国参战，交战中俘虏了甲国的一些士兵。根据《日内瓦第三公约》和相关国际法规则，下列哪一选项是正确的？（2023-回忆版-单）

A. 安理会决议仅对这三个国家有约束力

B. 甲、乙两国处于国际法上的战争状态

C. 经同意可禁止战俘举行宗教仪式等宗教活动

D. 可禁止战俘与家人通话

考点提示 安理会；战争法

选项解析 安理会为制止和平的破坏、和平的威胁和侵略行为而作出的决定，以及依宪章规定在其他职能上作出的决定，对当事国和所有成员国都具有拘束力，不论其是否接受。因此，安理会的决议并非仅对这三个国家有约束力。故A项错误。

战争开始和结束都要以明确的意思表示（宣战）为标志，宣而不战是战争。乙国向甲国宣战，构成战争的开始。故B项正确。

根据《1949年8月12日关于战俘待遇之日内瓦公约》（又称《日内瓦第三公约》）的规定，战俘自其被俘至其丧失战俘身份前应享受规定的合法待遇和相关权利。其主要包括：……⑤尊重战俘的风俗习惯和宗教信仰，允许他们从事宗教、文化和体育活动；⑥准许战俘与其家庭通讯和收寄邮件。故C、D项均错误。

参考答案 B

要点凝练

（1）安理会的决议对当事国和所有成员国均有拘束力；

（2）战争的开始和结束均以明确的意思表示为标志；

（3）战俘享有《日内瓦第三公约》规定的合法待遇和相关权利。

83. 甲、乙两国因历史遗留问题爆发激烈的战争，两国的共同邻国丙国宣布其为战时中立国。依据海牙体系规则和相关国际法规则，下列表述正确的是：（2022-回忆版-单）

A. 甲国不可以没收乙国战俘随身携带的贵金属制品和装饰

B. 乙国驻甲国使馆在规定的闭馆期间届满后仍未撤回的，甲国可以回收乙国驻甲国使馆馆舍的档案

C. 为缩短后勤补给时间、节约成本，甲国可以借用丙国的领土运送物资

D. 自双方交战时起，甲国外交人员的外交特权和豁免权自动终止

考点提示 对战争受难者的保护；战争的法律后果；战时中立国的义务

选项解析 根据《日内瓦第三公约》第18条的规定，战俘的自用物品除武器、马匹、军事装备和军事文件以外，一律归其个人所有；战俘的金钱和贵重物品可由拘留国保存，但不得没收。故 A 项正确。

根据《维也纳外交关系公约》的规定，两国战争开始后，公有财产原则上可以没收，但使馆馆舍以及使馆财产和档案除外。故 B 项错误。

战时中立国的基本义务是不作为、防止和容忍。因此，甲国不能通过丙国的领土运送物资。故 C 项错误。

两国交战时，外交人员的外交特权和豁免权并非立即终止，而是可以延续至离境前的合理期限。故 D 项错误。

参考答案 A

要点凝练
（1）战争对财产的影响：私有财产原则上不可以没收，公有财产原则上可以没收（除去使馆馆舍以及使馆的财产、档案）；
（2）中立国的三项义务：不作为、防止、容忍。

84. 甲乙两国因边境冲突引发战争，甲国军队俘获数十名乙国战俘。依《日内瓦公约》，

关于战俘待遇，下列哪些选项是正确的？（2009/1/78-多）

A. 乙国战俘应保有其被俘时所享有的民事权利

B. 战事停止后甲国可依乙国战俘的情形决定遣返或关押

C. 甲国不得将乙国战俘扣为人质

D. 甲国为使本国某地区免受乙国军事攻击可在该地区安置乙国战俘

考点提示 《日内瓦第三公约》中有关战俘待遇的规定

选项解析 根据《日内瓦第三公约》的规定，战俘自其被俘至其丧失战俘身份前应享受规定的合法待遇和相关权利。其主要包括：①交战方应将战俘拘留所设在比较安全的地带。②不得将战俘扣为人质，禁止对战俘施以暴行或恫吓及公众好奇心的烦扰；不得对战俘实行报复，进行人身残害或肢体残伤，或供任何医学或科学实验；不得侮辱战俘的人格和尊严。③战俘应保有其被俘时所享有的民事权利。战俘的个人财物除武器、马匹、军事装备和军事文件以外的自用物品，一律归其个人所有；战俘的金钱和贵重物品可由拘留国保存，但不得没收。④对战俘的衣、食、住要能维持其健康水平，不得以生活上的苛求作为处罚措施；保障战俘的医疗和医药卫生。⑤尊重战俘的风俗习惯和宗教信仰，允许他们从事宗教、文化和体育活动。⑥准许战俘与其家庭通讯和收寄邮件。⑦战俘享有司法保障，受审时享有辩护权，还享有上诉权。拘留国对战俘的刑罚不得超过对其本国武装部队人员同样行为所规定的刑罚。禁止因个人行为而对战俘实行集体处罚、体刑和酷刑。对战俘判处死刑应特别慎重。⑧讯问战俘应使用其了解的语言。⑨不得歧视。战俘除因其军职等级、性别、健康、年龄及职业资格外，一律享有平等待遇，不得因种族、民族、宗教、国籍或政治观点不同加以歧视。⑩战事停止后，战俘应立即予以释放并遣返，不得迟延。

A、C项分别符合上述第3项和第2项的规定，故正确。B项违反上述第10项的规定，故错误。D项中将战俘安置在不安全地区，违反上述第1项的规定，故错误。

参考答案 AC

要点凝练

战俘待遇可以比照国际人道法来判断。

 22 专题 **国际刑事法院**

85. 甲国某航空公司国际航班在乙国领空被乙国某公民劫持，后乙国将该公民控制，并拒绝了甲国的引渡请求。两国均为1971年《关于制止危害民用航空安全的非法行为的公约》等三个国际民航安全公约缔约国。对此，下列哪一说法是正确的？（2013/1/33-单）

A. 劫持未发生在甲国领空，甲国对此没有管辖权

B. 乙国有义务将其引渡到甲国

C. 乙国可不引渡，但应由本国进行刑事审判

D. 本案属国际犯罪，国际刑事法院可对其行使管辖权

考点提示 三个反劫机公约；国际刑事法院

选项解析 《关于在航空器内的犯罪和其它某些行为的公约》（又称《东京公约》）和《关于制止非法劫持航空器的公约》（又称《海牙公约》）都规定了航空器登记国有权对航空器上的犯罪行为行使管辖权。本案中，劫持虽未发生在甲国领空，但是甲国作为航空器登记国（国籍国），对其享有管辖权。故A项错误。

三个反劫机公约都规定劫机为可引渡罪行，各国无强制引渡的义务，但不引渡需要在国内按照严重的刑事案件起诉并严惩（或引渡或起诉原则）。故B项错误，C项正确。

国际刑事法院仅管辖四种严重的国际罪行，即灭绝种族罪、危害人类罪、战争罪和侵略罪，对上述罪行以外的罪行不享有管辖权。故D项错误。

参考答案 C

要点凝练

（1）劫机属于普遍管辖的罪行；

（2）对于劫机犯，"或起诉或引渡"；

（3）劫机不属于国际刑事法院管辖的罪行范围。

国际私法的基本理论 第**9**讲

　　本讲应在简要了解国际私法概念和国际私法主体的基础上，深入理解并掌握国际私法的两个基本概念（冲突规范、准据法）和五个基本制度（识别、反致、外国法的查明、公共秩序保留、法律规避）。在 2010 年《涉外民事关系法律适用法》出台前的一些年份，这部分内容在司法考试中很少涉及，但在这部法律出台后，几乎每年均有真题涉及，而且是与新法的相关法条和司法解释结合起来考查。另外，2012 年《涉外民事关系法律适用法解释（一）》的出台也更加增大了这两个概念和五个基本制度的考试概率。最后，要特别注意 2024 年 1 月 1 日起施行的《最高人民法院关于适用〈中华人民共和国涉外民事关系法律适用法〉若干问题的解释（二）》（以下简称《涉外民事关系法律适用法解释（二）》）的相关规定。

国际私法的基本概念　专题 23

一、冲突规范

86. 《涉外民事关系法律适用法》规定：结婚条件，适用当事人共同经常居所地法律；没有共同经常居所地的，适用共同国籍国法律；没有共同国籍，在一方当事人经常居所地或者国籍国缔结婚姻的，适用婚姻缔结地法律。该规定属于下列哪一种冲突规范？（2011/1/38–单）

A. 单边冲突规范

B. 重叠适用的冲突规范

C. 无条件选择适用的冲突规范

D. 有条件选择适用的冲突规范

考点提示 冲突规范的分类

选项解析 单边冲突规范直接规定适用内国法或外国法。双边冲突规范，是指必须将系属中连结点和案情结合才能确定准据法的冲突规范。选择适用的冲突规范，是指有 2 个或 2 个以上系属但只需选择其中之一适用即能确定准据法的冲突规范。根据是否按顺序选择，分为有条件和无条件选择适用的冲突规范。无条件选择适用的冲突规范，是指在这个规范中，各系属所提供的可供选择的法律具有同等价值，并无主次轻重之分。有条件选择适用的冲突规范要求法院在处理争议时，在准据法的选择上有优先顺序。根据题意，本题有选择顺序。故 D 项当选。

参考答案 D

📝 **要点凝练**

　　单边和双边冲突规范的共同点是只有一个系属。二者的区别在于：系属指向具体国别的是单边冲突规范；未指向具体国别，只有一个抽象连结点的是双边冲突规范。

87. 关于冲突规范和准据法，下列哪一判断是错误的？（2010/1/33－单）

A. 冲突规范与实体规范相似

B. 当事人的属人法包括当事人的本国法和住所地法

C. 当事人的本国法指的是当事人国籍所属国的法律

D. 准据法是经冲突规范指引、能够具体确定国际民事法律关系当事人权利义务的实体法

考点提示 冲突规范；准据法

选项解析 冲突规范只解决涉外民商事案件的法律适用问题，不同于直接规定当事人权利义务的实体规范。故 A 项错误，当选。

　　属人法是冲突规范的系属公式之一，主要用于解决与人身有关的法律问题。大陆法系通常以国籍为属人法的连结点，英美法系通常以住所为属人法的连结点。故 B 项正确，不当选。

　　当事人的本国法就是国籍国法。故 C 项正确，不当选。

　　准据法，是指经冲突规范指定援引用来具体确定民商事法律关系当事人的权利与义务的特定的实体法律。故 D 项正确，不当选。

参考答案 A

📝 **要点凝练**

　　准据法是经冲突规范指引确定当事人权利与义务的实体法。

二、准据法

88. 中国甲公司和英国英格兰地区乙公司签订了一份货物买卖合同，合同约定适用英国法。现双方就合同履行发生纠纷，诉至中国某法院。关于本案的法律适用，下列说法正确的是：（2021-回忆版-单）

A. 若英国各区适用不同法律，该合同纠纷应适用伦敦所在的英格兰法

B. 双方可在第一次开庭辩论时约定诉讼时效适用中国法

C. 若双方在第一次开庭辩论时将合同适用的法律变更为苏格兰法，法院应予支持

D. 关于诉讼时效的规定应适用中国《民法典》

考点提示 区际法律冲突下准据法的确定；诉讼时效的法律适用；意思自治

选项解析 《涉外民事关系法律适用法》第 6 条规定："涉外民事关系适用外国法律，该国不同区域实施不同法律的，适用与该涉外民事关系有最密切联系区域的法律。"故 A 项错误。

　　诉讼时效的法律适用与其冲突规范指向的准据法一致。本案中，冲突规范指向的准据法是英国法，则诉讼时效也应适用英国法。故 B、D 项错误。

　　根据《涉外民事关系法律适用法》及相关司法解释关于意思自治原则的规定，当事人意思自治选择法律的时间为"一审法庭辩论终结前"。故 C 项正确。

参考答案 C

📝 **要点凝练**

　　（1）区际法律冲突下的准据法，适用最密切联系原则；

　　（2）诉讼时效的法律适用应与其准据法保持一致；

　　（3）当事人意思自治选择法律的最晚时间为一审法庭辩论终结前。

89. 中国某法院受理一涉外民事案件后，依案情确定应当适用甲国法。但在查找甲国法时发现甲国不同州实施不同的法律。关于本案，法院应当采取下列哪一做法？（2011/1/39－单）

A. 根据意思自治原则，由当事人协议决定适用甲国哪个州的法律

B. 直接适用甲国与该涉外民事关系有最密切联系的州法律

C. 首先适用甲国区际冲突法确定准据法，如甲国没有区际冲突法，适用中国法律

D. 首先适用甲国区际冲突法确定准据法，如甲国没有区际冲突法，适用与案件有最密切联系的州法律

考点提示 区际法律冲突下准据法的确定

选项解析 《涉外民事关系法律适用法》第6条规定："涉外民事关系适用外国法律，该国不同区域实施不同法律的，适用与该涉外民事关系有最密切联系区域的法律。"故B项当选，A、C、D项不当选。

参考答案 B

 要点凝练

区际法律冲突下的准据法，适用最密切联系原则。

国际私法的基本制度 专题 24

一、识别

司考（法考）最近10年暂未考查过。

二、反致

90. 新加坡人艾森在中国某法院涉诉，其纠纷依中国法应适用新加坡法，依新加坡法应适用中国法。根据中国《涉外民事关系法律适用法》的规定，下列哪一选项是正确的？（2019-回忆版-单）

A. 该纠纷应适用新加坡实体法

B. 该纠纷应适用中国实体法

C. 依最密切联系原则选择实体法

D. 因中国法和新加坡法冲突，法院应驳回起诉

考点提示 转致和反致

选项解析 根据中国《涉外民事关系法律适用法》第9条的规定，指向适用的外国法只包括外国实体法，不包括外国的法律适用法。故A项正确。

参考答案 A

 要点凝练

中国不承认转致和反致。

三、外国法的查明

91. 波兰甲公司和中国乙公司签订买卖合同，合同约定争议适用波兰法。后双方发生纠纷，中国乙公司向中国某法院起诉。关于本案，下列哪些选项是正确的？（2019-回忆版-多）

A. 甲、乙公司应查明并提供波兰法

B. 若波兰甲公司对查明的法律表示异议，应由法院审查认定

C. 双方可以在一审法庭辩论终结前变更适用德国法

D. 若波兰甲公司认为本案由波兰法院管辖更为方便，中国法院应裁定撤诉

考点提示 外国法的查明；中国法院放弃管辖权的情形

选项解析 当事人选择适用外国法律的，应当提供该国法律。故A项正确。

最新出台的《涉外民事关系法律适用法解释（二）》第8条第2项规定，当事人对外国法律的内容及其理解与适用有异议的，应当说明理由。人民法院认为有必要的，可以补充查明或者要求当事人补充提供材料。经过补充查明或者补充提供材料，当事人仍有异议的，由人民法院审查认定。B项剥夺了当事人说明理

由的权利。故 B 项错误。

当事人意思自治选择法律的最晚时间是一审法庭辩论终结前。故 C 项正确。

根据 2023 年修正的《民事诉讼法》第 282 条规定的"不方便法院原则","被告提出案件应由更方便外国法院管辖的请求"仅仅是中国法院放弃管辖权的一种情形，还需同时满足其他四种情形。故 D 项错误。

参考答案 AC（司法部原答案为 ABC）

要点凝练

（1）外国法查明的具体规则；

（2）中国法院放弃管辖权需同时满足五种情形。

92.
根据《涉外民事关系法律适用法》和司法解释，关于外国法律的查明问题，下列哪一表述是正确的？（2013/1/36-单）

A. 行政机关无查明外国法律的义务

B. 查明过程中，法院应当听取各方当事人对应当适用的外国法律的内容及其理解与适用的意见

C. 无法通过中外法律专家提供的方式获得外国法律的，法院应认定为不能查明

D. 不能查明的，应视为相关当事人的诉讼请求无法律依据

考点提示 外国法的查明

选项解析 《涉外民事关系法律适用法》第 10 条第 1 款规定："涉外民事关系适用的外国法律，由人民法院、仲裁机构或者行政机关查明。当事人选择适用外国法律的，应当提供该国法律。"因此，行政机关有查明外国法律的义务。故 A 项错误。

《涉外民事关系法律适用法解释（一）》第 16 条规定："人民法院应当听取各方当事人对应当适用的外国法律的内容及其理解与适用的意见，当事人对该外国法律的内容及其理解与适用均无异议的，人民法院可以予以确认；当事人有异议的，由人民法院审查认定。"故 B

项正确。

《涉外民事关系法律适用法》第 10 条第 2 款规定："不能查明外国法律或者该国法律没有规定的，适用中华人民共和国法律。"故 C、D 项错误。

参考答案 B

要点凝练

（1）法院、仲裁机构、行政机关有查明外国法的义务，但如果当事人选择适用外国法，则当事人有义务查明外国法；

（2）查明过程中，法院应当听取各方当事人对应当适用的外国法的内容及其理解与适用的意见；

（3）外国法不能查明的，适用中国法。

四、公共秩序保留

93.
中国甲公司与巴西乙公司因合同争议在中国法院提起诉讼。关于该案的法律适用，下列哪些选项是正确的？（2014/1/77-多）

A. 双方可协议选择合同争议适用的法律

B. 双方应在一审开庭前通过协商一致，选择合同争议适用的法律

C. 因法院地在中国，本案的时效问题应适用中国法

D. 如案件涉及中国环境安全问题，该问题应适用中国法

考点提示 意思自治；诉讼时效的法律适用；五类直接适用的法

选项解析 《涉外民事关系法律适用法》第 41 条规定："当事人可以协议选择合同适用的法律。当事人没有选择的，适用履行义务最能体现该合同特征的一方当事人经常居所地法律或者其他与该合同有最密切联系的法律。"故 A 项正确。

《涉外民事关系法律适用法解释（一）》第 6 条第 1 款规定："当事人在一审法庭辩论终结前协议选择或者变更选择适用的法律的，人

民法院应予准许。"故 B 项错误。

《涉外民事关系法律适用法》第 7 条规定："诉讼时效，适用相关涉外民事关系应当适用的法律。"具体来说，涉外民事关系的诉讼时效，依冲突规范确定的民事法律关系准据法确定。中国甲公司与巴西乙公司因合同争议在中国法院提起诉讼，这并不代表两国之间的纠纷适用法院地法律。故 C 项错误。

《涉外民事关系法律适用法解释（一）》第 8 条规定："有下列情形之一，涉及中华人民共和国社会公共利益、当事人不能通过约定排除适用、无需通过冲突规范指引而直接适用于涉外民事关系的法律、行政法规的规定，人民法院应当认定为涉外民事关系法律适用法第 4 条规定的强制性规定：①涉及劳动者权益保护的；②涉及食品或公共卫生安全的；③涉及环境安全的；④涉及外汇管制等金融安全的；⑤涉及反垄断、反倾销的；⑥应当认定为强制性规定的其他情形。"《涉外民事关系法律适用法》第 4 条规定："中华人民共和国法律对涉外民事关系有强制性规定的，直接适用该强制性规定。"因此，如案件涉及中国环境安全问题，则应适用中国法。故 D 项正确。

参考答案 AD

✎ 要点凝练

（1）涉外合同适用的法律首先由当事人选择；当事人没有选择的，适用最密切联系地的法律。

（2）当事人意思自治选择法律的最晚时间为一审法庭辩论终结前。

（3）诉讼时效，适用相关涉外民事关系应当适用的法律。

（4）"劳、食、反、外、环"属于直接适用的强制性规定。

94. 中国甲公司与德国乙公司进行一项商事交易，约定适用英国法律。后双方发生争议，

甲公司在中国法院提起诉讼。关于该案的法律适用问题，下列哪一选项是错误的？（2013/1/35—单）

A. 如案件涉及食品安全问题，该问题应适用中国法

B. 如案件涉及外汇管制问题，该问题应适用中国法

C. 应直接适用的法律限于民事性质的实体法

D. 法院在确定应当直接适用的中国法律时，无需再通过冲突规范的指引

考点提示 五类直接适用的法

选项解析 《涉外民事关系法律适用法解释（一）》第 8 条规定："有下列情形之一，涉及中华人民共和国社会公共利益、当事人不能通过约定排除适用、无需通过冲突规范指引而直接适用于涉外民事关系的法律、行政法规的规定，人民法院应当认定为涉外民事关系法律适用法第 4 条规定的强制性规定：①涉及劳动者权益保护的；②涉及食品或公共卫生安全的；③涉及环境安全的；④涉及外汇管制等金融安全的；⑤涉及反垄断、反倾销的；⑥应当认定为强制性规定的其他情形。"故 A、B、D 项正确，不当选。

直接适用的法律并不限于民事性质的实体法，还包括各类经济法律、法规。故 C 项错误，当选。

参考答案 C

✎ 要点凝练

（1）"劳、食、反、外、环"属于直接适用的强制性规定；

（2）直接适用的强制性规定，无需冲突规范指引。

五、法律规避

95. 中国和新加坡均不承认同性婚姻。共同居住在上海的中国男子王某和新加坡男子杰

克欲在中国登记结婚，遭到拒绝后，到英国伦敦办理了婚姻登记。后两人因感情不和到中国法院诉讼离婚，并要求分割财产。关于本案的法律适用，下列说法正确的是：（2018-回忆版-单）

A. 关于双方能否结婚应适用婚姻登记地英国的法律

B. 判断婚姻的效力应适用双方共同经常居所地中国的法律

C. 双方财产的分割应适用法院地中国的法律

D. 王某和杰克的行为构成国际私法上的法律规避行为

考点提示 法律规避；涉外结婚的法律适用；夫妻财产分割的法律适用

选项解析 结婚条件的法律适用顺序为：①当事人共同经常居所地法；②共同国籍国法；③婚姻缔结地法（条件：在一方当事人经常居所地或国籍国缔结婚姻的）。本案中，双方能否结婚属于结婚条件，首先应适用共同经常居所地法，即中国法，而非英国法。故 A 项错误。

结婚手续，符合婚姻缔结地法律、一方当事人经常居所地法律或国籍国法律的，均为有效。本题中，判断婚姻的效力应适用以上三个法律中的任何一个，而不是共同经常居所地法。故 B 项错误。

夫妻财产分割的法律适用顺序为：①协议优先（当事人只能在一方当事人经常居所地法、国籍国法或主要财产所在地法中选择）；②无协议的，适用共同经常居所地法；③没有共同经常居所地的，适用共同国籍国法。故 C 项错误。

法律规避，是指当事人通过故意改变连结点的方式，以避开本应适用的对其不利的法律，而使对其有利的法律得以适用。但规避中国强制性法律规定的结果仍是适用中国强制性法律规定。本案即属于法律规避。故 D 项正确。

参考答案 D

📝 要点凝练

（1）规避中国强制性法律规定的结果仍是适用中国强制性法律规定。

（2）结婚条件的法律适用是按顺序，属于有条件选择适用的冲突规范；结婚手续的法律适用是三选一，属于无条件选择适用的冲突规范。

（3）夫妻财产分割的法律适用按顺序进行。

96. 沙特某公司在华招聘一名中国籍雇员张某。为规避中国法律关于劳动者权益保护的强制性规定，劳动合同约定排他性地适用菲律宾法。后因劳动合同产生纠纷，张某向中国法院提起诉讼。关于该劳动合同的法律适用，下列哪一选项是正确的？（2015/1/35-单）

A. 适用沙特法

B. 因涉及劳动者权益保护，直接适用中国的强制性规定

C. 在沙特法、中国法与菲律宾法中选择适用对张某最有利的法律

D. 适用菲律宾法

考点提示 五类直接适用的法

选项解析 《涉外民事关系法律适用法》第 4 条规定："中华人民共和国法律对涉外民事关系有强制性规定的，直接适用该强制性规定。"《涉外民事关系法律适用法解释（一）》第 8 条规定："有下列情形之一，涉及中华人民共和国社会公共利益、当事人不能通过约定排除适用、无需通过冲突规范指引而直接适用于涉外民事关系的法律、行政法规的规定，人民法院应当认定为涉外民事关系法律适用法第 4 条规定的强制性规定：①涉及劳动者权益保护的；②涉及食品或公共卫生安全的；③涉及环境安全的；④涉及外汇管制等金融安全的；⑤涉及反垄断、反倾销的；⑥应当认定为强制性规定的其他情形。"由此可见，当出现上述几种情

形时，法院可以直接适用该强制性规定。本题涉及劳动者权益保护，应直接适用中国法的强制性规定。故 B 项正确，A、C、D 项错误。

参考答案 B

要点凝练

"劳、食、反、外、环"属于直接适用的强制性规定。

第10讲 涉外民商事关系法律适用

应试指导

　　本讲应重点掌握中国涉外民商事关系法律适用的若干规定，由于我国在此方面采用了民商分立的方式，本部分必须对相关法条进行准确清晰地记忆。具体必读法规有：2011年4月1日生效的《涉外民事关系法律适用法》和2012年12月10日通过、2020年12月23日修正的《涉外民事关系法律适用法解释（一）》，2024年1月1日施行的《涉外民事关系法律适用法解释（二）》以及《海商法》《票据法》《民用航空法》中有关涉外商事关系的法律适用。本讲是国际私法重点考查的内容，在国际私法中占据一半甚至一半以上的分值，尤其是涉外合同、侵权的法律适用，几乎是每年的必考点。为了防止《涉外民事关系法律适用法》出台前题目和答案的出入，对2011年以前适用涉外民事关系法律的真题，本讲将不再纳入。

 专题 25 一般原则和经常居所地

一、意思自治原则

97. 在某合同纠纷中，中国当事方与甲国当事方协议选择适用乙国法，并诉至中国法院。关于该合同纠纷，下列哪些选项是正确的？（2015/1/77-多）

A. 当事人选择的乙国法，仅指该国的实体法，既不包括其冲突法，也不包括其程序法

B. 如乙国不同州实施不同的法律，人民法院应适用该国首都所在地的法律

C. 在庭审中，中国当事方以乙国与该纠纷无实际联系为由主张法律选择无效，人民法

院不应支持

D. 当事人在一审法庭辩论即将结束时决定将选择的法律变更为甲国法，人民法院不应支持

考点提示　意思自治；区际法律冲突下准据法的确定

选项解析　《涉外民事关系法律适用法》第9条规定："涉外民事关系适用的外国法律，不包括该国的法律适用法。"另外，诉讼程序法属于公法范畴，应适用法院地法，即中国法。故A项正确。

　　《涉外民事关系法律适用法》第6条规定："涉外民事关系适用外国法律，该国不同区域

实施不同法律的，适用与该涉外民事关系有最密切联系区域的法律。"故 B 项错误。

在法律适用中，当事人意思自治可以突破实际联系原则的限制。故 C 项正确。

当事人意思自治选择法律的最晚时间为一审法庭辩论终结前。因此，在一审法庭辩论终结前双方协议将选择适用的法律变更的，法院应当支持。故 D 项错误。

参考答案 AC

要点凝练

（1）当事人选择适用的外国法只包括该国的实体法，不包括该国的法律适用法；

（2）区际法律冲突下准据法的确定；

（3）当事人意思自治可以突破实际联系原则的限制；

（4）当事人意思自治选择法律的最晚时间为一审法庭辩论终结前。

98. 在涉外民事关系中，依《涉外民事关系法律适用法》和司法解释，关于当事人意思自治原则，下列表述中正确的是：（2013/1/98-任）

A. 当事人选择的法律应与所争议的民事关系有实际联系

B. 当事人仅可在具有合同性质的涉外民事关系中选择法律

C. 在一审法庭辩论终结前，当事人有权协议选择或变更选择适用的法律

D. 各方当事人援引相同国家的法律且未提出法律适用异议的，法院可以认定当事人已经就涉外民事关系适用的法律作出了选择

考点提示 意思自治

选项解析 根据《涉外民事关系法律适用法解释（一）》的有关规定，只有法律允许当事人意思自治的，当事人的法律选择才有效，且法律适用中的意思自治不受实际联系原则的限制。故A、B项错误。

当事人意思自治选择法律的最晚时间为一审法庭辩论终结前。各方当事人援引相同国家的法律且未提出法律适用异议的，人民法院可以认定当事人已经就涉外民事关系适用的法律作出了选择。故 C、D 项正确。

参考答案 CD

要点凝练

（1）当事人意思自治可以突破实际联系原则的限制；

（2）当事人意思自治选择法律的最晚时间为一审法庭辩论终结前；

（3）各方当事人援引相同国家的法律且未提出法律适用异议的，视为已达成意思自治。

二、经常居所地的认定及相关司法解释

99. 约翰同时拥有甲、乙两国的国籍，定居上海。约翰和中国公民王某在上海发生侵权纠纷，诉至中国某法院。根据我国相关法律的规定，下列说法正确的是：（2021-回忆版-多）

A. 因我国不承认双重国籍，故约翰应放弃一个国籍才可在我国法院起诉

B. 约翰与王某之间的侵权纠纷只能适用中国法

C. 我国法院应当适用最密切联系原则认定约翰的国籍

D. 若约翰和王某协议选择甲国法，法院应适用甲国法处理本案侵权纠纷

考点提示 国籍冲突的法律适用；涉外侵权的法律适用

选项解析 虽然我国不承认双重国籍，但并不代表双重国籍人在我国法院不可以作为原告来提起诉讼。故 A 项错误。

根据《涉外民事关系法律适用法》第 44 条的规定，涉外侵权的法律适用，首先允许当事人协议选择适用的法律；当事人没有协议的，适用共同经常居所地法；没有共同经常居所地

的，适用侵权行为地法。故 B 项错误，D 项正确。

根据《涉外民事关系法律适用法》第 19 条的规定，自然人的国籍产生积极冲突时，适用有经常居所的国籍国法；在所有国籍国均无经常居所的，适用与其有最密切联系的国籍国法。本案中，约翰在甲、乙两国均无经常居所，所以应适用最密切联系原则认定约翰的国籍。故 C 项正确。

参考答案 CD

✎ 要点凝练

（1）自然人的国籍产生积极冲突时，适用有经常居所的国籍国法；在所有国籍国均无经常居所的，适用与其有最密切联系的国籍国法。

（2）涉外侵权的法律适用按顺序进行。

100. 张某居住在深圳，2008 年 3 月被深圳某公司劳务派遣到马来西亚工作，2010 年 6 月回深圳，转而受雇于香港某公司，其间每周一到周五在香港上班，周五晚上回深圳与家人团聚。2012 年 1 月，张某离职到北京治

病，2013 年 6 月回深圳，现居该地。依《涉外民事关系法律适用法》（不考虑该法生效日期的因素）和司法解释，关于张某经常居所地的认定，下列哪一表述是正确的？（2013/1/37-单）

A. 2010 年 5 月，在马来西亚
B. 2011 年 12 月，在香港
C. 2013 年 4 月，在北京
D. 2008 年 3 月至今，一直在深圳

考点提示 经常居所地的司法解释

选项解析 《涉外民事关系法律适用法解释（一）》第 13 条规定："自然人在涉外民事关系产生或者变更、终止时已经连续居住 1 年以上且作为其生活中心的地方，人民法院可以认定为涉外民事关系法律适用法规定的自然人的经常居所地，但就医、劳务派遣、公务等情形除外。"故 D 项正确。

参考答案 D

✎ 要点凝练

经常居所地的司法解释排除"就医、劳务派遣、公务"等情形。

专题 **权利能力和行为能力的法律适用**

一、自然人民事权利能力和行为能力的法律适用

101. 甲国公民琼斯的经常居住地在乙国，其在中国居留期间，因合同纠纷在中国法院参与民事诉讼。关于琼斯的民事能力的法律适用，下列哪一选项是正确的？（2012/1/35-单）

A. 民事权利能力适用甲国法
B. 民事权利能力适用中国法
C. 民事行为能力应重叠适用甲国法和中国法
D. 依照乙国法琼斯为无民事行为能力，依照

中国法为有民事行为能力的，其民事行为能力适用中国法

考点提示 自然人民事权利能力、民事行为能力的法律适用

选项解析 《涉外民事关系法律适用法》第 11 条规定："自然人的民事权利能力，适用经常居所地法律。"依此规定，琼斯的民事权利能力应适用乙国法。故 A、B 项错误。

《涉外民事关系法律适用法》第 12 条规定："自然人的民事行为能力，适用经常居所地法律。自然人从事民事活动，依照经常居所地法律为无民事行为能力，依照行为地法律为有民

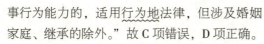

事行为能力的，适用行为地法律，但涉及婚姻家庭、继承的除外。"故 C 项错误，D 项正确。

参考答案 D

要点凝练

自然人民事权利能力、民事行为能力一般都适用经常居所地法，但从事民事活动，依照经常居所地法为无民事行为能力，而依照行为地法为有民事行为能力的，适用行为地法。

二、自然人人格权的法律适用

102. 张星是在甲国留学的中国公民，李明是经常居所地在甲国的乙国公民，张星偷拍李明洗澡并在中国网站上传照片。李明将张星诉至中国某人民法院，要求赔偿精神损失。按照甲国法，本案应当适用侵权人国籍国的法律，而按照侵权人国籍国法，本案则应当适用法院地法律。关于本案，下列说法正确的是：（2022-回忆版-多）

A. 本案的诉讼时效应当适用甲国法

B. 若当事人协议选择适用甲国法，则法院应当负责查明甲国法的内容

C. 本案应当适用被侵权人经常居所地法律

D. 本案当事人可以在一审法庭辩论终结前协议选择适用甲国法

考点提示 自然人人格权的法律适用；诉讼时效的法律适用

选项解析 根据《涉外民事关系法律适用法》第 7 条的规定，诉讼时效的法律适用与冲突规范指向的准据法保持一致。本案属于人格权侵权，应当适用权利人（即被侵权人）经常居所地法律，即甲国法。故 A、C 项正确。

人格权的法律适用，不允许当事人意思自治。故 B、D 项错误。

参考答案 AC

要点凝练

（1）自然人人格权的内容，适用自然

人经常居所地法；

（2）诉讼时效的法律适用与其准据法保持一致。

103. 定居在新加坡的日本明星山口百惠来中国旅游时发现长沙星灿影城未经其同意在影城的微信公众号中擅自使用其肖像宣传。山口百惠在中国某法院起诉星灿影城侵犯其肖像权，要求星灿影城停止侵权并赔礼道歉。我国法院处理本案时应如何适用法律？（2020-回忆版-单）

A. 双方当事人可协议选择中国法

B. 适用山口百惠经常居所地的新加坡法

C. 因山口百惠是日本人，应当适用日本法

D. 因微信是在中国发行的软件，应当适用中国法

考点提示 自然人人格权的法律适用

选项解析 根据《涉外民事关系法律适用法》第 15 条的规定，自然人人格权的内容，适用权利人经常居所地法律。故 B 项当选。

参考答案 B

要点凝练

自然人人格权的内容，适用自然人经常居所地法。

三、自然人宣告失踪、宣告死亡的法律适用

104. 经常居所同在上海的越南公民阮某与中国公民李某结伴乘新加坡籍客轮从新加坡到印度游玩。客轮在公海遇风暴沉没，两人失踪。现两人亲属在上海某法院起诉，请求宣告两人失踪。依中国法律规定，下列哪一选项是正确的？（2016/1/35-单）

A. 宣告两人失踪，均应适用中国法

B. 宣告阮某失踪，可适用中国法或越南法

C. 宣告李某失踪，可适用中国法或新加坡法

D. 宣告阮某与李某失踪，应分别适用越南法
与中国法

考点提示 自然人宣告失踪的法律适用

选项解析 《涉外民事关系法律适用法》第13条
规定："宣告失踪或者宣告死亡，适用自然人
经常居所地法律。"本题中，越南公民阮某与
中国公民李某的经常居所地均在上海，因此，
两人亲属向中国法院申请宣告其失踪的，应当
适用中国法。故A项正确，B、C、D项错误。

参考答案 A

 要点凝练

自然人宣告失踪，适用自然人经常居
所地法。

四、法人民事权利能力、行为能力的法律适用

105. 中国人甲和新加坡人乙在开曼群岛登
记注册了一家公司，主营业地和主要办事机
构所在地均在上海。某股东提起召开股东会，
在中国股东李某不知情的情况下，变更了董
事长。李某认为，该股东会决议内容侵犯了
自己的权利，遂向我国法院申请撤销该决议。
关于该股东权利及法律适用，下列哪一选项
是正确的？（2023-回忆版-单）

A. 关于本案的法律适用，可以适用开曼群岛
法或中国法

B. 该公司的住所地在开曼群岛

C. 关于股东权利义务的事项，双方可以协议
适用英国法

D. 因法院地在中国，故诉讼时效应适用中国法

考点提示 法人民事权利能力和民事行为能力的
法律适用；诉讼时效的法律适用

选项解析 《涉外民事关系法律适用法》第14条
规定："法人及其分支机构的民事权利能力、民
事行为能力、组织机构、股东权利义务等事项，
适用登记地法律。法人的主营业地与登记地不
一致的，可以适用主营业地法律。法人的经常

居所地，为其主营业地。"该公司在开曼群岛登
记注册，登记地为开曼群岛，主营业地为上海，
可以适用开曼群岛法或中国法。故A项正确。

法人住所地为主要办事机构所在地。该公
司主营业地和主要办事机构所在地均在上海，
因此住所地为上海。故B项错误。

法律允许当事人意思自治选择法律的，当
事人才可以选择法律。故C项错误。

《涉外民事关系法律适用法》第7条规定：
"诉讼时效，适用相关涉外民事关系应当适用
的法律。"具体来说，涉外民事关系的诉讼时
效依冲突规范确定的民事法律关系准据法确定。
本题关于李某权利的诉讼时效，可以适用登记
地法或主营业地法，即开曼群岛法或中国法。
故D项错误。

参考答案 A

 要点凝练

（1）法人民事权利能力、民事行为能
力的法律适用；

（2）法人的住所地为其主要办事机构
所在地；

（3）诉讼时效依冲突规范确定的民事
法律关系准据法确定。

106. 甲公司是中国（上海）自由贸易区注
册的美商独资企业，乙公司是在中国香港特
别行政区注册的公司，甲、乙两公司的主营
业地均位于该自由贸易区。甲、乙两公司签
订某设备的买卖合同，约定若双方产生纠纷，
适用香港特别行政区法律，由总部位于巴黎
的国际商会仲裁院在香港进行仲裁。依据我
国法律适用的相关规定，下列哪一选项是正
确的？（2023-回忆版-单）

A. 案件所涉及仲裁条款应适用香港特别行政
区法律

B. 甲、乙两公司的经常居所地均在上海

C. 甲公司的国籍国是美国

D. 案件所涉仲裁条款应适用法国法

考点提示 法人民事权利能力和民事行为能力的法律适用

选项解析《涉外民事关系法律适用法》第 18 条规定："当事人可以协议选择仲裁协议适用的法律。当事人没有选择的，适用仲裁机构所在地法律或者仲裁地法律。"本题中，双方未约定仲裁协议适用的法律，仲裁协议约定的仲裁机构所在地为法国，仲裁地为中国香港，因此，可以适用法国法或者中国香港特别行政区法律。故 A、D 项错误。

《涉外民事关系法律适用法》第 14 条规定："法人及其分支机构的民事权利能力、民事行为能力、组织机构、股东权利义务等事项，适用登记地法律。法人的主营业地与登记地不一致的，可以适用主营业地法律。法人的经常居所地，为其主营业地。"甲、乙两公司的主营业地均位于该自由贸易区，因此，甲、乙两公司的经常居所地在上海。故 B 项正确。

对于中国法人国籍的确定，采取住所地和注册登记地说相结合的复合标准。中国领域内设立的中外合资经营企业、中外合作经营企业和外资企业，具备法人条件，依法经工商行政管理机构核准登记，取得中国法人资格。甲公司是中国（上海）自由贸易区注册的美商独资企业，因此是中国法人，为中国籍公司。故 C 项错误。

参考答案 B

✎ 要点凝练

（1）仲裁协议的法律适用；

（2）法人民事权利能力、民事行为能力的法律适用；

（3）中国法依据注册地标准认定国籍。

107. 甲公司在德国汉堡登记注册了总公司，其主营业地在波兰华沙，在新加坡设有一分公司。新加坡分公司与中国乙公司签订授权在中国独家经销的合同。总公司得知后诉至中国某法院，主张其新加坡分公司和中

国乙公司签订的合同无效。关于本案，下列说法正确的是：（2021-回忆版-单）

A. 甲公司的经常居所地是波兰华沙

B. 甲公司是波兰籍公司

C. 若新加坡分公司和中国乙公司未选择法律，该合同应适用新加坡法

D. 若新加坡分公司和中国乙公司未选择法律，该合同只能适用波兰法

考点提示 法人国籍国的认定；法人经常居所地的认定；涉外合同的法律适用

选项解析《涉外民事关系法律适用法》第 14 条第 2 款规定："法人的主营业地与登记地不一致的，可以适用主营业地法律。法人的经常居所地，为其主营业地。"故 A 项正确。

我国法人的国籍认定标准是依据注册地，因此甲公司的国籍国是德国。故 B 项错误。

根据《涉外民事关系法律适用法》第 41 条的规定，涉外合同，首先允许当事人意思自治选择合同适用的法律。当事人没有选择的，适用履行义务最能体现该合同特征的一方当事人经常居所地法律或者其他与该合同有最密切联系的法律。本案中，合同履行地在中国，一方当事人所在地在中国，法院地也在中国，因此，最密切联系地应为中国。如果双方当事人没有选择法律，则应适用中国法。故 C、D 项错误。

参考答案 A

✎ 要点凝练

（1）我国法人国籍国的认定依据注册地。

（2）法人的经常居所地为其主营业地。

（3）涉外合同，首先允许当事人协议选择合同适用的法律；无协议的，适用最密切联系地法。

108. 韩国公民金某在新加坡注册成立一家公司，主营业地设在香港地区。依中国法律规定，下列哪些选项是正确的？（2016/1/77-多）

A. 该公司为新加坡籍

B. 该公司拥有韩国与新加坡双重国籍

C. 该公司的股东权利义务适用中国内地法

D. 该公司的民事权利能力与行为能力可适用香港地区法或新加坡法

考点提示 法人国籍国的认定；法人经常居所地的认定；法人民事权利能力和民事行为能力的法律适用

选项解析 我国法人国籍采用注册地标准，法人的国籍应依其注册地而定。本题中，公司的注册地位于新加坡，即为新加坡籍。故 A 项正确，B 项错误。

《涉外民事关系法律适用法》第 14 条规定："法人及其分支机构的民事权利能力、民事行为能力、组织机构、股东权利义务等事项，适用登记地法律。法人的主营业地与登记地不一致的，可以适用主营业地法律。法人的经常居所地，为其主营业地。"本题中，公司的注册地位于新加坡，主营业地设于香港，主营业地与登记地不一致，因此，新加坡法或香港地区法均可适用。故 C 项错误，D 项正确。

参考答案 AD

要点凝练

（1）我国法人国籍采用注册地标准。

（2）法人的各事项适用登记地法；如果登记地和主营业地不一致，则可以适用登记地法或主营业地法。

（3）法人经常居所地为其主营业地。

 专题 27 代理、信托、时效和仲裁协议的法律适用

一、涉外代理的法律适用

109. 中国甲公司欲收购 M 国乙公司，遂与 M 国丙律所驻北京代表处签订代理协议，委托 M 国丙律所在当地核实乙公司信息，并依据核实后的信息对 M 国乙公司完成了收购。后甲公司发现，M 国丙律所提交的收购材料存在造假情形，遂于中国某法院对 M 国丙律所提起诉讼。已知各方当事人未就法律适用达成一致意见。依据《涉外民事关系法律适用法》以及相关法律规则的规定，下列说法正确的是：（2022-回忆版-多）

A. 甲公司和 M 国丙律所的民事关系应当适用中国法

B. 判断 M 国丙律所代理核实乙公司信息的行为是否有效，应当适用 M 国法律

C. 中国法院可以向 M 国丙律所驻北京代表处直接送达本案的法律文书

D. 若法院依冲突规范指引适用 M 国法律，甲公司和 M 国丙律所有义务提供 M 国法律

考点提示 涉外代理的法律适用；域外文书送达；外国法的查明

选项解析 根据《涉外民事关系法律适用法》第 16 条的规定，涉外代理，首先允许当事人协议选择适用的法律。当事人没有协议的，代理适用代理行为地法律；被代理人与代理人的民事关系，适用代理关系发生地法律。本案中，当事人未协议选择适用的法律，因此，中国甲公司与 M 国丙律所之间的民事关系适用代理关系发生地法律，即中国法；判断 M 国丙律所代理核实乙公司信息的行为是否有效，应当适用代理行为地法律，即 M 国法律。故 A、B 项正确。

根据《民事诉讼法》第 283 条及《最高人民法院关于涉外民事或商事案件司法文书送达问题若干规定》第 4 条的规定，法院对在中国领域内没有住所的当事人送达诉讼文书，可以向受送达人的诉讼代理人或其在中国境内设立的代表机构送达，受送达人在授权委托书中明确表明其诉讼代理人无权代为接收有关司法文书的除外。故 C 项正确。

根据《涉外民事关系法律适用法》第 10 条第 1 款的规定，涉外民事关系适用的外国法律，由人民法院、仲裁机构或者行政机关查明。当事人选择适用外国法律的，应当提供该国法律。本案适用 M 国法律并非出于当事人的选择，因此，当事人没有查明的义务。故 D 项错误。

参考答案 ABC

要点凝练

（1）涉外代理，首先允许当事人协议；无协议的，代理的内部关系适用代理关系发生地法，代理的外部关系适用代理行为地法。

（2）向诉讼代理人和代表机构送达，无需授权。

（3）外国法的查明机构为法院、仲裁机构或者行政机关。

二、涉外信托的法律适用

110. 新加坡公民王颖与顺捷国际信托公司在北京签订协议，将其在中国的财产交由该公司管理，并指定受益人为其幼子李力。在管理信托财产的过程中，王颖与顺捷公司发生纠纷，并诉至某人民法院。关于该信托纠纷的法律适用，下列哪些选项是正确的？（2017/1/77-多）

A. 双方可协议选择适用瑞士法

B. 双方可协议选择适用新加坡法

C. 如双方未选择法律，法院应适用中国法

D. 如双方未选择法律，法院应在中国法与新加坡法中选择适用有利于保护李力利益的法律

考点提示 涉外信托的法律适用

选项解析《涉外民事关系法律适用法》第 17 条规定："当事人可以协议选择信托适用的法律。当事人没有选择的，适用信托财产所在地法律或者信托关系发生地法律。"故 A、B、C 项正确，D 项错误。

参考答案 ABC

要点凝练

涉外信托的法律适用按顺序进行，且允许当事人意思自治优先。

三、诉讼时效的法律适用

111. 中国甲公司与德国乙公司因合同纠纷诉至中国某人民法院。根据我国涉外民事诉讼相关规则和实践，下列哪一选项是正确的？（2020-回忆版-单）

A. 如合同约定适用欧盟商事条款，该法律选择条款有效

B. 本案诉讼时效应适用中国民事诉讼法关于诉讼时效的规定

C. 本案诉讼时效应适用德国法

D. 如合同规定适用英国法，人民法院应依英国国际私法规则，确定合同应适用哪一国实体法

考点提示涉外合同的法律适用；诉讼时效的法律适用；转致和反致

选项解析根据《涉外民事关系法律适用法》第 41 条的规定，涉外合同，首先允许当事人协议选择适用的法律；当事人没有选择的，适用最密切联系地法律。故 A 项正确。

诉讼时效适用冲突规范指向的准据法。题干中并无关于冲突规范指向的准据法的信息。故 B、C 项错误。

中国不承认转致和反致，根据法律适用法指向适用的外国法只包括实体法，不包括法律适用法。故 D 项错误。

参考答案 A

要点凝练

（1）涉外合同，首先允许当事人协议；无协议的，依据最密切联系原则。

（2）诉讼时效的法律适用与其准据法保持一致。

（3）中国不承认转致和反致。

112. 中国甲公司与英国乙公司签订一份商事合同，约定合同纠纷适用英国法。合同纠纷发生 4 年后，乙公司将甲公司诉至某人民法院。英国关于合同纠纷的诉讼时效为 6 年。关于本案的法律适用，下列哪些选项是正确的？（2017/1/79-多）

A. 本案的诉讼时效应适用中国法

B. 本案的实体问题应适用英国法

C. 本案的诉讼时效与实体问题均应适用英国法

D. 本案的诉讼时效应适用中国法，实体问题应适用英国法

考点提示 诉讼时效的法律适用；涉外合同的法律适用

选项解析《涉外民事关系法律适用法》第 7 条规定："诉讼时效，适用相关涉外民事关系应当适用的法律。"本案中，涉外合同适用英国法，所以诉讼时效也应适用英国法。故 A、D 项错误，C 项正确。

《涉外民事关系法律适用法》第 41 条规定："当事人可以协议选择合同适用的法律。……"涉外合同的法律适用以当事人意思自治优先。本案中，中国甲公司与英国乙公司约定合同纠纷适用英国法。故 B 项正确。

参考答案 BC

要点凝练

（1）诉讼时效的法律适用与其准据法保持一致。

（2）涉外合同，首先允许当事人协议；无协议的，依据最密切联系原则。

 28 专题 **物权的法律适用**

一、运输中动产物权的法律适用

113. 荷兰甲公司将一批货物卖给中国乙公司，合同订立时该批货物载于由荷兰鹿特丹开往大连的韩国籍"晋远"号远洋货船上。现乙公司就该批货物的所有权与甲公司发生纠纷，诉至某法院。根据我国法律的规定，关于本案的法律适用，下列说法正确的是：（2021-回忆版-单）

A. 应适用中国法或荷兰法

B. 若双方协议选择适用瑞士法，应从其约定

C. 若双方没有约定，应适用韩国法

D. 可以在中国法或荷兰法中择一适用

考点提示 运输中动产物权的法律适用

选项解析 运输中的动产物权，当事人意思自治优先；当事人无协议的，适用运输目的地法律。本案中，运输目的地是中国，因此，意思自治优先；双方无协议的，适用运输目的地法律，即中国法。故 B 项正确，A、C、D 项错误。

参考答案 B

要点凝练

运输中动产物权的法律适用，首先允许当事人协议；无协议的，适用运输目的地法。

114. A 公司和 B 公司于 2011 年 5 月 20 日签订合同，由 A 公司将一批平板电脑售卖给 B 公司。A 公司和 B 公司营业地分别位于甲国和乙国，两国均为《联合国国际货物销售合同公约》缔约国。合同项下的货物由丙国 C 公司的"潇湘"号商船承运，装运港是甲国某港口，目的港是乙国某港口。在运输途中，B 公司与中国 D 公司就货物转卖达成协议。B 公司与 D 公司就运输途中平板电脑的所有权产生了争议，D 公司将争议诉诸中国

某法院。根据我国有关法律适用的规定，关于平板电脑所有权的法律适用，下列选项正确的是：(2011/1/98-任)

A. 当事人有约定的，可以适用当事人选择的法律，也可以适用乙国法

B. 当事人有约定的，应当适用当事人选择的法律

C. 当事人没有约定的，应当适用甲国法

D. 当事人没有约定的，应当适用乙国法

考点提示 运输中动产物权的法律适用

选项解析《涉外民事关系法律适用法》第 38 条规定："当事人可以协议选择运输中动产物权发生变更适用的法律。当事人没有选择的，适用运输目的地法律。"本题中，平板电脑属于运输中的动产，目的港位于乙国，因此，意思自治优先，当事人有约定的，应当适用当事人选择的法律；没有约定的，适用运输目的地法，即乙国法。故 A、C 项错误，B、D 项正确。

参考答案 BD

要点凝练

运输中动产物权的法律适用，首先允许当事人协议；无协议的，适用运输目的地法。

二、一般动产物权的法律适用

115. 经常居所地在广州的小菲的珍贵花瓶在其广州的家中被德国人玛丽偷走，后玛丽通过广州黑市将花瓶卖去欧洲，法国人汉斯在德国柏林购买了该花瓶。小菲在中国法院起诉汉斯，请求汉斯返还花瓶。依据《涉外民事关系法律适用法》的规定，下列选项正确的是：(2022-回忆版-单)

A. 关于花瓶的物权问题，双方当事人可以协议选择适用法国法

B. 若汉斯委托中国律师出庭应诉，中国法院对本案即享有管辖权

C. 关于花瓶的物权问题，若双方当事人无法

达成法律适用的一致意见，应当适用中国法

D. 关于花瓶的物权问题，若双方当事人均援引中国法，法院应当适用中国法

考点提示 意思自治；涉外动产物权的法律适用

选项解析《涉外民事关系法律适用法》第 37 条规定："当事人可以协议选择动产物权适用的法律。当事人没有选择的，适用法律事实发生时动产所在地法律。"故 A 项正确。

中国法院是否有管辖权与被告是否聘请中国律师没有因果关系。故 B 项错误。

本案的法律事实发生在德国，因此，当事人没有选择适用的法律的，应当适用德国法。故 C 项错误。

当事人援引相同国家的法律且未提出法律适用异议的，视为已经达成意思自治。D 项不满足"未提出法律适用异议"，故错误。

参考答案 A

要点凝练

(1) 当事人援引相同国家的法律且未提出法律适用异议的，视为已经达成意思自治。

(2) 涉外动产物权的法律适用，首先允许当事人协议；无协议的，适用法律事实发生时动产所在地法。

116. 经常居所在深圳的德国公民施丹尼家中失窃，丢失一幅世界名画，该画丢失后被中国公民何梓琪在韩国艺术品市场购得。施丹尼得知何梓琪将画带回中国并委托某拍卖公司在深圳拍卖。现施丹尼欲通过诉讼要回该画的所有权。关于本案，下列说法正确的是：(2018-回忆版-单)

A. 施丹尼的诉讼能力应适用德国法来判断

B. 该案件的准据法应当在与案件有实际联系的德国法、中国法以及韩国法中进行选择

C. 当双方当事人不能就准据法的选择达成一致时，应适用韩国法的法律规定

D. 当双方当事人不能就准据法的选择达成一致时，应适用法院地法中国法的法律规定

【考点提示】自然人民事行为能力的法律适用；涉外动产物权的法律适用

【选项解析】自然人的民事行为能力，适用自然人经常居所地法。自然人从事民事活动，依照经常居所地法为无民事行为能力，依照行为地法为有民事行为能力的，适用行为地法。本案中，施丹尼的民事行为能力应适用其经常居所地法，即中国法。故 A 项错误。

涉外一般动产物权的法律适用顺序为：①当事人意思自治优先；②无协议的，适用法律事实发生时动产所在地法。本案中，动产在韩国购得，因此，法律事实发生时动产所在地为韩国。故 B、D 项错误，C 项正确。

【参考答案】C

✎ 要点凝练

　　(1) 自然人的民事行为能力，适用自然人经常居所地法，但如果依据经常居所地法为无民事行为能力而依据行为地法为有民事行为能力，适用行为地法。

　　(2) 涉外动产物权的法律适用，首先允许当事人协议；无协议的，适用法律事实发生时动产所在地法。

117. 2014 年 1 月，北京居民李某的一件珍贵首饰在家中失窃后被窃贼带至甲国。同年 2 月，甲国居民陈某在当地珠宝市场购得该首饰。2015 年 1 月，在获悉陈某将该首饰带回北京拍卖的消息后，李某在北京某法院提起原物返还之诉。关于该首饰所有权的法律适用，下列哪一选项是正确的？（2015/1/36-单）

A. 应适用中国法

B. 应适用甲国法

C. 如李某与陈某选择适用甲国法，不应支持

D. 如李某与陈某无法就法律选择达成一致，应适用甲国法

【考点提示】涉外动产物权的法律适用

【选项解析】《涉外民事关系法律适用法》第 37 条规定："当事人可以协议选择动产物权适用的法律。当事人没有选择的，适用法律事实发生时动产所在地法律。"本题中，如果双方当事人没有协议选择，则法律事实发生在甲国，应适用甲国法。故 D 项正确。

【参考答案】D

✎ 要点凝练

　　涉外动产物权的法律适用，首先允许当事人协议；无协议的，适用法律事实发生时动产所在地法。

三、涉外质权的法律适用

118. 中国甲公司与英国乙公司签订了一份国际货物买卖合同，乙公司要求甲公司提供相应的履约担保，甲公司遂将其在中国境内对丙公司的应收账款债权出质给乙公司。后双方就该合同的履约问题发生纠纷，诉至中国某人民法院。就该质权的法律适用，下列说法正确的是：（2022-回忆版-单）

A. 甲公司和乙公司可协议选择适用中国法

B. 该纠纷应当适用质权实现地法律或者与该质权有最密切联系地点的法律

C. 该质权应当适用英国法

D. 该质权应当适用中国法

【考点提示】涉外质权的法律适用

【选项解析】《涉外民事关系法律适用法》第 40 条规定："权利质权，适用质权设立地法律。"本案中，应收账款债权出质属于权利质权的范畴，应当适用质权设立地法律，即中国法，双方当事人不能协议选择。故 D 项正确，A、B、C 项错误。

【参考答案】D

✎ 要点凝练

　　涉外质权，适用质权设立地法律。

债权的法律适用 专题 29

一、涉外合同法律适用的一般原则

119. 新西兰申亮公司与中国强峰公司在中国杭州签署了一份投资合作协议，后双方在中国履行协议期间发生纠纷。关于该纠纷的法律适用和管辖，下列说法正确的有：（2018-回忆版-多）

A. 双方可以选择新西兰的法律作为该合同的准据法

B. 双方可以在合同中约定该合同纠纷由新西兰法院进行管辖

C. 双方可以约定该案件在瑞典的斯德哥尔摩仲裁院进行仲裁

D. 双方可以约定该案件在巴黎的国际商会仲裁院进行仲裁

[考点提示] 合同意思自治的例外；专属管辖；仲裁

[选项解析] 在中国境内履行的中外合资经营企业合同、中外合作经营企业合同、中外合作勘探开发自然资源合同，只能适用中国法。故 A 项错误。

在中国境内履行的中外合资经营企业合同、中外合作经营企业合同、中外合作勘探开发自然资源合同，由中国法院专属管辖。故 B 项错误。

专属管辖不排除仲裁，涉外案件双方当事人可以选择外国的仲裁机构进行仲裁。故 C、D 项正确。

[参考答案] CD

[要点凝练]

（1）《涉外民事关系法律适用法》意思自治原则的例外；

（2）专属管辖不排除仲裁。

120. 根据我国有关法律规定，关于涉外民事关系的法律适用，下列哪些领域采用当事人意思自治原则？（2011/1/77-多）

A. 合同   B. 侵权

C. 不动产物权   D. 诉讼离婚

[考点提示] 意思自治

[选项解析]《涉外民事关系法律适用法》第 41 条规定："当事人可以协议选择合同适用的法律。当事人没有选择的，适用履行义务最能体现该合同特征的一方当事人经常居所地法律或者其他与该合同有最密切联系的法律。"故 A 项当选。

《涉外民事关系法律适用法》第 44 条规定："侵权责任，适用侵权行为地法律，但当事人有共同经常居所地的，适用共同经常居所地法律。侵权行为发生后，当事人协议选择适用法律的，按照其协议。"故 B 项当选。

《涉外民事关系法律适用法》第 36 条规定："不动产物权，适用不动产所在地法律。"此处不属于意思自治。故 C 项不当选。

《涉外民事关系法律适用法》第 27 条规定："诉讼离婚，适用法院地法律。"此处不属于意思自治。故 D 项不当选。

[参考答案] AB

[要点凝练]

（1）涉外合同和涉外侵权的法律适用，均实行当事人意思自治优先；

（2）不动产物权，适用不动产所在地法；

（3）诉讼离婚，适用法院地法。

二、两类特殊合同的法律适用

121. 长期居住在中国上海的美国人森媛去韩国旅游期间购买了当地某公司生产的野生高丽参，回中国委托国内专业机构检测时发现,该野生高丽参为中国人工种植,森嬷遂将该涉外消费者合同纠纷诉诸中国某法院。依中国《涉外民事关系法律适用法》的规定,下列哪一选项是正确的?(2021-回忆版-单)

A. 消费者合同在任何时候均适用中国法律,因中国是消费者经常居所地

B. 消费者合同适用美国法律,因美国是消费者国籍国

C. 如森嬷选择适用韩国法律,则适用韩国法律

D. 如韩国在中国没有从事相关经营活动,则可以适用韩国法律或中国法律

考点提示 涉外消费者合同的法律适用

选项解析 关于消费者合同的法律适用,首先要在案例中寻找两种情况:①消费者选择适用商品、服务提供地法律;②经营者在消费者经常居所地没有从事相关经营活动。这两种情况如果出现任何一种,则均适用商品、服务提供地法律;如果任何一种情况都未出现,则兜底适用消费者经常居所地法律。故 C 项正确,A、B、D 项错误。

参考答案 C

要点凝练

涉外消费者合同的法律适用,允许当事人协议,但是选择的主体和系属均有限制。

122. 中国上海甲公司与南非公民杰斯签订劳动合同后,又与赞比亚乙公司签订劳务派遣合同,将杰斯派遣至赞比亚做工。后两公司因劳务派遣合同发生纠纷,诉至我国某人民法院。关于该合同的纠纷,下列选项正确的有:(2022-回忆版-多)

A. 因杰斯的工作地点为赞比亚,该劳务派遣合同纠纷应当适用赞比亚法律

B. 因杰斯是南非公民,该劳务派遣合同纠纷应当适用南非法律

C. 因上海是劳务派出地,该劳务派遣合同纠

纷可以适用中国法律

D. 若杰斯委托南非驻沪领事馆官员以个人身份担任其代理人,则该代理人不得享有外交特权和豁免

考点提示 劳务派遣的法律适用;外国当事人委托诉讼代理人的限制

选项解析 根据《涉外民事关系法律适用法》第43条的规定,劳务派遣,可以适用劳务派出地法律,也可以适用劳动者工作地法律。本案中,劳务派出地在中国,劳动者工作地在赞比亚,因此,该劳务派遣合同纠纷可以适用中国法律,也可以适用赞比亚法律。故 A、B 项错误,C 项正确。

外国驻华使领馆官员受本国公民的委托,可以以个人名义担任其诉讼代理人,但不可以享受外交特权和豁免。故 D 项正确。

参考答案 CD

要点凝练

(1)劳务派遣,可以适用劳务派出地法律,也可以适用劳动者工作地法律;

(2)如外国驻华使领馆官员接受外国当事人的委托,以个人名义参加诉讼,则不可以享受外交特权与豁免。

123. 法国公民弗朗斯与主营业地在广州的大丰公司签订劳动合同,根据劳动合同被派往该公司的意大利分公司工作。后弗朗斯被解雇,诉至中国广州某法院。关于本案的法律适用,下列选项正确的是:(2019-回忆版-单)

A. 适用法国法、意大利法、中国法中对弗朗斯有利的法律

B. 应适用法国法,因为弗朗斯国籍国为法国

C. 应适用中国法,因为大丰公司主营业地在中国

D. 应适用意大利法,因为弗朗斯的工作地在意大利

考点提示 涉外劳动合同的法律适用

选项解析 劳动合同，适用劳动者工作地法律；难以确定劳动者工作地的，适用用人单位主营业地法律。本案中，弗朗斯的工作地在意大利，因此，应当适用意大利法。故 D 项正确。

参考答案 D

要点凝练

涉外劳动合同的法律适用不允许当事人意思自治。

124. 主营业地在广州的法国某公司雇佣了一名韩国员工金某，金某的工作内容为巡回于东亚地区从事产品售后服务工作。后金某提出辞职，该公司不允许，并向广州法院起诉了金某。对此，下列说法正确的是：（2018-回忆版-单）

A. 如果金某是从韩国来中国的留学生，则公安机关应对该公司进行罚款处理

B. 关于该劳动合同的纠纷，双方可以在一审庭审辩论终结前协商一致选择韩国法为准据法

C. 该劳动合同纠纷应适用法国法

D. 关于该案件，我国法院无管辖权，应裁定驳回该公司的起诉

考点提示 《外国人入境出境管理条例》；涉外劳动合同的法律适用；我国关于国际民事案件的特殊地域管辖

选项解析 《外国人入境出境管理条例》第 22 条第 1 款规定："持学习类居留证件的外国人需要在校外勤工助学或者实习的，应当经所在学校同意后，向公安机关出入境管理机构申请居留证件加注勤工助学或者实习地点、期限等信息。"因此，工作单位无权雇佣未取得工作类居留证件的外国人。故 A 项正确。

涉外劳动合同，适用劳动者工作地法律；难以确定劳动者工作地的，适用用人单位主营业地法律。本案中，金某的工作地难以确定，应适用用人单位主营业地法律，即中国法。故 B、C 项错误。

因合同或其他财产权益纠纷，对在我国领域内没有住所的被告提起诉讼，如果合同在我国领域内签订或者履行，或者诉讼标的物在我国领域内，或者被告在我国领域内有可供扣押的财产，或者被告在我国领域内设有代表机构，则合同签订地、合同履行地、诉讼标的物所在地、可供扣押财产所在地、侵权行为地或者代表机构住所地人民法院均有管辖权。本案中，劳动合同的签订地和履行地均在中国，因此，中国法院有管辖权。故 D 项错误。

参考答案 A

要点凝练

（1）工作单位无权雇佣未取得工作类居留证件的外国人；

（2）涉外劳动合同的法律适用不允许当事人意思自治；

（3）我国对涉外合同或其他财产权益纠纷案件，实行"沾边就管"的原则。

125. 中国公民大卫被乙国某公司雇佣，该公司主营业地在丙国，大卫工作内容为巡回于东亚地区进行产品售后服务，后双方因劳动合同纠纷诉诸中国某法院。关于该纠纷应适用的法律，下列哪一选项是正确的？（2014/1/38-单）

A. 中国法　　　　　B. 甲国法

C. 乙国法　　　　　D. 丙国法

考点提示 涉外劳动合同的法律适用

选项解析 《涉外民事关系法律适用法》第 43 条规定："劳动合同，适用劳动者工作地法律；难以确定劳动者工作地的，适用用人单位主营业地法律。劳务派遣，可以适用劳务派出地法律。"本案中，大卫工作内容为巡回于东亚地区进行产品售后服务，难以确定其工作地，因此，双方因劳动合同产生的纠纷应当适用用人单位主营业地法律，即丙国法。故 D 项正确，A、B、C 项错误。

参考答案 D

✏️ 要点凝练

> 涉外劳动合同的法律适用不允许当事人意思自治。

三、涉外侵权的法律适用

126. 德国人汉斯的宠物被中国公民李四打死，随后汉斯怒将李四的个人隐私在网络上传播并对其进行羞辱。汉斯在南京某法院起诉李四，李四反诉。现已知李四的经常住所地为新加坡，汉斯的经常住所地为南京。关于本案的法律适用，下列说法正确的是：（2019-回忆版-单）

A. 汉斯和李四的诉求均可以协议选择适用中国法

B. 汉斯和李四的诉求都适用中国法

C. 汉斯和李四的诉求都适用新加坡法

D. 李四反诉汉斯侵害其隐私权应适用新加坡法

考点提示 一般侵权行为的法律适用；网络侵犯人格权的法律适用

选项解析 汉斯起诉李四的是一般侵权行为，李四反诉汉斯的是网络侵犯人格权。涉外一般侵权行为的法律适用顺序是：①协议；②共同经常居所地法；③侵权行为地法。网络侵犯人格权适用被侵权人经常居所地法，本案中，被侵权人为李四，因此，网络侵犯人格权应适用李四的经常居所地法，即新加坡法。故 D 项正确。

参考答案 D

✏️ 要点凝练

> （1）一般侵权行为的法律适用按顺序进行；
>
> （2）网络侵犯人格权，适用被侵权人经常居所地法。

127. 甲国游客杰克于 2015 年 6 月在北京旅游时因过失导致北京居民孙某受重伤。现孙某在北京以杰克为被告提起侵权之诉。关于

该侵权纠纷的法律适用，下列哪一选项是正确的？（2015/1/37-单）

A. 因侵权行为发生在中国，应直接适用中国法

B. 如当事人在开庭前协议选择适用乙国法，应予支持，但当事人应向法院提供乙国法的内容

C. 因本案仅与中国、甲国有实际联系，当事人只能在中国法与甲国法中进行选择

D. 应在中国法与甲国法中选择适用更有利于孙某的法律

考点提示 一般侵权行为的法律适用；意思自治；外国法的查明

选项解析 《涉外民事关系法律适用法》第 44 条规定："侵权责任，适用侵权行为地法律，但当事人有共同经常居所地的，适用共同经常居所地法律。侵权行为发生后，当事人协议选择适用法律的，按照其协议。"因此，侵权纠纷的法律适用为：有协议的，依协议；无协议的，适用双方共同经常居所地法律；无共同经常居所地的，适用侵权行为地法律。故 A、D 项错误。

当事人意思自治选择法律的最晚时间为一审法庭辩论终结前。《涉外民事关系法律适用法》第 10 条规定："涉外民事关系适用的外国法律，由人民法院、仲裁机构或者行政机关查明。当事人选择适用外国法律的，应当提供该国法律。不能查明外国法律或者该国法律没有规定的，适用中华人民共和国法律。"因此，当事人在开庭前协议选择适用外国法律的，法院应予支持，但当事人应提供该国法律。故 B 项正确。

法律适用中的意思自治不受实际联系原则的限制。故 C 项错误。

参考答案 B

✏️ 要点凝练

> （1）一般侵权行为的法律适用按顺序进行；
>
> （2）当事人意思自治选择法律的最晚时间为一审法庭辩论终结前；

（3）当事人选择适用外国法的，应提供该外国法。

128. 甲国公民 A 与乙国公民 B 的经常居住地均在中国，双方就在丙国境内发生的侵权纠纷在中国法院提起诉讼。关于该案的法律适用，下列哪些选项是正确的？（2012/1/79-多）

A. 如侵权行为发生后双方达成口头协议，就纠纷的法律适用做出了选择，应适用协议选择的法律

B. 如侵权行为发生后双方达成书面协议，就纠纷的法律适用做出了选择，应适用协议选择的法律

C. 如侵权行为发生后双方未选择纠纷适用的法律，应适用丙国法

D. 如侵权行为发生后双方未选择纠纷适用的法律，应适用中国法

考点提示 一般侵权行为的法律适用；意思自治

选项解析 侵权行为发生后，当事人协议选择所适用的法律的，按照其协议，该协议采用口头还是书面方式不限。故 A、B 项正确。

侵权行为发生后，当事人未达成法律适用意思自治的协议，但当事人有共同经常居所地的，则适用共同经常居所地法律。本题题干表明，中国为公民 A 和公民 B 的共同经常居所地。故 C 项错误，D 项正确。

参考答案 ABD

要点凝练

（1）一般侵权行为的法律适用按顺序进行；

（2）意思自治明示选择适用的法律时，可以采用书面方式，也可以采用口头方式。

129. 甲国人特里长期居于乙国，丙国人王某长期居于中国，两人在北京经营相互竞争的同种产品。特里不时在互联网上发布不利

于王某的消息，王某在中国法院起诉特里侵犯其名誉权、肖像权和姓名权。关于该案的法律适用，根据我国相关法律规定，下列哪些选项是错误的？（2011/1/78-多）

A. 名誉权的内容应适用中国法律，因为权利人的经常居住地在中国

B. 肖像权的侵害适用甲国法律，因为侵权人是甲国人

C. 姓名权的侵害适用乙国法律，因为侵权人的经常居所地在乙国

D. 网络侵权应当适用丙国法律，因为被侵权人是丙国人

考点提示 网络侵犯人格权的法律适用

选项解析 《涉外民事关系法律适用法》第 46 条规定："通过网络或者采用其他方式侵害姓名权、肖像权、名誉权、隐私权等人格权的，适用被侵权人经常居所地法律。"本案中，特里通过互联网发布不利于王某的消息，侵犯其人格权，应当适用被侵权人王某的经常居所地法律，即中国法。故 A 项表述正确，不当选；B、C、D 项表述错误，当选。

参考答案 BCD

要点凝练

网络侵犯人格权，适用被侵权人经常居所地法。

四、涉外不当得利和无因管理之债的法律适用

130. 经常居住地在巴黎的法国人玛丽在广州工作，由于经常不在中国，某日，其宠物猫沿着阳台前往邻居李某的阳台上，经常居住地为中国的李某喂养此猫直到玛丽回到中国。玛丽回到中国后，李某请求其支付代为照看猫的费用，遭玛丽拒绝，于是李某向中国某法院提起诉讼。关于本案的法律适用，下列说法正确的是：（2021-回忆版-单）

A. 若李某和玛丽协议选择适用德国法，法院

应支持

B. 若双方没有选择法律，法院应在中国法和法国法中择一适用

C. 本案在中国某法院起诉，应适用中国法

D. 应适用中国法或法国法

考点提示 涉外不当得利、无因管理之债的法律适用

选项解析 涉外不当得利、无因管理之债的法律适用按以下顺序进行：①协议；②共同经常居所地法；③不当得利、无因管理发生地法。故A项正确。

如果双方当事人没有协议选择法律，也没有共同经常居所地，则应适用不当得利、无因管理发生地法，即中国法。故B、C项错误。

D项剥夺了双方当事人意思自治选择适用的法律的权利。故D项错误。

参考答案 A

✐ 要点凝练

涉外不当得利、无因管理之债的法律适用按顺序进行。

131. 英国公民苏珊来华短期旅游，因疏忽多付房费1000元，苏珊要求旅店返还遭拒后，将其诉至中国某法院。关于该纠纷的法律适用，下列哪一选项是正确的？（2016/1/36-单）

A. 因与苏珊发生争议的旅店位于中国，因此只能适用中国法

B. 当事人可协议选择适用瑞士法

C. 应适用中国法和英国法

D. 应在英国法与中国法中选择适用对苏珊有利的法律

考点提示 涉外不当得利、无因管理之债的法律适用

选项解析《涉外民事关系法律适用法》第47条规定："不当得利、无因管理，适用当事人协议选择适用的法律。当事人没有选择的，适用当事人共同经常居所地法律；没有共同经常居所地的，适用不当得利、无因管理发生地法律。"本案中，苏珊就其与旅店的争议提起的诉讼属于不当得利之诉，当事人可以选择所适用的法律，且可以突破最密切联系原则的限制。故B项正确，A、C、D项错误。

参考答案 B

✐ 要点凝练

涉外不当得利、无因管理之债的法律适用按顺序进行。

 30 专题 知识产权的法律适用

132. 日本甲公司与中国枫叶公司签订专利权许可协议（协议约定，由该协议所引发的纠纷适用日本法），授权中国枫叶公司在中国范围内销售的手机上安装日本甲公司拥有专利的某款APP。后中国枫叶公司未经日本甲公司的同意，在其销往越南的手机上也安装了该款APP。现日本甲公司向中国某法院起诉中国枫叶公司违约并侵犯了其在越南获权的专利。关于本案，下列说法正确的有：（2019-回忆版-多）

A. 中国枫叶公司主营业地在中国，违约和侵权纠纷都适用中国法

B. 违约纠纷应适用日本法

C. 对于侵权纠纷，双方在开庭前可约定适用中国法

D. 侵权纠纷应适用日本法

考点提示 涉外知识产权的法律适用

选项解析 根据《涉外民事关系法律适用法》第49、50条的规定，知识产权的转让和许可使用的法律适用，当事人意思自治优先；当事人没

有选择的，适用最密切联系地法律。知识产权侵权，允许当事人选择适用法院地法；没有选择法院地法的，适用被请求保护地法。

本案中，双方协议约定适用日本法，所以应适用日本法。故 A 项错误，B 项正确。

专利权侵权，双方选择适用法院地法（中国法）的，该选择有效。故 C 项正确。没有选择法院地法的，适用被请求保护地法，即越南法。故 D 项错误。

参考答案 BC

要点凝练

（1）知识产权转让和许可使用的法律适用，首先允许当事人协议；无协议的，适用最密切联系地法。

（2）知识产权侵权的法律适用，首先允许当事人选择适用法院地法；无协议的，适用被请求保护地法。

133. 韩国甲公司为其产品在中韩两国注册了商标。中国乙公司擅自使用该商标生产了大量仿冒产品并销售至中韩两国。现甲公司将乙公司诉至中国某法院，要求其承担商标侵权责任。关于乙公司在中韩两国侵权责任的法律适用，依中国法律规定，下列哪些选项是正确的？（2016/1/79－多）

A. 双方可协议选择适用中国法

B. 均应适用中国法

C. 双方可协议选择适用韩国法

D. 如双方无法达成一致，则应分别适用中国法与韩国法

考点提示 涉外知识产权侵权的法律适用

选项解析 《涉外民事关系法律适用法》第 50 条规定："知识产权的侵权责任，适用被请求保护地法律，当事人也可以在侵权行为发生后协议选择适用法院地法律。"因此，双方可以协议选择适用法院地法，即中国法。故 A 项正确，B、C 项错误。

双方不能达成一致的，应适用被请求保护地法律。本案中，乙公司在中韩两地都涉及商标侵权，甲公司请求中国法和韩国法保护，被请求保护地为中国和韩国，因此，在双方无法达成一致的情况下，应当分别适用中国法和韩国法。故 D 项正确。

参考答案 AD

要点凝练

知识产权侵权的法律适用，首先允许当事人选择适用法院地法；无协议的，适用被请求保护地法。

134. 德国甲公司与中国乙公司签订许可使用合同，授权乙公司在英国使用甲公司在英国获批的某项专利。后因相关纠纷诉诸中国法院。关于该案的法律适用，下列哪些选项是正确的？（2014/1/78－多）

A. 关于本案的定性，应适用中国法

B. 关于专利权归属的争议，应适用德国法

C. 关于专利权内容的争议，应适用英国法

D. 关于专利权侵权的争议，双方可以协议选择法律，不能达成协议，应适用与纠纷有最密切联系的法律

考点提示 涉外知识产权的法律适用

选项解析 《涉外民事关系法律适用法》第 8 条规定："涉外民事关系的定性，适用法院地法律。"本案中，法院地位于中国，因此，关于本案的定性，应适用中国法。故 A 项正确。

《涉外民事关系法律适用法》第 48 条规定："知识产权的归属和内容，适用被请求保护地法律。"本案中，被请求保护地为英国。故 B 项错误，C 项正确。

《涉外民事关系法律适用法》第 50 条规定："知识产权的侵权责任，适用被请求保护地法律，当事人也可以在侵权行为发生后协议选择适用法院地法律。"因此，当事人双方不能达成协议的，应适用被请求保护地法律。故 D 项错误。

参考答案 AC

要点凝练

（1）定性，适用法院地法。

（2）知识产权的归属和内容，适用被请求保护地法。

（3）知识产权侵权的法律适用，首先允许当事人选择适用法院地法；无协议的，适用被请求保护地法。

135. 甲国 A 公司向乙国 B 公司出口一批货物，双方约定适用 2010 年《国际贸易术语解释通则》中 CIF 术语。该批货物由丙国 C 公司"乐安"号商船承运，运输途中船舶搁浅，为起浮抛弃了部分货物。船舶起浮后继续航行中又因恶劣天气，部分货物被海浪打入海中。到目的港后发现还有部分货物因固有缺陷而损失。A 公司与 B 公司就该批货物在中国境内的商标权产生争议，双方诉至中国某法院。关于该商标权有关争议的法律适用，下列选项正确的是：（2012/1/98-任）

A. 归属争议应适用中国法

B. 归属争议应适用甲国法

C. 转让争议应适用甲国法

D. 转让争议当事人可以协议选择法律

考点提示 涉外知识产权的法律适用

选项解析《涉外民事关系法律适用法》第 48 条规定："知识产权的归属和内容，适用被请求保护地法律。"本案中，商标权的被请求保护地在中国。故 A 项正确，B 项错误。

《涉外民事关系法律适用法》第 49 条规定："当事人可以协议选择知识产权转让和许可使用适用的法律。当事人没有选择的，适用本法对合同的有关规定。"故 C 项错误，D 项正确。

参考答案 AD

要点凝练

（1）知识产权的归属和内容，适用被请求保护地法。

（2）知识产权转让和许可使用的法律适用，首先允许当事人协议；无协议的，适用最密切联系地法。

31 专题 **商事关系的法律适用**

一、涉外票据（《票据法》第 94~101 条）

136. 德国甲公司在上海向越南乙公司出具了汇票，汇票付款人为甲公司在上海的分支机构。乙公司在河内将该汇票背书转让给了越南丙公司，丙公司财务不慎将汇票丢失，被经常居所地在广州的李先生拾得。现中国某法院受理了有关该汇票的纠纷，已知当事人未就法律适用达成协议。根据中国《涉外民事关系法律适用法》的规定，下列说法正确的有：（2022-回忆版-多）

A. 乙公司对该汇票的背书行为，应当适用中国法

B. 丙公司对乙公司行使汇票追索权的期限，应当适用中国法

C. 判断李先生的不当得利之债，应当适用越南法

D. 丙公司向法院申请保全汇票的程序，应当适用中国法

考点提示 涉外票据的法律适用；涉外不当得利、无因管理之债的法律适用

选项解析 根据《票据法》第 98 条的规定，票据的背书、承兑、付款和保证行为，适用行为地法律。本案中，越南乙公司在河内将该汇票背书转让给了越南丙公司，因此，乙公司的背书行为应适用背书地法，即越南法。故 A 项

错误。

根据《票据法》第 99 条的规定，票据追索权的行使期限，适用出票地法律。本案中，票据的出票地在上海，因此，应当适用中国法。故 B 项正确。

根据《涉外民事关系法律适用法》第 47 条的规定，不当得利、无因管理，适用当事人协议选择适用的法律。当事人没有选择的，适用当事人共同经常居所地法律；没有共同经常居所地的，适用不当得利、无因管理发生地法律。本案中，双方当事人未就法律适用达成一致意见，也不存在共同经常居所地，因此，应当适用不当得利发生地法律，即越南法。故 C 项正确。

根据《票据法》第 101 条的规定，票据丧失时，失票人请求保全票据权利的程序，适用付款地法律。本案中，付款地在中国，因此，应当适用中国法。故 D 项正确。

参考答案 BCD

要点凝练

（1）票据行为，适用行为地法；

（2）票据追索权的行使期限，适用出票地法；

（3）票据丧失时，失票人请求保全票据权利的程序，适用付款地法；

（4）涉外不当得利、无因管理之债的法律适用按顺序进行。

137. 中国公民李某在柏林签发一张转账支票给德国甲公司用于支付货款，付款人为中国乙银行北京分行；甲公司在柏林将支票背书转让给中国丙公司，丙公司在北京向乙银行请求付款时被拒。关于该支票的法律适用，依中国法律规定，下列哪一选项是正确的？（2017/1/36-单）

A. 如李某依中国法为限制民事行为能力人，依德国法为完全民事行为能力人，应适用德国法

B. 甲公司对该支票的背书行为，应适用中国法

C. 丙公司向甲公司行使票据追索权的期限，应适用中国法

D. 如丙公司不慎将该支票丢失，其请求保全票据权利的程序，应适用德国法

考点提示 涉外票据的法律适用

选项解析 《票据法》第 96 条规定："票据债务人的民事行为能力，适用其本国法律。票据债务人的民事行为能力，依照其本国法律为无民事行为能力或者为限制民事行为能力而依照行为地法律为完全民事行为能力的，适用行为地法律。"故 A 项正确。

《票据法》第 98 条规定："票据的背书、承兑、付款和保证行为，适用行为地法律。"因此，甲公司对该支票的背书行为应适用行为地法，即德国法。故 B 项错误。

《票据法》第 99 条规定："票据追索权的行使期限，适用出票地法律。"本案中，柏林为出票地，因此，该票据追索权的行使期限应适用德国法。故 C 项错误。

《票据法》第 101 条规定："票据丧失时，失票人请求保全票据权利的程序，适用付款地法律。"本案中，付款地在北京，因此，应适用中国法。故 D 项错误。

参考答案 A

要点凝练

（1）票据行为，适用行为地法；

（2）票据追索权的行使期限，适用出票地法；

（3）票据丧失时，失票人请求保全票据权利的程序，适用付款地法。

138. 甲国人罗得向希姆借了一笔款。罗得在乙国给希姆开具一张 5 万美元的支票，其记载的付款人是罗得开立账户的丙国银行。后丙国银行拒绝向持有支票的希姆付款。因甲国战乱，希姆和罗得移居中国经商并有了住所，希姆遂在中国某法院起诉罗得，要求

其支付 5 万美元。关于此案的法律适用，下列哪一选项是正确的？（2009/1/35-单）

A. 该支票的追索应适用当事人选择的法律

B. 该支票追索权的行使期限应适用甲国法律

C. 该支票的记载事项适用乙国法律

D. 该支票记载的付款人是丙国银行，罗得的行为能力应适用丙国法

考点提示 涉外票据的法律适用

选项解析 《票据法》第 100 条规定："票据的提示期限、有关拒绝证明的方式、出具拒绝证明的期限，适用付款地法律。"本条实际上是对持票人责任的规定。为了行使追索权，持票人必须在规定的期限内提示票据，将拒付情形通知出票人和背书人，并按规定方式取得拒绝证明。因此，该支票的追索应适用付款地法律，即丙国法律。故 A 项错误。

《票据法》第 99 条规定："票据追索权的行使期限，适用出票地法律。"本案中，乙国为出票地，因此，该支票追索权的行使期限应适用乙国法律。故 B 项错误。

《票据法》第 97 条规定："汇票、本票出票时的记载事项，适用出票地法律。支票出票时的记载事项，适用出票地法律，经当事人协议，也可以适用付款地法律。"因此，该支票的记载事项应适用出票地法律，即乙国法律。故 C 项正确。

《票据法》第 96 条规定："票据债务人的民事行为能力，适用其本国法律。票据债务人的民事行为能力，依照其本国法律为无民事行为能力或者为限制民事行为能力而依照行为地法律为完全民事行为能力的，适用行为地法律。"因此，罗得的行为能力应适用其本国法，即甲国法。故 D 项错误。

参考答案 C

✎ 要点凝练

（1）票据行为，适用行为地法；

（2）票据追索权的行使期限，适用出票地法；

（3）票据丧失时，失票人请求保全票据权利的程序，适用付款地法；

（4）票据债务人的民事行为能力，一般适用其本国法。

二、海事关系的法律适用

139. 中国甲公司将其旗下的东方号货轮光船租赁给韩国乙公司，为便于使用，东方号的登记国由中国变更为巴拿马。现东方号与另一艘巴拿马籍货轮在某海域相撞，并被诉至中国某海事法院。关于本案的法律适用，下列哪一选项是正确的？（2017/1/37-单）

A. 两船碰撞的损害赔偿应适用中国法

B. 如两船在公海碰撞，损害赔偿应适用《联合国海洋法公约》

C. 如两船在中国领海碰撞，损害赔偿应适用中国法

D. 如经乙公司同意，甲公司在租赁期间将东方号抵押给韩国丙公司，该抵押权应适用中国法

考点提示 海事关系的法律适用

选项解析 《海商法》第 273 条规定："船舶碰撞的损害赔偿，适用侵权行为地法律。船舶在公海上发生碰撞的损害赔偿，适用受理案件的法院所在地法律。同一国籍的船舶，不论碰撞发生于何地，碰撞船舶之间的损害赔偿适用船旗国法律。"本案中，东方号的登记国为巴拿马，其与另一艘巴拿马籍货轮相撞，同一国籍的船舶，不论碰撞发生于何地，碰撞船舶之间的损害赔偿适用船旗国法律，即巴拿马法。故 A、B、C 项均错误。

《海商法》第 271 条规定："船舶抵押权适用船旗国法律。船舶在光船租赁以前或者光船租赁期间，设立船舶抵押权的，适用原船舶登记国的法律。"本案中，如经乙公司同意，甲公司在租赁期间将东方号抵押给韩国丙公司，则该抵押权应适用原船舶登记国的法律，即中

国法。故 D 项正确。

参考答案 D

要点凝练

（1）船舶物权的法律适用：一般适用船旗国法，但有两种例外：①船舶优先权，适用法院地法；②船舶在光船租赁期间或光船租赁以前设立船舶抵押权的，适用原船舶登记国法。

（2）船舶碰撞侵权的法律适用：①同一国籍的船舶碰撞的损害赔偿，均适用船旗国法。②不同国籍的船舶，公海上发生碰撞的损害赔偿，适用法院地法；其他地方发生碰撞的损害赔偿，适用侵权行为地法。

140. 甲国公司与乙国航运公司订立海上运输合同，由丙国籍船舶"德洋"号运输一批货物，有关"德洋"号的争议现在中国法院审理。根据我国相关法律规定，下列哪一选项是正确的？（2010/1/35-单）

A. 该海上运输合同应适用船旗国法律

B. 有关"德洋"号抵押权的受偿顺序应适用法院地法律

C. 有关"德洋"号船舶优先权的争议应适用丙国法律

D. 除法律另有规定外，甲国公司与乙国航运公司可选择适用于海上运输合同的法律

考点提示 海事关系的法律适用

选项解析 海上货物运输合同，是指承运人与托运人之间订立的旨在明确海上货物运输权利义务关系的协议。涉外海上货物运输，可以依照当事人的选择，适用第三国法律或与合同有最密切联系的国家的法律。故 A 项错误，D 项正确。

船舶所有权的取得、转让、消灭和船舶抵押权，适用船旗国法律；但船舶在光船租赁以前或者光船租赁期间，设立船舶抵押权的，适用原船舶登记国的法律。故 B 项错误。

船舶优先权，适用受理案件的法院所在地的法律。故 C 项错误。

参考答案 D

要点凝练

（1）海上货物运输合同的法律适用，首先允许当事人协议；无协议的，适用最密切联系地法。

（2）船舶物权的法律适用：一般适用船旗国法，但有两种例外：①船舶优先权，适用法院地法；②船舶在光船租赁期间或光船租赁以前设立船舶抵押权的，适用原船舶登记国法。

141. 某批中国货物由甲国货轮"盛京"号运送，提单中写明有关运输争议适用中国《海商法》。"盛京"号在公海航行时与乙国货轮"万寿"号相撞。两轮先后到达中国某港口后，"盛京"号船舶所有人在中国海事法院申请扣押了"万寿"号，并向法院起诉要求"万寿"号赔偿依其过失比例造成的撞碰损失。根据中国相关法律规定，下列选项正确的是：（2010/1/99-任）

A. 碰撞损害赔偿应重叠适用两个船旗国的法律

B. "万寿"号与"盛京"号的碰撞争议应适用甲国法律

C. "万寿"号与"盛京"号的碰撞争议应适用中国法律

D. "盛京"号运输货物的合同应适用中国《海商法》

考点提示 海事关系的法律适用

选项解析 《海商法》第 273 条规定："船舶碰撞的损害赔偿，适用侵权行为地法律。船舶在公海上发生碰撞的损害赔偿，适用受理案件的法院所在地法律。同一国籍的船舶，不论碰撞发生于何地，碰撞船舶之间的损害赔偿适用船旗国法律。"本案中，甲国货轮"盛京"号与乙

国货轮"万寿"号相撞于公海，因此，应适用法院地法。故 A、B 项错误，C 项正确。

《海商法》第 269 条规定："合同当事人可以选择合同适用的法律，法律另有规定的除外。合同当事人没有选择的，适用与合同有最密切联系的国家的法律。"我国《海商法》允许运输合同的当事人意思自治选择合同适用的法律。故 D 项正确。

参考答案 CD

✎ 要点凝练

（1）船舶碰撞侵权的法律适用：①同一国籍的船舶碰撞的损害赔偿，均适用船旗国法。②不同国籍的船舶，公海上发生碰撞的损害赔偿，适用法院地法；其他地方发生碰撞的损害赔偿，适用侵权行为地法。

（2）海上货物运输合同的法律适用，首先允许当事人协议；无协议的，适用最密切联系地法。

三、民航关系的法律适用

142. 新加坡民用航空公司一架客机飞往印度尼西亚途中，因机上物体坠落使在公海上捕鱼的越南渔船受损。后该渔船开往中国港口修理，并就该飞机造成的损害赔偿诉诸我国法院。对于该案，依《中华人民共和国民用航空法》规定，法院应适用下列哪个国家的法律？（2005/1/39-单）

A. 新加坡法律

B. 印度尼西亚法律

C. 越南法律

D. 中国法律

考点提示 民航关系的法律适用

选项解析 我国《民用航空法》第 189 条第 2 款规定："民用航空器在公海上空对水面第三人的损害赔偿，适用受理案件的法院所在地法律。"本案是新加坡籍的飞机在公海上空致越南渔船受损，因此，应适用法院地法。故 D 项当选。

参考答案 D

✎ 要点凝练

民用航空器在公海上空对水面第三人侵权，适用法院地法。

 专题 **婚姻、家庭（收养、监护、扶养）、继承的法律适用**

一、婚姻

143. 德国人凯尔和中国人刘畅因感情破裂离婚，向经常居住地浙江省宁波市法院提起诉讼，请求分割价值 1000 万元人民币的财产。关于本案的管辖权和法律适用问题，下列说法正确的是：（2023-回忆版-单）

A. 由于本案是涉外离婚案件，应由宁波市中级法院进行管辖

B. 双方可以约定财产分割问题适用德国法

C. 双方可以约定分别适用中国法和德国法解决离婚和财产分割问题

D. 如果双方达成离婚调解协议，法院可按照当事人请求，依据调解协议制作并发放判决书

考点提示 涉外婚姻的法律适用

选项解析 《民事诉讼法》第 19 条规定："中级人民法院管辖下列第一审民事案件：①重大涉外案件；②在本辖区有重大影响的案件；③最高人民法院确定由中级人民法院管辖的案件。"本案并不属于重大涉外案件，因此应当由宁波市中级法院管辖的说法错误。故 A 项错误。

《涉外民事关系法律适用法》第 24 条规定："夫妻财产关系，当事人可以协议选择适用一方当事人经常居所地法律、国籍国法律或者主

要财产所在地法律。当事人没有选择的，适用共同经常居所地法律；没有共同经常居所地的，适用共同国籍国法律。"本案中，对于夫妻财产的分割问题，凯尔与刘畅可选择适用一方当事人经常居所地法律、国籍国法律或者主要财产所在地法律，即中国法或德国法。故 B 项正确。

《涉外民事关系法律适用法》第 27 条规定："诉讼离婚，适用法院地法律。"本案中，中国人刘畅和德国人凯尔诉讼离婚，应适用法院地法，即中国法，而不能约定适用中国法。故 C 项错误。

《最高人民法院关于适用〈中华人民共和国民事诉讼法〉的解释》（以下简称《民诉解释》）第 148 条第 1 款规定："当事人自行和解或者调解达成协议后，请求人民法院按照和解协议或者调解协议的内容制作判决书的，人民法院不予准许。"故 D 项错误。

参考答案 B

要点凝练

（1）一般涉外案件，均由基层法院管辖；

（2）夫妻财产关系的法律适用；

（3）诉讼离婚，适用法院地法。

144. 埃及人迪尔与印度人阿米尔的经常居所地和主要财产所在地都在上海，两人因感情纠纷向上海某人民法院提起离婚及财产分割诉讼。关于本案的法律适用，下列说法正确的是：（2021-回忆版-单）

A. 如两人在上海生下一子，其子出生时不具有中国国籍

B. 只要该诉讼未了结，迪尔与阿米尔均不得离境

C. 离婚及财产分割事项均应适用中国法

D. 本案财产分割可以协议选择适用新加坡法

考点提示 中国国籍的取得；《出境入境管理法》；涉外诉讼离婚的法律适用；夫妻财产关系的法律适用

选项解析 根据中国《国籍法》的规定，中国国籍的取得，采取"双系血统为主，兼采出生地主义"。本案中，双方当事人均为外国人，因此，其子不能基于血统取得中国国籍。另外，基于出生地取得中国国籍必须同时具备三项条件：①父母无国籍或国籍不明；②父母定居在中国；③本人出生在中国。本案中，双方当事人均有明确的国籍，因此，其子也不能基于出生地取得中国国籍。故 A 项正确。

根据中国《出境入境管理法》第 28 条第 1、2 项的规定，外国人在中国境内有未了结的刑事案件的，除按照中国与外国签订的有关协议移管外，法律一律不准其出境；但如果是未了结的民事案件，则看法院的态度。故 B 项错误。

根据《涉外民事关系法律适用法》第 27 条的规定，诉讼离婚，适用法院地法。根据《涉外民事关系法律适用法》第 24 条的规定，夫妻财产关系的法律适用按以下顺序确定：①协议（但只能在一方当事人经常居所地法、国籍国法或主要财产所在地法中选择）；②共同经常居所地法；③共同国籍国法。故 C、D 项均错误。

参考答案 A

要点凝练

（1）中国国籍的取得，采取"双系血统为主，兼采出生地主义"。

（2）外国人在中国境内有未了结的刑事案件的，除按照中国与外国签订的有关协议移管外，一律不准出境；有未了结的民事案件的，需看法院的态度。

（3）涉外诉讼离婚，适用法院地法。

（4）夫妻财产关系的法律适用按顺序进行。

145. 经常居所在汉堡的德国公民贝克与经常居所在上海的中国公民李某打算在中国结

婚。关于贝克与李某结婚，依《涉外民事关系法律适用法》，下列哪一选项是正确的？(2016/1/37-单)

A. 两人的婚龄适用中国法

B. 结婚的手续适用中国法

C. 结婚的所有事项均适用中国法

D. 结婚的条件同时适用中国法与德国法

考点提示 涉外结婚的法律适用

选项解析《涉外民事关系法律适用法》第 21 条规定："结婚条件，适用当事人共同经常居所地法律；没有共同经常居所地的，适用共同国籍国法律；没有共同国籍，在一方当事人经常居所地或者国籍国缔结婚姻的，适用婚姻缔结地法律。"结婚年龄属于结婚的实质性条件，贝克与李某没有共同经常居所地，也没有共同国籍国，但打算在中国缔结婚姻，应当适用中国法。故 A 项正确。结婚的条件无须同时适用中国法与德国法。故 D 项错误。

《涉外民事关系法律适用法》第 22 条规定："结婚手续，符合婚姻缔结地法律、一方当事人经常居所地法律或者国籍国法律的，均为有效。"故 B 项错误。

根据上述规定，结婚手续与结婚条件的法律适用是有区别的。故 C 项错误。

参考答案 A

要点凝练

　　结婚条件属于有条件选择适用的冲突规范；结婚手续属于无条件选择适用的冲突规范。

146. 韩国公民金某与德国公民汉森自 2013 年 1 月起一直居住于上海，并于该年 6 月在上海结婚。2015 年 8 月，二人欲在上海解除婚姻关系。关于二人财产关系与离婚的法律适用，下列哪些选项是正确的？（2015/1/78-多）

A. 二人可约定其财产关系适用韩国法

B. 如诉讼离婚，应适用中国法

C. 如协议离婚，二人没有选择法律的，应适用中国法

D. 如协议离婚，二人可以在中国法、韩国法及德国法中进行选择

考点提示 夫妻财产关系的法律适用；涉外离婚的法律适用

选项解析《涉外民事关系法律适用法》第 24 条规定："夫妻财产关系，当事人可以协议选择适用一方当事人经常居所地法律、国籍国法律或者主要财产所在地法律。当事人没有选择的，适用共同经常居所地法律；没有共同经常居所地的，适用共同国籍国法律。"韩国为一方当事人国籍国，因此，对于财产关系，双方可以选择适用韩国法。故 A 项正确。

《涉外民事关系法律适用法》第 27 条规定："诉讼离婚，适用法院地法律。"故 B 项正确。

《涉外民事关系法律适用法》第 26 条规定："协议离婚，当事人可以协议选择适用一方当事人经常居所地法律或者国籍国法律。当事人没有选择的，适用共同经常居所地法律；没有共同经常居所地的，适用共同国籍国法律；没有共同国籍的，适用办理离婚手续机构所在地法律。"中国为双方当事人共同居所地，因此，协议离婚的，若双方没有选择法律，则适用中国法。故 C 项正确。中国、韩国和德国分别为双方共同经常居所地和一方当事人的国籍国，因此，双方当事人可以选择适用该地的法律。故 D 项正确。

参考答案 ABCD

要点凝练

　　（1）夫妻财产关系的法律适用按顺序进行；

　　（2）涉外诉讼离婚，适用法院地法；

　　（3）涉外协议离婚的法律适用按顺序进行。

147. 中国人李某（女）与甲国人金某（男）2011 年在乙国依照乙国法律登记结婚，婚后

二人定居在北京。依《涉外民事关系法律适用法》，关于其夫妻关系的法律适用，下列哪些表述是正确的？（2013/1/77-多）

A. 婚后李某是否应改从其丈夫姓氏的问题，适用甲国法

B. 双方是否应当同居的问题，适用中国法

C. 婚前财产的效力问题，适用乙国法

D. 婚姻存续期间双方取得的财产的处分问题，双方可选择适用甲国法

考点提示 夫妻人身、财产关系的法律适用

选项解析 婚后李某是否应改从其丈夫姓氏的问题，属于夫妻关系中的**人身关系**，根据《涉外民事关系法律适用法》第23条的规定，第一顺序应当适用共同经常居所地法。中国人李某与甲国人金某自从2011年定居北京至今，所以二人的共同经常居所地为北京，应适用中国法而不是甲国法。故A项错误。

双方是否应当同居的问题也属于人身关系，所以由上述解析可知，也应当适用中国法。故B项正确。

婚前财产的效力问题属于**财产**问题，**意思自治**优先；若没有意思自治，则顺序适用**共同经常居所地法**（中国法）。所以并不适用乙国法。故C项错误。

夫妻财产关系意思自治优先，但只能选择一方经常居所地法、国籍国法或者主要财产地法。婚姻存续期间双方取得的财产的处分问题属于财产问题，可以选择适用一方国籍国法（即金某国籍国——甲国法）。故D项正确。

参考答案 BD

要点凝练

（1）夫妻人身关系的法律适用，不允许当事人意思自治；

（2）夫妻财产关系的法律适用，允许当事人意思自治，但不能突破实际联系原则。

148. 甲国公民玛丽与中国公民王某经常居

住地均在中国，二人在乙国结婚。关于双方婚姻关系的法律适用，下列哪些选项是正确的？（2012/1/77-多）

A. 结婚手续只能适用中国法

B. 结婚手续符合甲国法、中国法和乙国法中的任何一个，即为有效

C. 结婚条件应适用乙国法

D. 结婚条件应适用中国法

考点提示 涉外结婚的法律适用

选项解析《涉外民事关系法律适用法》第22条规定："结婚手续，符合婚姻缔结地法律、一方当事人经常居所地法律或者国籍国法律的，均为有效。"故A项错误，B项正确。

《涉外民事关系法律适用法》第21条规定："结婚条件，适用当事人共同经常居所地法律；没有共同经常居所地的，适用共同国籍国法律；没有共同国籍，在一方当事人经常居所地或者国籍国缔结婚姻的，适用婚姻缔结地法律。"题干表明，中国为当事人共同经常居所地，因此，结婚条件应适用中国法。故C项错误，D项正确。

参考答案 BD

要点凝练

结婚条件属于有条件选择适用的冲突规范；结婚手续属于无条件选择适用的冲突规范。

二、家庭（收养、监护、扶养）

149. 经常居住地在上海的中国人孙倩和德国人汉森结婚，收养了越南当地女童阮灵。3年后，汉森因病去世，留下100万元存款，生前未立遗嘱。后该遗产继承纠纷诉至中国某法院。根据《涉外民事关系法律适用法》的规定，下列哪些选项是正确的？（2023-回忆版-多）

A. 如果孙倩想解除收养关系，应适用中国法、德国法、越南法中最有利于阮灵的法律

B. 关于汉森的遗产继承纠纷，可适用德国法

C. 关于该收养的效力，应适用中国法

D. 关于收养关系的解除，可适用中国法

考点提示 涉外法定继承的法律适用；涉外收养的法律适用

选项解析 根据《涉外民事关系法律适用法》第28条的规定，收养关系的解除，适用收养时被收养人经常居所地法或法院地法。本案中，收养时被收养人经常居所地法为越南法，法院地法为中国法，即可适用中国法或越南法。故 A 项错误，D 项正确。

《涉外民事关系法律适用法》第31条规定："法定继承，适用被继承人死亡时经常居所地法律，但不动产法定继承，适用不动产所在地法律。"本案中，因汉森未立遗嘱，故适用法定继承的规定。汉森死亡时经常居所地为上海，因此，关于汉森的遗产继承纠纷，应适用中国法。故 B 项错误。

根据《涉外民事关系法律适用法》第28条的规定，收养的效力，适用收养时收养人经常居所地法。本案中，收养人收养时经常居所地在中国上海，因此，关于该收养的效力，应适用中国法。故 C 项正确。

参考答案 CD

要点凝练

（1）收养关系的解除，适用收养时被收养人经常居所地法或法院地法；

（2）法定继承，适用被继承人死亡时经常居所地法律，但不动产法定继承，适用不动产所在地法律；

（3）收养的效力，适用收养时收养人经常居所地法。

150. 经常居所地在上海的德国公民马克和琼斯赴云南收养一名长期居住在中国的孤儿，后双方因收养问题发生纠纷，诉至中国某法院。根据我国相关法律规定，下列选项正确的是：（2021-回忆版-单）

A. 收养的手续，适用中国法或德国法

B. 收养关系的解除，适用中国法

C. 收养的条件应同时符合中国法和德国法

D. 收养的效力，适用德国法

考点提示 涉外收养的法律适用

选项解析 根据《涉外民事关系法律适用法》第28条的规定：

（1）收养的条件和手续，适用收养人和被收养人经常居所地法。本案中，收养人和被收养人经常居所地均在中国。故 A、C 项错误。

（2）收养关系的解除，适用收养时被收养人经常居所地法或法院地法。故 B 项正确。

（3）收养的效力，适用收养时收养人经常居所地法。故 D 项错误。

参考答案 B

要点凝练

涉外收养的法律适用需要区分收养的条件和手续、收养的效力和收养关系的解除。

151. 中国公民王某将甲国公民米勒诉至某人民法院，请求判决两人离婚、分割夫妻财产并将幼子的监护权判决给她。王某与米勒的经常居所及主要财产均在上海，其幼子为甲国籍。关于本案的法律适用，下列哪些选项是正确的？（2017/1/78-多）

A. 离婚事项，应适用中国法

B. 夫妻财产的分割，王某与米勒可选择适用中国法或甲国法

C. 监护权事项，在甲国法与中国法中选择适用有利于保护幼子利益的法律

D. 夫妻财产的分割与监护权事项均应适用中国法

考点提示 涉外婚姻的法律适用；涉外监护关系的法律适用

选项解析 《涉外民事关系法律适用法》第27条规定："诉讼离婚，适用法院地法律。"本案中，中国公民王某和甲国公民米勒诉讼离婚，

应适用法院地法，即中国法。故 A 项正确。

《涉外民事关系法律适用法》第 24 条规定："夫妻财产关系，当事人可以协议选择适用一方当事人经常居所地法律、国籍国法律或者主要财产所在地法律。当事人没有选择的，适用共同经常居所地法律；没有共同经常居所地的，适用共同国籍国法律。"本案中，对于夫妻财产的分割，王某与米勒可选择适用一方当事人经常居所地法律、国籍国法律或者主要财产所在地法律，即中国法或甲国法。故 B 项正确。

《涉外民事关系法律适用法》第 30 条规定："监护，适用一方当事人经常居所地法律或者国籍国法律中有利于保护被监护人权益的法律。"故 C 项正确。

结合 B、C 项解析可知，夫妻财产的分割与监护权事项均为可能适用中国法。故 D 项错误。

[参考答案] ABC

[要点凝练]

（1）涉外诉讼离婚，适用法院地法；

（2）夫妻财产关系的法律适用，允许当事人意思自治，但不能突破实际联系原则；

（3）涉外监护，需要在一方当事人经常居所地法律或国籍国法律中选择有利于保护被监护人权益的法律。

152. 经常居住于英国的法国籍夫妇甲和乙，想来华共同收养某儿童。对此，下列哪一说法是正确的？（2014/1/37-单）

A. 甲、乙必须共同来华办理收养手续

B. 甲、乙应与送养人订立书面收养协议

C. 收养的条件应重叠适用中国法和法国法

D. 若发生收养效力纠纷，应适用中国法

[考点提示]《外国人在中华人民共和国收养子女登记办法》；涉外收养的法律适用

[选项解析]《外国人在中华人民共和国收养子女登记办法》第 8 条规定："外国人来华收养子女，应当亲自来华办理登记手续。夫妻共同收

养的，应当共同来华办理收养手续；一方因故不能来华的，应当书面委托另一方。委托书应当经所在国公证和认证。"因此，甲、乙双方不是必须共同来华办理收养手续。故 A 项错误。

《外国人在中华人民共和国收养子女登记办法》第 9 条第 1 款规定："外国人来华收养子女，应当与送养人订立书面收养协议。协议一式三份，收养人、送养人各执一份，办理收养登记手续时收养登记机关收存一份。"故 B 项正确。

《涉外民事关系法律适用法》第 28 条规定："收养的条件和手续，适用收养人和被收养人经常居所地法律。收养的效力，适用收养时收养人经常居所地法律。收养关系的解除，适用收养时被收养人经常居所地法律或者法院地法律。"本案中，收养人的经常居所地为英国，被收养人的经常居所地为中国，因此，收养的条件应重叠适用中国法和英国法。故 C 项错误。而关于收养的效力，应适用收养时收养人经常居所地法律，即英国法。故 D 项错误。

[参考答案] B

[要点凝练]

（1）外国人来华收养子女，应当亲自来华办理登记手续。夫妻共同收养的，应当共同来华办理登记手续；一方因故不能来华的，应当书面委托另一方。

（2）外国人来华收养子女，应当与送养人订立书面收养协议。

（3）涉外收养的法律适用需要区分收养的条件和手续、收养的效力和收养关系的解除。

三、继承

153. 约翰是英籍华人，长期居住于英国伦敦。其于 2015 年在瑞士日内瓦某医院治病期间订立了一项遗嘱。约翰 2017 年回国定居，2019 年病逝于其在中国深圳的居所。约翰的子女就该项遗嘱产生争议并诉诸中国某法院。

关于本案，下列说法不正确的有：(2020-回忆版-多)

A. 如果约翰立遗嘱的方式不符合中国法的规定，即可认定该遗嘱不成立

B. 只要约翰立遗嘱的方式符合中国法、瑞士法或英国法中的一个，即可认定该遗嘱成立

C. 只要约翰的遗嘱符合中国法、瑞士法或英国法中的一个，该遗嘱即为有效

D. 该遗嘱必须同时符合中国法和英国法的规定，方为有效

考点提示 涉外遗嘱继承的法律适用

选项解析 《涉外民事关系法律适用法》第 32 条规定："遗嘱方式，符合遗嘱人立遗嘱时或者死亡时经常居所地法律、国籍国法律或者遗嘱行为地法律的，遗嘱均为成立。"《涉外民事关系法律适用法》第 33 条规定："遗嘱效力，适用遗嘱人立遗嘱时或者死亡时经常居所地法律或者国籍国法律。"

关于遗嘱方式和遗嘱效力的法律适用规则，均为无条件选择适用的冲突规范。故 A、D 项均错误，当选。

本题中，瑞士为遗嘱行为地，遗嘱行为地法只能认定遗嘱是否成立，不能认定遗嘱的效力。故 B 项正确，不当选；C 项错误，当选。

参考答案 ACD

✎ 要点凝练

　　遗嘱行为地的法只能认定遗嘱是否成立，不能认定遗嘱的效力。

154. 经常居所在上海的瑞士公民怀特未留遗嘱死亡，怀特在上海银行存有 100 万元人民币，在苏黎世银行存有 10 万欧元，且在上海与巴黎各有一套房产。现其继承人因遗产分割纠纷诉至上海某法院。依中国法律规定，下列哪些选项是正确的？(2016/1/78-多)

A. 100 万元人民币存款应适用中国法

B. 10 万欧元存款应适用中国法

C. 上海的房产应适用中国法

D. 巴黎的房产应适用法国法

考点提示 涉外法定继承的法律适用

选项解析 本题中，因怀特未设有遗嘱，故适用法定继承的规定。《涉外民事关系法律适用法》第 31 条规定："法定继承，适用被继承人死亡时经常居所地法律，但不动产法定继承，适用不动产所在地法律。"

　　怀特死亡时经常居所地位于上海，因此，存款适用中国法。故 A、B 项正确。

　　怀特在巴黎和上海各有一套房产，应按照不动产所在地分别确定所适用的法律。故 C、D 项正确。

参考答案 ABCD

✎ 要点凝练

　　不动产法定继承，适用不动产所在地法；动产法定继承，适用被继承人死亡时经常居所地法。

国际民商事争议的解决 第**11**讲

应试指导

国际民商事争议的解决包括协商、调解、仲裁与诉讼四种方式，本讲的重点是国际商事仲裁与国际民事案件的管辖权。要熟练掌握如何认定仲裁协议的有效性、承认与执行外国仲裁裁决的条件、确定涉外民商事案件管辖权的规则、域外文书送达、域外调取证据和外国法院判决的承认与执行等内容。本讲亦属于法考中的常考点，在知识点的记忆中尤其要注意比对记忆，清晰记忆易混点。2023 年《民事诉讼法》修正后，应选项与司法部公布的答案有出入的一些题目将不再纳入。

国际商事仲裁 专题

一、仲裁协议的效力认定

155. 中国甲公司与外国乙公司在合同中约定，合同争议提交中国国际经济贸易仲裁委员会仲裁，仲裁地在北京。双方未约定仲裁规则及仲裁协议适用的法律。对此，下列哪些选项是正确的？（2014/1/79-多）

A. 如当事人对仲裁协议效力有争议，提请所选仲裁机构解决的，应在首次开庭前书面提出

B. 如当事人将仲裁协议效力的争议诉至中国法院，应适用中国法

C. 如仲裁协议有效，应适用中国国际经济贸易仲裁委员会的仲裁规则仲裁

D. 如仲裁协议有效，仲裁中申请人可申请更改仲裁请求，仲裁庭不能拒绝

考点提示《中国国际经济贸易仲裁委员会仲裁

规则》；涉外仲裁协议的法律适用

选项解析《中国国际经济贸易仲裁委员会仲裁规则》第 6 条第 4 项规定："当事人对仲裁协议及/或仲裁案件管辖权的异议，应当在仲裁庭首次开庭前书面提出；书面审理的案件，应当在第一次实体答辩前提出。"故 A 项正确。

《涉外民事关系法律适用法》第 18 条规定："当事人可以协议选择仲裁协议适用的法律。当事人没有选择的，适用仲裁机构所在地法律或者仲裁地法律。"本案的仲裁地和仲裁机构所在地均在中国，而当事人又未约定仲裁协议适用的法律，因此，应适用中国法。故 B 项正确。

《中国国际经济贸易仲裁委员会仲裁规则》第 4 条第 2 项规定："当事人约定将争议提交仲裁委员会仲裁的，视为同意按照本规则进行仲裁。"故 C 项正确。

《中国国际经济贸易仲裁委员会仲裁规则》

第 17 条规定："申请人可以申请对其仲裁请求进行变更，被申请人也可以申请对其反请求进行变更；但是仲裁庭认为其提出变更的时间过迟而影响仲裁程序正常进行的，可以拒绝其变更请求。"故 D 项错误。

参考答案 ABC

要点凝练

（1）当事人对仲裁协议或仲裁案件管辖权的异议，应在仲裁庭首次开庭前书面提出。

（2）涉外仲裁协议的法律适用，首先允许当事人协议；无协议的，适用仲裁机构所在地法或仲裁地法。

（3）当事人约定将争议提交仲裁委员会仲裁的，视为同意按照《中国国际经济贸易仲裁委员会仲裁规则》仲裁。

（4）申请人可以申请对仲裁请求进行变更，仲裁庭可以同意也可以拒绝。

156. 中国 A 公司与甲国 B 公司签订货物买卖合同，约定合同争议提交中国 C 仲裁委员会仲裁，仲裁地在中国，但对仲裁条款应适用的法律未作约定。后因货物质量问题双方发生纠纷，中国 A 公司依仲裁条款向 C 仲裁委提起仲裁，但 B 公司主张仲裁条款无效。根据我国相关法律规定，关于本案仲裁条款的效力审查问题，下列哪些判断是正确的？（2012/1/78-多）

A. 对本案仲裁条款的效力，C 仲裁委无权认定，只有中国法院有权审查

B. 对本案仲裁条款的效力，如 A 公司请求 C 仲裁委作出决定，B 公司请求中国法院作出裁定的，由中国法院裁定

C. 对本案仲裁条款效力的审查，应适用中国法

D. 对本案仲裁条款效力的审查，应适用甲国法

考点提示 仲裁条款的效力认定；涉外仲裁协议的法律适用

选项解析《仲裁法》第 20 条第 1 款规定："当事人对仲裁协议的效力有异议的，可以请求仲裁委员会作出决定或者请求人民法院作出裁定。一方请求仲裁委员会作出决定，另一方请求人民法院作出裁定的，由人民法院裁定。"故 A 项错误，B 项正确。

《涉外民事关系法律适用法》第 18 条规定："当事人可以协议选择仲裁协议适用的法律。当事人没有选择的，适用仲裁机构所在地法律或者仲裁地法律。"本案的仲裁机构所在地和仲裁地均为中国，因此，应适用中国法。故 C 项正确，D 项错误。

参考答案 BC

要点凝练

（1）仲裁条款的效力认定，既可以由仲裁委员会决定，也可以由法院裁定。

（2）涉外仲裁协议的法律适用，首先允许当事人协议；无协议的，适用仲裁机构所在地法或仲裁地法。

157. 某国甲公司与中国乙公司订立买卖合同，概括性地约定有关争议由"中国贸仲"仲裁，也可以向法院起诉。后双方因违约责任产生争议。关于该争议的解决，依我国相关法律规定，下列哪一选项是正确的？（2009/1/38-单）

A. 违约责任不属于可仲裁的范围

B. 应认定合同已确定了仲裁机构

C. 仲裁协议因约定不明而在任何情况下无效

D. 如某国甲公司不服仲裁机构对仲裁协议效力作出的决定，向我国法院申请确认协议效力，我国法院可以受理

考点提示《仲裁法》及其司法解释；仲裁条款的效力认定

选项解析《仲裁法》第 2 条规定："平等主体的公民、法人和其他组织之间发生的合同纠纷和其他财产权益纠纷，可以仲裁。"故 A 项错误。

《最高人民法院关于适用〈中华人民共和国仲裁法〉若干问题的解释》第 3 条规定："仲裁协议约定的仲裁机构名称不准确，但能够确定具体的仲裁机构的，应当认定选定了仲裁机构。""中国贸仲"是中国国际经济贸易仲裁委员会的常规简称，由此应当认定双方已确定了仲裁机构。故 B 项正确。

《仲裁法》第 18 条规定："仲裁协议对仲裁事项或者仲裁委员会没有约定或者约定不明确的，当事人可以补充协议；达不成补充协议的，仲裁协议无效。"据此，仲裁协议在约定不明的情况下并非当然无效。故 C 项错误。

《仲裁法》第 20 条规定："当事人对仲裁协议的效力有异议的，可以请求仲裁委员会作出决定或者请求人民法院作出裁定。一方请求仲裁委员会作出决定，另一方请求人民法院作出裁定的，由人民法院裁定。当事人对仲裁协议的效力有异议，应当在仲裁庭首次开庭前提出。"《最高人民法院关于适用〈中华人民共和国仲裁法〉若干问题的解释》第 13 条规定："依照仲裁法第 20 条第 2 款的规定，当事人在仲裁庭首次开庭前没有对仲裁协议的效力提出异议，而后向人民法院申请确认仲裁协议无效的，人民法院不予受理。仲裁机构对仲裁协议的效力作出决定后，当事人向人民法院申请确认仲裁协议效力或者申请撤销仲裁机构的决定的，人民法院不予受理。"本案中，仲裁机构已对仲裁协议的效力作出决定，所以法院对甲公司的申请不予受理。故 D 项错误。

参考答案 B

✏ 要点凝练

（1）仲裁条款的效力认定，既可以由仲裁委员会决定，也可以由法院裁定。

（2）仲裁协议对仲裁事项或仲裁委员会没有约定或约定不明时，一般允许双方当事人补充协议；不能达成补充协议的，仲裁协议无效。

二、涉外仲裁裁决的撤销

158. 关于仲裁裁决的撤销，根据我国现行法律，下列哪一选项是正确的？（2008/1/38-单）

A. 我国法院可根据我国法律撤销一项外国仲裁裁决

B. 我国法院撤销涉外仲裁裁决的法定理由之一是裁决事项超出仲裁协议范围

C. 撤销涉外仲裁裁决的法定理由和撤销国内仲裁裁决的法定理由相同

D. 对法院作出的不予执行仲裁裁决的裁定，当事人无权上诉

考点提示 法院对三类仲裁裁决的监督

选项解析 我国法院只能撤销本国的仲裁裁决，不能撤销外国的仲裁裁决，对外国的仲裁裁决只能作出不予执行的决定。故 A 项错误。

《仲裁法》第 70 条规定："当事人提出证据证明涉外仲裁裁决有民事诉讼法第 274 条第 1 款（现为第 291 条第 1 款）规定的情形之一的，经人民法院组成合议庭审查核实，裁定撤销。"《民事诉讼法》第 291 条规定："对中华人民共和国涉外仲裁机构作出的裁决，被申请人提出证据证明仲裁裁决有下列情形之一的，经人民法院组成合议庭审查核实，裁定不予执行：……④裁决的事项不属于仲裁协议的范围或者仲裁机构无权仲裁的。人民法院认定执行该裁决违背社会公共利益的，裁定不予执行。"故 B 项正确。

《仲裁法》第 58 条规定："当事人提出证据证明裁决有下列情形之一的，可以向仲裁委员会所在地的中级人民法院申请撤销裁决：①没有仲裁协议的；②裁决的事项不属于仲裁协议的范围或者仲裁委员会无权仲裁的；③仲裁庭的组成或者仲裁的程序违反法定程序的；④裁决所根据的证据是伪造的；⑤对方当事人隐瞒了足以影响公正裁决的证据的；⑥仲裁员在仲裁该案时有索贿受贿，徇私舞弊，枉法裁决行为的。人民法院经组成合议庭审查核实裁

决有前款规定情形之一的，应当裁定撤销。人民法院认定该裁决违背社会公共利益的，应当裁定撤销。"可见，撤销涉外仲裁裁决和撤销国内仲裁裁决的法定理由不同。故 C 项错误。

本题的争议性选项是 D 项，仲裁裁决被法院依法裁定撤销或者不予执行的，当事人就该纠纷可以根据双方重新达成的仲裁协议申请仲裁，也可以向法院起诉。但是，根据最高院的相关司法解释，对于涉外仲裁裁决的不予认可和执行，奉行"内部逐级报告"制度。因此，对法院作出的不予执行仲裁裁决的裁定，当事人无权上诉的说法是正确的。故 D 项只看选项本身应该是正确的。但本题题干是"关于仲裁裁决的撤销"，如果当事人请求的是撤销仲裁裁决，则法院只能作出撤销或不予撤销的裁定，没有道理作出"不予执行"的裁定，因此，D 项结合题目来看是不严密的。故 D 项错误。

参考答案 B

要点凝练

（1）在满足一定条件时，法院可以撤销国内仲裁裁决和涉外仲裁裁决；对外国的仲裁裁决，只能拒绝承认和执行，不能撤销。

（2）国内仲裁裁决可以因实体问题和仲裁员道德问题而撤销，涉外仲裁裁决不能因此而撤销。

（3）国内仲裁裁决和涉外仲裁裁决都可以因程序问题而撤销。

三、国际商事仲裁裁决的执行

159. 中国甲公司与日本乙公司的商事纠纷在日本境内通过仲裁解决。因甲公司未履行裁决，乙公司向某人民法院申请承认与执行该裁决。中日均为《纽约公约》缔约国，关于该裁决在中国的承认与执行，下列哪一选项是正确的？（2017/1/38-单）

A. 该人民法院应组成合议庭审查

B. 如该裁决是由临时仲裁庭作出的，该人民法院应拒绝承认与执行

C. 如该人民法院认为该裁决不符合《纽约公约》的规定，即可直接裁定拒绝承认和执行

D. 乙公司申请执行该裁决的期间应适用日本法的规定

考点提示 国际商事仲裁裁决的执行

选项解析《民诉解释》第 546 条第 1 款规定："承认和执行外国法院作出的发生法律效力的判决、裁定或者外国仲裁裁决的案件，人民法院应当组成合议庭进行审查。"故 A 项正确。

《民诉解释》第 543 条规定："对临时仲裁庭在中华人民共和国领域外作出的仲裁裁决，一方当事人向人民法院申请承认和执行的，人民法院应当依照民事诉讼法第 290 条（现为第 304 条）规定处理。"《民事诉讼法》第 304 条规定："在中华人民共和国领域外作出的发生法律效力的仲裁裁决，需要人民法院承认和执行的，当事人可以直接向被执行人住所地或者其财产所在地的中级人民法院申请。被执行人住所地或者其财产不在中华人民共和国领域内的，当事人可以向申请人住所地或者与裁决的纠纷有适当联系的地点的中级人民法院申请。人民法院应当依照中华人民共和国缔结或者参加的国际条约，或者按照互惠原则办理。"故 B 项错误。

当事人依照《承认及执行外国仲裁裁决公约》（又称《纽约公约》）规定的条件申请承认和执行外国仲裁裁决，受理的人民法院决定不予承认和执行的，须按《最高人民法院关于人民法院处理与涉外仲裁及外国仲裁事项有关问题的通知》的有关规定，在裁定不予执行或者拒绝承认和执行之前，报请本辖区所属高级人民法院进行审查；如果高级人民法院同意不予执行或者拒绝承认和执行，应将其审查意见报最高人民法院。待最高人民法院答复后，方可裁定不予执行或者拒绝承认和执行。故 C 项错误。

《民诉解释》第 545 条第 1 款规定："当事

人申请承认和执行外国法院作出的发生法律效力的判决、裁定或者外国仲裁裁决的期间，适用民事诉讼法第 246 条（现为第 250 条）的规定。"因此，乙公司申请执行该裁决的期间应适用中国法的规定。故 D 项错误。

参考答案 A

要点凝练

（1）承认和执行外国法院作出的发生法律效力的判决、裁定或外国仲裁裁决的案件，人民法院应当组成合议庭进行审查；

（2）申请承认和执行的外国仲裁裁决，包括临时仲裁庭在中华人民共和国领域外作出的仲裁裁决；

（3）人民法院对仲裁的监督采用"内部逐级报告"制度；

（4）当事人申请承认和执行外国仲裁裁决的期间，适用中国法律的规定。

160. 法国某公司依 1958 年联合国《承认与执行外国仲裁裁决公约》，请求中国法院承认与执行一项国际商会国际仲裁院的裁决。依据该公约及中国相关司法解释，下列哪一表述是正确的？（2013/1/38-单）

A. 法院应依职权主动审查该仲裁过程中是否存在仲裁程序与仲裁协议不符的情况

B. 该公约第 5 条规定的拒绝承认与执行外国仲裁裁决的理由是穷尽性的

C. 如该裁决内含有对仲裁协议范围以外事项的决定，法院应拒绝承认执行该裁决

D. 如该裁决所解决的争议属于侵权性质，法院应拒绝承认执行该裁决

考点提示《纽约公约》

选项解析 我国法院原则上无权主动审查外国仲裁裁决的效力，除非裁决内容明显违背了我国社会公共利益或者争议不具有可仲裁性。故 A 项错误。

根据 1958 年联合国《纽约公约》第 5 条的规定：①只有在请求承认和执行裁决中的被诉人向请求地管辖机关证明有下列情形之一时，才可以根据被诉人的请求，拒绝承认和执行裁决：（a）《纽约公约》第 2 条所称协议的双方当事人，根据对他们适用的法律，当时是处于某种无能为力的情况下；或者根据双方当事人选定适用的法律，或在没有这种选定的时候，根据仲裁地所在国的法律，上述协议是无效的。（b）请求承认和执行裁决中的被诉人，因没有收到有关指派仲裁员或者进行仲裁程序的适当通知，或者由于其他情况，未能申辩。（c）裁决涉及仲裁协议所没有提到的或不包括在仲裁协议规定之内的争执，或者裁决内含有对仲裁协议范围以外事项的决定；但是，如果可以将仲裁协议范围以内事项的决定同仲裁协议范围以外事项的决定分开，则这一部分的决定仍然可以承认和执行。（d）仲裁庭的组成或仲裁程序同当事人间的协议不符，或者当事人间没有这种协议而同仲裁地所在国的法律不符。（e）仲裁对当事人还没有约束力，或者仲裁已经被仲裁地所在国或裁决据以进行的那个缔约的指定国的管辖机关撤销或命令停止执行。②裁决被请求承认和执行的管辖机关如果查明有下列情形之一，也可以拒绝承认和执行裁决：（a）争执的事项，依照这个国家的法律，不可以用仲裁方式解决；（b）承认或执行裁决将和这个国家的公共秩序相抵触。所以，《纽约公约》第 5 条规定的拒绝承认和执行外国仲裁裁决的理由是穷尽性的。故 B 项正确。

如该裁决内含有对仲裁协议范围以外事项的决定，则法院应当对超出协议范围的部分拒绝承认和执行，而不是全部拒绝承认和执行。故 C 项错误。

根据中国加入《纽约公约》时的保留，中国只承认在其他缔约国领土内作出的商事仲裁裁决，并没有对侵权性质的案件予以保留。故 D 项错误。

参考答案 B

要点凝练

（1）我国法院原则上无权主动审查外国仲裁裁决的效力，除非裁决内容明显违背了我国社会公共利益或争议不具有可仲裁性；

（2）《纽约公约》第5条规定的拒绝承认和执行外国仲裁裁决的理由是穷尽性的；

（3）法院可以对仲裁裁决部分执行；

（4）中国只承认仲裁地在《纽约公约》缔约国境内作出的商事仲裁裁决。

34 专题 我国关于国际民事案件的管辖权规定

161. 中国甲公司和新加坡乙公司就某货物签订了买卖合同，买卖合同以中文文本订立，双方约定管辖法院为中国公司所在地的基层法院。现双方就合同履行发生争议。关于该纠纷的法律适用和管辖，下列哪些选项是正确的？（2023-回忆版-多）

A. 双方争议的买卖合同中的标的额会影响协议选择管辖法院的效力

B. 如买卖合同中约定选择适用新加坡的相关法律，则应当适用新加坡国内法，即使该国是1980年《联合国国际货物销售合同公约》的缔约国

C. 如双方未选择合同适用的法律，则应根据最密切联系原则确定所适用的法律

D. 双方未约定合同适用的法律，但约定由中国法院管辖，且合同是中文的，应适用中国法

考点提示 涉外民商事案件的管辖权；涉外合同的法律适用

选项解析 涉外民事纠纷的当事人订立书面协议选择人民法院管辖的，可以由人民法院管辖。选择中国法院管辖的，不得违反《民事诉讼法》关于级别管辖和专属管辖的规定。2023年1月1日开始施行的《最高人民法院关于涉外民商事案件管辖若干问题的规定》中，专门规定了标的额和审级的联系。故A项正确。

1980年《联合国国际货物销售合同公约》具有任意性，虽然中、新两国均为公约缔约国，但双方当事人仍可以在合同中再选择适用其他

法律以排除公约的适用。故B项正确。

《涉外民事关系法律适用法》第41条规定："当事人可以协议选择合同适用的法律。当事人没有选择的，适用履行义务最能体现该合同特征的一方当事人经常居所地法律或者其他与该合同有最密切联系的法律。"故C项正确，D项错误。

参考答案 ABC

要点凝练

（1）2023年1月1日开始施行的《最高人民法院关于涉外民商事案件管辖若干问题的规定》。

（2）当事人可以协议选择合同适用的法律。当事人没有选择的，适用履行义务最能体现该合同特征的一方当事人经常居所地法律或者其他与该合同有最密切联系的法律。

162. 中国甲公司与英国乙公司签订了在渤海湾勘探开发海底石油资源的合同。关于该合同履行过程中产生的法律纠纷，下列说法正确的有：（2021-回忆版-多）

A. 如果是通过诉讼方式解决该纠纷，只能在我国法院提起诉讼

B. 因该合同在海上履行，该纠纷可适用《联合国海洋法公约》

C. 两公司可约定将纠纷提交新加坡国际仲裁中心仲裁解决

D. 两公司可协议选择由英国法院审理此案

考点提示 诉讼与仲裁

选项解析 根据《民事诉讼法》第 279 条第 3 项的规定，因在中国境内履行中外合资经营企业合同、中外合作经营企业合同、中外合作勘探开发自然资源合同发生纠纷提起的诉讼，由中国法院专属管辖。故 A 项正确，D 项错误。

《联合国海洋法公约》调整的是国际法主体之间就海洋权益产生的纠纷，甲、乙公司之间的纠纷不能适用该公约。故 B 项错误。

仲裁作为不同于诉讼的另一种争议解决方式，首先需要由当事人选择一个确定的仲裁机构，但是仲裁机构的选择无需遵照诉讼中的级别管辖和地域管辖规则。有涉外因素的民商事争议，双方当事人既可以选择由中国的仲裁机构审理，也可以选择由外国的仲裁机构审理。故 C 项正确。

参考答案 AC

要点凝练

（1）在中国境内履行的"三资"合同，由中国法院专属管辖；

（2）《联合国海洋法公约》调整的是国际法主体之间就海洋权益产生的纠纷；

（3）涉外案件可以选择由国内仲裁机构审理，也可以选择由外国仲裁机构审理。

163. 中国甲公司与 B 国乙公司签订买卖合同，约定合同纠纷由 B 国 X 市法院管辖，适用中国民事诉讼法。后两公司签订补充协议，约定就合同纠纷也可以申请仲裁，选择的仲裁机构为中国国际经济贸易仲裁委员会（以下简称"中国贸仲委"），适用 Y 国仲裁规则仲裁。现双方就合同履行发生纠纷，下列说法正确的有：（2021-回忆版-多）

A. 可以由 B 国 X 市法院适用中国民事诉讼法管辖

B. 可以由 B 国 X 市法院适用 B 国民事诉讼法

管辖

C. 可以由中国贸仲委适用 Y 国仲裁规则仲裁

D. 可以由中国贸仲委适用中国仲裁规则仲裁

考点提示 涉外普通协议管辖；《中国国际经济贸易仲裁委员会仲裁规则》

选项解析 涉外合同可以选择由外国法院管辖，但是诉讼程序属于公法，应适用管辖国的民事诉讼法。故 A 项错误，B 项正确。

涉外合同也可以选择仲裁解决方式。根据《中国国际经济贸易仲裁委员会仲裁规则》第 4 条第 2、3 项的规定，凡当事人约定将争议提交仲裁委员会仲裁的，均视为同意按照本规则进行仲裁。当事人约定适用其他仲裁规则或约定对本规则有关内容进行变更的，从其约定，但其约定无法实施或与仲裁程序适用法强制性规定相抵触者除外。故 C 项正确，D 项错误。

参考答案 BC

要点凝练

（1）诉讼程序属于公法，应适用管辖国的民事诉讼法；

（2）当事人约定将争议提交仲裁委员会仲裁的，视为同意按照《中国国际经济贸易仲裁委员会仲裁规则》进行仲裁。

164. 上海的谭某和浙江的温某在上海结婚，婚后谭某定居美国旧金山。温某向上海某法院起诉离婚，谭某以美国旧金山法院已在 3 个月前受理其离婚诉讼，且自己已定居美国为由，主张中国法院无管辖权。根据中国相关法律的规定及司法实践，下列说法不正确的有：（2020-回忆版-多）

A. 不管美国法院是否有管辖权，中国法院均有管辖权，且不受美国法院判决的影响

B. 中国法院有专属管辖权

C. 中国法院应中止审理，根据美国法院审判结果再行决定

D. 中国法院无管辖权，应裁定不予受理

考点提示 涉外民事诉讼的管辖

选项解析 《民诉解释》第15条规定："中国公民一方居住在国外，一方居住在国内，不论哪一方向人民法院提起离婚诉讼，国内一方住所地人民法院都有权管辖。国外一方在居住国法院起诉，国内一方向人民法院起诉的，受诉人民法院有权管辖。"即只要与中国有实际联系的地点在中国领域内，中国法院都有管辖权。故 A 项正确，不当选；C、D 项错误，当选。

涉外离婚案件不属于中国法院专属管辖的案件。故 B 项错误，当选。

参考答案 BCD

要点凝练

我国对涉外民事诉讼案件，采用"沾边就管"的原则。

165. 中国甲公司和美国乙公司签订 1 亿美元标的额的买卖合同，合同约定纠纷由国际商事法庭管辖。关于本案，下列说法不正确的有：（2019-回忆版-多）

A. 国际商事法庭可以调解书结案

B. 国际商事法庭作出的判决，败诉方不能上诉

C. 若双方达成合意，国际商事法庭可以用英文进行案件的审理

D. 因为违反级别管辖，合同中选择国际商事法庭的约定无效

考点提示 《设立国际商事法庭规定》

选项解析 《最高人民法院关于设立国际商事法庭若干问题的规定》（以下简称《设立国际商事法庭规定》）第13条规定："经国际商事专家委员会成员或者国际商事调解机构主持调解，当事人达成调解协议的，国际商事法庭可以依照法律规定制发调解书；当事人要求发给判决书的，可以依协议的内容制作判决书送达当事人。"故 A 项正确，不当选。

《设立国际商事法庭规定》第15条第 1 款规定："国际商事法庭作出的判决、裁定，是发生法律效力的判决、裁定。"故 B 项正确，

不当选。

根据《民事诉讼法》第11条第 2 款的规定，人民法院应使用当地民族通用的语言进行案件的审理。故 C 项错误，当选。

根据《设立国际商事法庭规定》第 2 条第 1 项的规定，国际商事法庭受理的案件包括当事人依照《民事诉讼法》第 277 条的规定协议选择最高人民法院管辖且标的额为人民币 3 亿元以上的第一审国际商事案件。本案的标的额为 1 亿美元，换算成人民币在 3 亿元以上。故 D 项错误，当选。

参考答案 CD

要点凝练

（1）国际商事法庭管辖案件的标的额为人民币 3 亿元以上且当事人协议选择最高人民法院商事法庭管辖；

（2）国际商事法庭可以调解书结案，也可以判决书结案；

（3）国际商事法庭一审终审。

166. 希腊甲公司与中国乙公司签订许可协议，授权其在亚洲地区独占使用其某项发明专利，许可期限 10 年，标的额 3.68 亿元，协议约定纠纷由中国最高院国际商事法庭管辖。协议履行到第 5 年时，因希腊甲公司又授予荷兰丙公司同样的独占许可，中国乙公司向国际商事法庭起诉希腊甲公司。关于本案，下列说法正确的是：（2019-回忆版-单）

A. 对国际商事法庭判决不服的，可以在最高院本部申请再审

B. 有丰富经验的希腊法学家西蒙可以被国际商事法庭遴选为法官参与本案的审理

C. 如果双方无异议，希腊文字的证据材料无须提交中文译本

D. 在希腊获得的证据经公证和认证即可直接采用

考点提示 《设立国际商事法庭规定》

选项解析 《设立国际商事法庭规定》第 16 条第 1 款规定："当事人对国际商事法庭作出的已经发生法律效力的判决、裁定和调解书，可以依照民事诉讼法的规定向最高人民法院本部申请再审。"故 A 项正确。

国际商事法庭法官由最高院在具有丰富审判工作经验，熟悉国际条约、国际惯例以及国际贸易投资实务，能够同时熟练运用中文和英文作为工作语言的资深法官中选任。另外，《法官法》第 12 条规定了法官的任职条件，第 1 款第 1 项即是"具有中华人民共和国国籍"。故 B 项错误。

《设立国际商事法庭规定》第 9 条第 2 款规定："当事人提交的证据材料系英文且经对方当事人同意的，可以不提交中文翻译件。"而"希腊文字"的证据材料不满足该款规定的条件。故 C 项错误。

《设立国际商事法庭规定》第 9 条第 1 款规定："当事人向国际商事法庭提交的证据材料系在中华人民共和国领域外形成的，不论是否已办理公证、认证或者其他证明手续，均应当在法庭上质证。"故 D 项错误。

参考答案 A

要点凝练

（1）国际商事法庭一审终审，对判决不服的，最多只能向最高院本部申请再审；

（2）国际商事法庭的法官必须具有中国国籍；

（3）当事人提交的证据材料系英文且经对方当事人同意的，可以不提交中文翻译件；

（4）域外证据均应当当庭质证。

167. 俄罗斯公民萨沙来华与中国公民韩某签订一份设备买卖合同。后因履约纠纷韩某将萨沙诉至中国某法院。经查，萨沙在中国境内没有可供扣押的财产，亦无居所；该套设备位于中国境内。关于本案的管辖权与法律适用，依中国法律规定，下列哪一选项是正确的？（2016/1/38-单）

A. 中国法院没有管辖权

B. 韩某可在该套设备所在地或合同签订地法院起诉

C. 韩某只能在其住所地法院起诉

D. 萨沙与韩某只能选择适用中国法或俄罗斯法

考点提示 涉外民事案件的管辖；涉外合同的法律适用

选项解析 《民事诉讼法》第 276 条第 1 款规定："因涉外民事纠纷，对在中华人民共和国领域内没有住所的被告提起除身份关系以外的诉讼，如果合同签订地、合同履行地、诉讼标的物所在地、可供扣押财产所在地、侵权行为地、代表机构住所地位于中华人民共和国领域内的，可以由合同签订地、合同履行地、诉讼标的物所在地、可供扣押财产所在地、侵权行为地、代表机构住所地人民法院管辖。"本案中，该套设备所在地位于中国，因此，中国法院具有管辖权。故 A、C 项错误，B 项正确。

《涉外民事关系法律适用法》第 41 条规定："当事人可以协议选择合同适用的法律。当事人没有选择的，适用履行义务最能体现该合同特征的一方当事人经常居所地法律或者其他与该合同有最密切联系的法律。"本案中，韩某与萨沙的买卖合同纠纷，当事人可以选择适用与合同有最密切联系的法律。故 D 项错误。

参考答案 B

要点凝练

（1）因涉外民事纠纷，对在中国领域内没有住所的被告提起除身份关系以外的诉讼，沾边就管（合同签订地、合同履行地、诉讼标的物所在地、可供扣押财产所在地、侵权行为地或代表机构住所地法院）。

（2）涉外合同的法律适用，首先允许当事人协议；当事人无协议的，适用最密切联系地法。

168. 英国人施密特因合同纠纷在中国法院涉诉。关于该民事诉讼，下列哪一选项是正确的？（2015/1/39-单）

A. 施密特可以向人民法院提交英文书面材料，无需提供中文翻译件

B. 施密特可以委托任意一位英国出庭律师以公民代理的形式代理诉讼

C. 如施密特不在中国境内，英国驻华大使馆可以授权本馆官员为施密特聘请中国律师代理诉讼

D. 如经调解双方当事人达成协议，人民法院已制发调解书，但施密特要求发给判决书，应予拒绝

考点提示 《民诉解释》中关于外国人在中国参加民事诉讼的规定

选项解析 《民诉解释》第525条规定："当事人向人民法院提交的书面材料是外文的，应当同时向人民法院提交中文翻译件。当事人对中文翻译件有异议的，应当共同委托翻译机构提供翻译文本；当事人对翻译机构的选择不能达成一致的，由人民法院确定。"因此，施密特必须向人民法院提交中文翻译件。故A项错误。

《民诉解释》第526条规定："涉外民事诉讼中的外籍当事人，可以委托本国人为诉讼代理人，也可以委托本国律师以非律师身份担任诉讼代理人；……"但如果施密特委托的外籍诉讼代理人根据中国《民事诉讼法》的规定，需要回避，则不被允许。因此，并非可以委托任意一位英国出庭律师。故B项错误。

《民诉解释》第527条规定："涉外民事诉讼中，外国驻华使领馆授权其本馆官员，在作为当事人的本国国民不在中华人民共和国领域内的情况下，可以以外交代表身份为其本国国民在中华人民共和国聘请中华人民共和国律师或者中华人民共和国公民代理民事诉讼。"故C项正确。

《民诉解释》第528条规定："涉外民事诉讼中，经调解双方达成协议，应当制发调解书，

当事人要求发给判决书的，可以依协议的内容制作判决书送达当事人。"故D项错误。

参考答案 C

✎ 要点凝练

（1）当事人向人民法院提交的书面材料是外文的，应同时提交中文翻译件。

（2）外国当事人在中国境内参加诉讼，如聘请律师，则应遵守中国法律的有关规定。

（3）涉外民事诉讼中，经调解双方达成协议，应当制发调解书。当事人要求发给判决书的，可以制作判决书。

169. 甲国某航空公司在中国设有代表处，其一架飞机从中国境内出发，经停甲国后前往乙国，在乙国发生空难。关于乘客向航空公司索赔的诉讼管辖和法律适用，根据中国相关法律，下列哪些表述是正确的？（2013/1/78-多）

A. 中国法院对该纠纷具有管辖权

B. 中国法律并不限制乙国法院对该纠纷行使管辖

C. 即使甲国法院受理了该纠纷，中国法院仍有权就同一诉讼行使管辖权

D. 如中国法院受理该纠纷，应适用受害人本国法确定损害赔偿数额

考点提示 涉外民事案件的管辖；涉外合同的法律适用

选项解析 《民事诉讼法》第276条第1款对涉外民事诉讼管辖有如下规定："因涉外民事纠纷，对在中华人民共和国领域内没有住所的被告提起除身份关系以外的诉讼，如果合同签订地、合同履行地、诉讼标的物所在地、可供扣押财产所在地、侵权行为地、代表机构住所地位于中华人民共和国领域内的，可以由合同签订地、合同履行地、诉讼标的物所在地、可供扣押财产所在地、侵权行为地、代表机构住所地人民法院管辖。"本案中，乘客和航空公司

之间属于合同纠纷，甲国某航空公司在中国设有代表处。故 A 项正确。

本案并不属于专属管辖案件，所以中国法律并不限制乙国法院对该纠纷行使管辖权。故 B 项正确。

人民法院已确定<u>不予认可</u>民事判决的，申请人不得再提出认可申请，<u>但可以就同一案件事实向人民法院起诉</u>。甲国法院受理该纠纷并不影响中国法院对此诉讼行使管辖权。故 C 项正确。

损害赔偿数额一般均依据合同双方的约定确定；无约定的，则按照<u>最密切联系原则</u>确定，并非一定适用受害人本国法确定损害赔偿数额。故 D 项错误。

参考答案 ABC

要点凝练

（1）因涉外民事纠纷，对在中国领域内没有住所的被告提起除身份关系以外的诉讼，沾边就管。

（2）涉外合同，首先允许当事人意思自治，协议选择适用的法律；没有协议的，适用最密切联系地的法律。

---

170. 依据现行的司法解释，我国法院受理对在我国享有特权与豁免的主体起诉的民事案件，须按法院内部报告制度，报请最高人民法院批准。对此，下列表述正确的是：（2008/1/99-任）

A. 在我国享有特权与豁免的主体若为民事案件中的第三人，该报告制度不适用

B. 若在我国享有特权与豁免的主体在我国从事商业活动，则对其作为被告的民事案件的受理无需适用上述报告制度

C. 对外国驻华使馆的外交官作为原告的民事案件，其受理不适用上述报告制度

D. 若被告是临时来华的联合国官员，则对其作为被告的有关的民事案件的受理不适用上述报告制度

考点提示 《最高人民法院关于人民法院受理涉及特权与豁免的民事案件有关问题的通知》

选项解析 《最高人民法院关于人民法院受理涉及特权与豁免的民事案件有关问题的通知》规定："凡以下列在中国享有特权与豁免的主体为被告、第三人向人民法院起诉的民事案件，人民法院应在决定受理之前，报请本辖区<u>高级人民法院</u>审查；高级人民法院同意受理的，应当将其审查意见报<u>最高人民法院</u>。在最高人民法院答复前，一律暂不受理。……②外国驻中国使馆和使馆人员；……⑪联合国系统组织驻中国的代表机构和人员；⑫其他在中国享有特权与豁免的主体。"可知，A、B、D 项都属于应适用报告制度的情形，均表述错误。C 项是以原告身份参加民事诉讼，不适用该报告制度，表述正确。

参考答案 C

要点凝练

如果以在中国境内享有特权和豁免的主体为被告或第三人向法院起诉，则应逐级上报至最高院；最高院答复前，一律暂不受理。

域外送达与域外取证 专题 35

171. 蒙古公民高娃因民事纠纷在蒙古某法院涉诉。因高娃在北京居住，该蒙古法院欲通过蒙古驻华使馆将传票送达高娃，并向其调查取证。依中国法律规定，下列哪一选项是正确的？（2016/1/39-单）

A. 蒙古驻华使馆可向高娃送达传票

B. 蒙古驻华使馆不得向高娃调查取证

C. 只有经中国外交部同意后，蒙古驻华使馆才能向高娃送达传票

D. 蒙古驻华使馆可向高娃调查取证并在必要时采取强制措施

考点提示 域外送达；域外取证

选项解析 《最高人民法院、外交部、司法部关于我国法院和外国法院通过外交途径相互委托送达法律文书若干问题的通知》第2条规定："外国驻华使、领馆可以直接向其在华的**本国国民送达法律文书，但不得损害我国主权和安全，不得采取强制措施**。……"蒙古驻华使馆可直接向高娃送达传票，而无须外交部同意。故A项正确，C项错误。

《关于从国外调取民事或商事证据的公约》（又称《海牙取证公约》）第15条规定："在民事或商事案件中，每一缔约国的外交官员或领事代表在另一缔约国境内其执行职务的区域内，可以向他所代表的国家的国民在不采取强制措施的情况下调取证据，以协助在其代表的国家的法院中进行的诉讼。缔约国可以声明，外交官员或领事代表只有在自己或其代表向声明国指定的适当机关递交了申请并获得允许后才能调取证据。"蒙古驻华使馆可向高娃调查取证，但不得采取强制措施。故B、D项错误。

参考答案 A

✑ 要点凝练

　　外国驻华使、领馆可以直接向其在华的本国国民送达法律文书、调查取证，但不得采取强制措施。

172. 中国与甲国均为《关于从国外调取民事或商事证据的公约》的缔约国，现甲国法院因审理一民商事案件，需向中国请求调取证据。根据该公约及我国相关规定，下列哪一说法是正确的？（2014/1/39-单）

A. 甲国法院可将请求书交中国司法部，请求代为取证

B. 中国不能以该请求书不属于司法机关职权范围为由拒绝执行

C. 甲国驻中国领事代表可在其执行职务范围内，向中国公民取证，必要时可采取强制措施

D. 甲国当事人可直接在中国向有关证人获取证人证言

考点提示 《海牙取证公约》

选项解析 1997年7月3日，第八届全国人民代表大会常务委员会第二十六次会议决定，中华人民共和国加入1970年3月18日订于海牙的《海牙取证公约》，1997年12月8日交存加入书。同时：①根据公约第2条，指定中华人民共和国司法部为负责接收来自另一缔约国司法机关的请求书，并将其转交给执行请求的主管机关的中央机关；②根据公约第23条声明，对于普通法国家旨在进行审判前文件调查的请求书，仅执行已在请求书中列明并与案件有直接密切联系的文件的调查请求；③根据公约第33条声明，除第15条以外，不适用公约第二章的规定。故A项正确。

《海牙取证公约》第12条规定："只有在下列情况下，才能拒绝执行请求书：①在执行国，该请求书的执行不属于司法机关的职权范围；或②被请求国认为，请求书的执行将会损害其主权和安全。执行国不能仅因其国内法已对该项诉讼标的规定专属管辖权或不承认对该事项提起诉讼的权利为理由，拒绝执行请求。"因此，中国可以以该请求书不属于司法机关职权范围为由拒绝执行。故B项错误。

《海牙取证公约》第15条规定："在民事或商事案件中，每一缔约国的外交官员或领事代表在另一缔约国境内其执行职务的区域内，可以向他所代表的国家的国民在不采取强制措施的情况下调取证据，以协助在其代表的国家的法院中进行的诉讼。缔约国可以声明，外交官员或领事代表只有在自己或其代表向声明国指定的适当机关递交了申请并获得允许后才能调取证据。"因此，甲国驻中国领事代表可在

其执行职务范围内，向甲国公民取证，但不可以采取强制措施。故 C 项错误。

当事人或诉讼代理人自行取证，这种方式主要存在于一些普通法国家，尤其是美国。大多数国家对此种取证方式采取反对态度。根据我国有关规定，未经我国主管机关准许，任何外国当事人或其诉讼代理人都不得在我国境内自行取证。因此，当事人不可直接在我国向有关证人获取证人证言。故 D 项错误。

参考答案 A

要点凝练

(1)《海牙取证公约》规定的外国向我国取证的途径：外国法院→司法部→最高人民法院→有关人民法院；

(2) 执行国可以以请求书的执行不属于司法机关的职权范围拒绝执行该请求；

(3) 外国驻华使、领馆可以直接向其在华的本国国民调查取证，但不得采取强制措施；

(4) 我国不认可自行取证和特派员取证。

173. 中国某法院审理一起涉外民事纠纷，需要向作为被告的外国某公司进行送达。根据《关于向国外送达民事或商事司法文书和司法外文书公约》（海牙《送达公约》）、中国法律和司法解释，关于该案件的涉外送达，法院的下列哪一做法是正确的？（2013/1/39-单）

A. 应首先按照海牙《送达公约》规定的方式进行送达

B. 不得对被告采用邮寄送达方式

C. 可通过中国驻被告所在国使领馆向被告进行送达

D. 可通过电子邮件方式向被告送达

考点提示 域外送达

选项解析《最高人民法院关于依据国际公约和双边司法协助条约办理民商事案件司法文书送达和调查取证司法协助请求的规定》第 1 条规定："人民法院应当根据便捷、高效的原则确定依据海牙送达公约、海牙取证公约，或者双边民事司法协助条约，对外提出民商事案件司法文书送达和调查取证请求。"可知，目前已经不再强调双边条约优先，而是依据"便捷、高效"的原则进行送达。故 A 项错误。

邮寄送达只要对方国家允许就可以。故 B 项错误。

采用使领馆送达方式要求被告是中国人，而本案中作为被告的外国某公司不具有中国国籍。故 C 项错误。

只要采取电子邮件送达方式能够为对方确认知悉即可。故 D 项正确。

参考答案 D

要点凝练

(1) 不再强调"双边条约"优先原则，而是依据"便捷、高效"的原则进行送达；

(2) 邮寄送达必须首先经对方国家允许；

(3) 使领馆方式送达，只能针对本国公民。

174. 甲国人格里为中国境内某中外合资企业的控股股东。2009 年因金融危机该企业出现财务困难，格里于 6 月回国后再未返回，尚欠企业员工工资及厂房租金和其他债务数万元。中国与甲国均为《海牙取证公约》缔约国，依我国相关法律规定，下列哪一选项是正确的？（2009/1/37-单）

A. 因格里已离开中国，上述债务只应由合资企业的中方承担清偿责任

B. 中国有关主管部门在立案后可向甲国提出引渡格里的请求

C. 中方当事人可在中国有管辖权的法院对格里申请立案

D. 中方当事人的诉讼代理人可请求甲国主管机关代为调取有关格里的证据

考点提示 外资非正常撤离中国相关利益方跨国追究与诉讼的问题；引渡；域外取证

选项解析 根据公司法及《外资非正常撤离中国相关利益方跨国追究与诉讼工作指引》第3条的有关规定，外方投资者非正常撤离后，仍应与中方投资者对公司债务承担连带清偿责任。故A项错误。

引渡是针对刑事犯罪嫌疑人或罪犯适用的制度，在民商事领域不能适用。故B项错误。

《外资非正常撤离中国相关利益方跨国追究与诉讼工作指引》第2条规定，外资非正常撤离事件发生后，中方当事人要及时向有关司法主管部门（法院或侦查机关）申请民商事或刑事案件立案。根据案件具体情况，各主管部门可根据各自系统内工作程序及我国和相应国家签订的《民商事司法协助条约》或《刑事司法协助条约》，通过条约规定的中央机关在本国向外方提出司法协助请求。外方根据所缔结

条约有义务向中方提供司法协助（如向位于该国的诉讼当事人送达传票、起诉书等司法文书，调取相关证据，协助调查涉案人员和资金的下落，搜查扣押相关物品等）。本案中，甲国人格里回国后未返回，中方当事人可向国内有管辖权的法院对格里申请立案。故C项正确。

我国的域外取证方式有代为取证和领事取证，而不能由当事人自行向外国主管机关申请。故D项错误。

参考答案 C

📝 要点凝练

（1）外方投资者非正常撤离后，仍应与中方投资者对公司债务承担连带清偿责任；

（2）引渡是国际刑事司法协助行为，不能适用于民商事领域；

（3）我国不承认当事人自行取证的方式。

---

 36 专题 外国法院判决的承认和执行

175. 甲国A公司和中国B公司合资设立住所地在中国C区的D公司，双方在合资合同中约定争议由甲国法院管辖。后A、B公司就合营合同的履行发生争议，A公司诉至甲国某法院。中国B公司未出庭也未作出任何回应，甲国法院作出缺席审判。现甲国A公司向中国某法院申请承认和执行该甲国法院判决。关于本案，下列说法正确的有：（2019-回忆版-多）

A. 中国法院有权以专属管辖为由拒绝承认该甲国法院判决

B. 双方对管辖权条款的约定有效

C. 甲国法院无权审理此案

D. 如双方在合同中约定争议由中国国际经济

贸易仲裁委员会华南分会仲裁，该约定有效

考点提示 专属管辖；外国法院判决的承认和执行；仲裁与诉讼的关系

选项解析 根据《民事诉讼法》第279条对专属管辖的规定，因在中国领域内履行中外合资经营企业合同、中外合作经营企业合同、中外合作勘探开发自然资源合同发生纠纷提起的诉讼，由中国法院管辖，不可以协议选择外国法院管辖。所以，甲国法院作出的判决，中国法院可以拒绝承认和执行。故A、C项正确。

本案应由中国法院专属管辖。故B项错误。专属管辖并不限制仲裁。故D项正确。

参考答案 ACD

要点凝练

> （1）在中国境内履行的"三资"合同，由中国法院专属管辖；
>
> （2）专属管辖可以成为拒绝承认和执行外国法院判决的理由；
>
> （3）专属管辖不限制仲裁。

176. 当事人欲将某外国法院作出的民事判决申请中国法院承认和执行。根据中国法律，下列哪一选项是错误的？（2012/1/39-单）

A. 该判决应向中国有管辖权的法院申请承认和执行

B. 该判决应是外国法院作出的发生法律效力的判决

C. 承认和执行该判决的请求须由该外国法院向中国法院提出，不能由当事人向中国法院提出

D. 如该判决违反中国的公共利益，中国法院不予承认和执行

考点提示 外国法院判决的承认和执行

选项解析 《民事诉讼法》第298条规定："外国法院作出的发生法律效力的判决、裁定，需要人民法院承认和执行的，可以由当事人直接向有管辖权的中级人民法院申请承认和执行，也可以由外国法院依照该国与中华人民共和国缔结或者参加的国际条约的规定，或者按照互惠原则，请求人民法院承认和执行。"故 A 项正确，不当选；C 项错误，当选。

《民事诉讼法》第299条规定："人民法院对申请或者请求承认和执行的外国法院作出的发生法律效力的判决、裁定，依照中华人民共和国缔结或者参加的国际条约，或者按照互惠原则进行审查后，认为不违反中华人民共和国法律的基本原则且不损害国家主权、安全、社会公共利益的，裁定承认其效力；需要执行的，发出执行令，依照本法的有关规定执行。"故 B、D 项正确，不当选。

参考答案 C

 要点凝练

> （1）外国法院判决承认和执行程序的启动可以由当事人申请，也可以由外国法院申请。
>
> （2）承认和执行外国法院判决的前提条件：①两国有条约或互惠关系；②外国法院审判程序无瑕疵；③与我国正在进行的诉讼不冲突；④不违背我国的公共秩序。

177. 外国公民张女士与旅居该国的华侨王先生结婚，后因感情疏离，张女士向该国法院起诉离婚并获得对其有利的判决，包括解除夫妻关系，以及夫妻财产分割和子女抚养等内容。该外国与中国之间没有司法协助协定。张女士向中国法院申请承认该离婚判决，王先生随后在同一中国法院起诉与张女士离婚。根据我国法律和司法解释，下列哪一选项是错误的？（2008/1/40-单）

A. 中国法院应依《最高人民法院关于中国公民申请承认外国法院离婚判决程序问题的规定》决定是否承认该判决中解除夫妻身份关系的内容

B. 中国法院应依前项司法解释决定是否执行该判决中解除夫妻身份关系之外的内容

C. 若张女士的申请被驳回，她就无权再提出承认该判决的申请，但可另行向中国法院起诉离婚

D. 中国法院不应受理王先生的离婚起诉

考点提示 《最高人民法院关于中国公民申请承认外国法院离婚判决程序问题的规定》

选项解析 根据《最高人民法院关于中国公民申请承认外国法院离婚判决程序问题的规定》（以下简称《承认外国离婚判决程序规定》）的规定，即使作出离婚判决的外国法院所属国和我国之间没有相互承认和执行法院判决的双边司法协助协议或互惠关系，中国籍当事人仍然有权根据本司法解释向法院提出承认和执行

该外国法院的离婚判决的申请。符合条件的，我国法院应当执行，但仅以该外国法院判决中解除夫妻身份关系的内容为限。故 A 项正确，不当选；B 项错误，当选。不过本题 A 项表述不严谨，题干中提出申请的张女士是外国公民，因此，我国法院应依《承认外国离婚判决程序规定》的规定确定是否承认该外国法院的离婚判决。由于本题为单选，如果多个选项都有问题，应选最佳选项，故 B 项当选。

《承认外国离婚判决程序规定》第 22 条规定："申请人的申请被驳回后，不得再提出申请，但可以另行向人民法院起诉离婚。"故 C 项正确，不当选。

《承认外国离婚判决程序规定》第 19 条规定："人民法院受理承认外国法院离婚判决的

申请后，对方当事人向人民法院起诉离婚的，人民法院不予受理。"故 D 项正确，不当选。

参考答案 B

🖋 要点凝练

（1）对外国法院作出的离婚判决，中国籍当事人依我国相关司法解释提出请求，符合条件的，只承认执行该外国判决中解除夫妻身份关系的内容；

（2）人民法院受理承认外国法院离婚判决的申请后，对方当事人向人民法院起诉离婚的，人民法院不予受理；

（3）申请人的申请被驳回后，不得再提出申请，但可以另行向人民法院起诉离婚。

区际司法协助 第12讲

应试指导

我国属于"复合法域国家"，或称"多法域国家"，这种不同法域之间产生的法律冲突被称为区际法律冲突。本讲主要涉及中国内地与香港、澳门特别行政区以及台湾地区之间的送达和取证，以及中国内地与香港、澳门特别行政区，台湾地区之间相互执行法院判决与仲裁裁决等问题。考生应准确熟悉、掌握各项区际司法协助安排的内容及相关规则。

区际文书送达与区际调取证据 专题

178. 内地居民王某在深圳市南山区法院诉香港特别行政区的刘某，在向刘某送达传票和调取证据的表述中，下列哪些选项是正确的？（2023-回忆版-多）

A. 南山区法院可委托香港特别行政区政务司行政署调取证据

B. 南山区法院应通过广东省高院委托香港特别行政区高等法院送达传票

C. 受托人在香港特别行政区调取证据过程中的一般性开支由南山区法院支付

D. 在南山区法院作出判决后，王某可向香港特别行政区高等法院申请认可和执行判决

考点提示 涉港文书委托送达与涉港调取证据

选项解析 《最高人民法院关于内地与香港特别行政区法院就民商事案件相互委托提取证据的安排》第2条第1款规定："双方相互委托提取证据，须通过各自指定的联络机关进行。其中，

内地指定各高级人民法院为联络机关；香港特别行政区指定香港特别行政区政府政务司司长办公室辖下行政署为联络机关。"因此，南山区法院不可直接委托香港特别行政区政务司行政署调取证据，需通过高院进行。故A项错误。

《最高人民法院关于内地与香港特别行政区法院相互委托送达民商事司法文书的安排》第2条规定："双方委托送达司法文书，均须通过各高级人民法院和香港特别行政区高等法院进行。最高人民法院司法文书可以直接委托香港特别行政区高等法院送达。"南山区法院通过广东省高院委托香港特别行政区高等法院送达传票正确。故B项正确。

《最高人民法院关于内地与香港特别行政区法院就民商事案件相互委托提取证据的安排》第9条第1款规定："受委托方因执行受托事项产生的一般性开支，由受委托方承担。"受托人在香港特别行政区调取证据过程中的一

般性开支由受托方支付。故 C 项错误。

《最高人民法院、香港特别行政区政府关于内地与香港特别行政区法院相互认可和执行民商事案件判决的安排》（以下简称《内地与香港认执民商事案件判决安排》）第 7 条第 1 款规定："申请认可和执行本安排规定的判决：①在内地，向申请人住所地或者被申请人住所地、财产所在地的中级人民法院提出；②在香港特别行政区，向高等法院提出。"王某向香港特别行政区高等法院申请认可执行判决正确。故 D 项正确。

参考答案 BD

要点凝练

（1）涉港委托送达司法文书和调取证据的内地联络机关均为内地高院；

（2）涉港调取证据的香港联络机关为香港特别行政区政务司行政署，委托送达司法文书的联络机关为香港特别行政区高等法院；

（3）涉港判决承认和执行中，香港特别行政区有管辖权的法院为香港特别行政区高等法院。

179. 内地某中级法院审理一起涉及澳门特别行政区企业的商事案件，需委托澳门特别行政区法院进行司法协助。关于该司法协助事项，下列哪些表述是正确的？（2013/1/79-多）

A. 该案件司法文书送达的委托，应通过该中级法院所属高级法院转交澳门特别行政区终审法院

B. 澳门特别行政区终审法院有权要求该中级法院就其中文委托书提供葡萄牙语译本

C. 该中级法院可以请求澳门特别行政区法院协助调取与该案件有关的证据

D. 在受委托方法院执行委托调取证据时，该中级法院司法人员经过受委托方允许可以出席并直接向证人提问

考点提示 2001 年《最高人民法院关于内地与澳门特别行政区法院就民商事案件相互委托送达司法文书和调取证据的安排》（现已失效）；2020 年《最高人民法院关于修改〈关于内地与澳门特别行政区法院就民商事案件相互委托送达司法文书和调取证据的安排〉的决定》

选项解析 2001 年《最高人民法院关于内地与澳门特别行政区法院就民商事案件相互委托送达司法文书和调取证据的安排》（现已失效）第 2 条第 1 款规定："双方相互委托送达司法文书和调取证据，均须通过各高级人民法院和澳门特别行政区终审法院进行。最高人民法院与澳门特别行政区终审法院可以直接相互委托送达和调取证据。"但是 2020 年，最高人民法院审判委员会对该安排进行了修正，其中将内地的人民法院扩大到"经最高人民法院授权的部分基层或中级人民法院"。A 项表述太过绝对。故 A 项错误。

2020 年新安排第 5 条规定："委托书应当以中文文本提出。所附司法文书及其他相关文件没有中文文本的，应当提供中文译本。"没有提供葡萄牙语译本的要求。故 B 项错误。

该安排是关于内地与澳门特别行政区法院就民商事案件相互委托送达司法文书和调取证据方面的安排。故 C 项正确。

2020 年新安排第 20 条规定："受委托方法院在执行委托调取证据时，根据委托方法院的请求，可以允许委托方法院派司法人员出席。必要时，经受委托方允许，委托方法院的司法人员可以向证人、鉴定人等发问。"故 D 项正确。

参考答案 CD（司法部原答案为 ACD）

要点凝练

（1）内地与澳门特别行政区相互委托送达司法文书中，内地的人民法院包括"内地高级人民法院、最高人民法院以及最高人民法院授权的部分基层人民法院和中级人民法院"；

（2）委托书应当以中文文本提出；

（3）受委托方法院在执行委托调取证据时，根据委托方法院的请求，可以允许委托方法院派司法人员出席。

180. 居住于我国台湾地区的当事人张某在大陆某法院参与民事诉讼。关于该案，下列哪一选项是不正确的？（2012/1/37-单）

A. 张某与大陆当事人有同等诉讼权利和义务

B. 确定应适用台湾地区民事法律的，受案的法院予以适用

C. 如张某在大陆，民事诉讼文书可以直接送达

D. 如张某在台湾地区地址明确，可以邮寄送达，但必须在送达回证上签收

考点提示 《最高人民法院关于审理涉台民商事案件法律适用问题的规定》《最高人民法院关于涉台民事诉讼文书送达的若干规定》

选项解析 《最高人民法院关于审理涉台民商事案件法律适用问题的规定》第 2 条明确规定："台湾地区当事人在人民法院参与民事诉讼，与大陆当事人有同等的诉讼权利和义务，其合法权益受法律平等保护。"故 A 项正确，不当选。

《最高人民法院关于审理涉台民商事案件法律适用问题的规定》第 1 条明确规定："人民法院审理涉台民商事案件，应当适用法律和司法解释的有关规定。根据法律和司法解释中选择适用法律的规则，确定适用台湾地区民事法律的，人民法院予以适用。"故 B 项正确，不当选。

《最高人民法院关于涉台民事诉讼文书送达的若干规定》（以下简称《涉台民事文书送达规定》）第 3 条第 1 款规定："人民法院向住所地在台湾地区的当事人送达民事诉讼文书，可以采用下列方式：①受送达人居住在大陆的，直接送达。受送达人是自然人，本人不在的，可以交其同住成年家属签收；受送达人是法人或者其他组织的，应当由法人的法定代表人、其他组织的主要负责人或者该法人、组织负责收件的人签收；受送达人不在大陆居住，但送达时在大陆的，可以直接送达；……"故 C 项

正确，不当选。

《涉台民事文书送达规定》第 3 条第 1 款规定："人民法院向住所地在台湾地区的当事人送达民事诉讼文书，可以采用下列方式：……⑤受送达人在台湾地区的地址明确的，可以邮寄送达；……"但《涉台民事文书送达规定》第 5 条第 1 款又规定："采用本规定第 3 条第 1 款第 5 项方式送达的，应当附有送达回证。受送达人未在送达回证上签收但在邮件回执上签收的，视为送达，签收日期为送达日期。"故 D 项错误，当选。

参考答案 D

要点凝练

（1）台湾地区当事人在人民法院参与民事诉讼，与大陆当事人有同等的诉讼权利和义务；

（2）受送达人居住在大陆的，直接送达；

（3）受送达人可以在送达回证上签收，也可以在邮件回执上签收。

181. 香港地区甲公司与内地乙公司发生投资纠纷，乙公司诉诸某中级人民法院。陈某是甲公司法定代表人，张某是甲公司的诉讼代理人。关于该案的文书送达及法律适用，下列哪些选项是正确的？（2011/1/79-多）

A. 如陈某在内地，受案法院必须通过上一级人民法院向其送达

B. 如甲公司在授权委托书中明确表明张某无权代为接收有关司法文书，则不能向其送达

C. 如甲公司在内地设有代表机构的，受案人民法院可直接向该代表机构送达

D. 同时采用公告送达和其他多种方式送达的，应当根据最先实现送达的方式确定送达日期

考点提示 涉港文书送达

选项解析 《最高人民法院关于涉外民事或商事案件司法文书送达问题若干规定》（以下简称

《涉外民商事司法文书送达规定》）第3条规定："作为受送达人的自然人或者企业、其他组织的法定代表人、主要负责人在中华人民共和国领域内的，人民法院可以向该自然人或者法定代表人、主要负责人送达。"陈某是甲公司的法定代表人，其在内地，受案人民法院可以直接送达，不需要通过上一级人民法院。故A项错误。

《涉外民商事司法文书送达规定》第4条规定："除受送达人在授权委托书中明确表明其诉讼代理人无权代为接收有关司法文书外，其委托的诉讼代理人为民事诉讼法第267条（现为第283条第1款）第4项规定的有权代其接受送达的诉讼代理人，人民法院可以向该诉讼代理人送达。"如甲公司在授权委托书中明确表明张某无权代为接收有关司法文书，则不能向张某送达。故B项正确。

《涉外民商事司法文书送达规定》第5条第1款规定："人民法院向受送达人送达司法文书，可以送达给其在中华人民共和国领域内设立的代表机构。"故C项正确。

《涉外民商事司法文书送达规定》第11条规定："除公告送达方式外，人民法院可以同时采取多种方式向受送达人进行送达，但应根据最先实现送达的方式确定送达日期。"公告只能作为兜底性送达途径，不能与其他送达途径并用。故D项错误。

参考答案 BC

✏️ **要点凝练**

（1）受送达人在内地的，可以直接送达；

（2）向诉讼代理人和代表机构送达的，无需受送达人授权；

（3）公告送达是兜底性送达方式。

182. 大陆甲公司与台湾地区乙公司签订了出口家具合同，双方在合同履行中产生纠纷，乙公司拒绝向甲公司付款。甲公司在大陆将争议诉诸法院。关于向台湾当事人送达文书，下列哪些选项是正确的？（2009/1/82-多）

A. 可向乙公司在大陆的任何业务代办人送达
B. 如乙公司的相关当事人在台湾下落不明的，可采用公告送达
C. 邮寄送达的，如乙公司未在送达回证上签收而只是在邮件回执上签收，可视为送达
D. 邮寄送达未能收到送达与否证明文件的，满3个月即可视为已送达

考点提示 涉台文书送达

选项解析 《涉台民事文书送达规定》第3条规定："人民法院向住所地在台湾地区的当事人送达民事诉讼文书，可以采用下列方式：①受送达人居住在大陆的，直接送达。受送达人是自然人，本人不在的，可以交其同住成年家属签收；受送达人是法人或者其他组织的，应当由法人的法定代表人、其他组织的主要负责人或者该法人、组织负责收件的人签收。受送达人不在大陆居住，但送达时在大陆的，可以直接送达。②受送达人在大陆有诉讼代理人的，向诉讼代理人送达。受送达人在授权委托书中明确表明其诉讼代理人无权代为接收的除外。③受送达人有指定代收人的，向代收人送达。④受送达人在大陆有代表机构、分支机构、业务代办人的，向其代表机构或者经受送达人明确授权接受送达的分支机构、业务代办人送达。⑤受送达人在台湾地区的地址明确的，可以邮寄送达。⑥有明确的传真号码、电子信箱地址的，可以通过传真、电子邮件方式向受送达人送达。⑦按照两岸认可的其他途径送达。采用上述方式不能送达或者台湾地区的当事人下落不明的，公告送达。"依据上述第4项的规定，向业务代办人送达须有受送达人的明确授权。故A项错误。

台湾地区的当事人下落不明的，可以公告送达。故B项正确。

《涉台民事文书送达规定》第5条规定："采用本规定第3条第1款第5项方式送达的，应当附有送达回证。受送达人未在送达回证上

签收但在邮件回执上签收的，视为送达，签收日期为送达日期。自邮寄之日起满 3 个月，如果未能收到送达与否的证明文件，且根据各种情况不足以认定已经送达的，视为未送达。"故 C 项正确，D 项错误。

 参考答案 BC

 要点凝练

（1）向分支机构和业务代办人送达

的，需要受送达人授权；

（2）公告送达是兜底性送达方式；

（3）受送达人可以在送达回证上签收，也可以在邮件回执上签收；

（4）邮寄送达 3 个月期满，需分情况对待。

区际判决与区际仲裁裁决的认可和执行 专题

一、区际判决的认可和执行

183. 经常居所地在深圳的张丽和经常居所地在香港特别行政区的李明约定夫妻财产分割适用香港特别行政区的法律。现张丽于深圳某法院提起离婚诉讼，并请求分割夫妻共同财产。法院最终判决张丽和李明离婚，并判决李明将其在香港某公司的股权的 50% 转让给张丽。依据内地与香港特别行政区的相关司法协助协议，下列表述正确的有：（2022-回忆版-多）

A. 张丽可向香港特别行政区高等法院请求部分执行深圳法院判决的内容

B. 张丽和李明的财产分割应当适用香港特别行政区的法律

C. 是否准予张丽和李明离婚应当适用内地法律

D. 香港法院可以命令李明直接将该股权转让至张丽的名下

考点提示 涉港判决的认可和执行；夫妻财产关系的法律适用；诉讼离婚的法律适用

选项解析 根据《内地与香港认执民商事案件判决安排》第 19 条的规定，被请求方法院不能认可和执行判决全部判项的，可以认可和执行其中的部分判项。故 A 项正确。

根据《涉外民事关系法律适用法》第 24 条的规定，夫妻财产关系的法律适用分三步：①允许当事人意思自治（但当事人只能在一方当事人经常居所地法律、国籍国法律或主要财产所在地法律中选择）；②当事人间无协议的，适用共同经常居所地法律；③没有共同经常居所地的，适用共同国籍国法律。本案中，当事人就夫妻财产分割选择了香港特别行政区的法律，因此，应适用香港特别行政区的法律。故 B 项正确。

根据《涉外民事关系法律适用法》第 27 条的规定，诉讼离婚，适用法院地法律。本案中，法院地在中国内地，因此，应适用内地法律。故 C 项正确。

D 项涉及区际判决的认可和执行。深圳法院的判决如涉及香港特别行政区的当事人和财产，则需按程序进行，即申请香港特别行政区有管辖权的法院认可和执行，而不能由香港法院命令李明直接将股权转让至张丽名下。故 D 项错误。

 参考答案 ABC

 要点凝练

（1）涉港判决，被请求方法院不能认可和执行判决全部判项的，可以认可和执行其中的部分判项；

（2）夫妻财产关系的法律适用需按顺序进行；

（3）诉讼离婚，适用法院地法。

184. 中国香港甲公司与内地乙公司签订商事合同，并通过电子邮件约定如发生纠纷由香港法院管辖。后因履约纠纷，甲公司将乙公司诉至香港法院并胜诉。判决生效后，甲公司申请人民法院认可和执行该判决。关于该判决在内地的认可与执行，下列哪一选项是正确的？（2017/1/39-单）

A. 电子邮件不符合"书面"管辖协议的要求，故该判决不应被认可与执行

B. 如乙公司的住所地与财产所在地分处两个中级人民法院的辖区，甲公司不得同时向这两个人民法院提出申请

C. 如乙公司在内地与香港均有财产，甲公司不得同时向两地法院提出申请

D. 如甲公司的申请被人民法院裁定驳回，它可直接向最高人民法院申请复议

考点提示 涉港判决的认可和执行

选项解析 根据《内地与香港认执民商事案件判决安排》的规定，本安排所称"书面管辖协议"，是指当事人为解决与特定法律关系有关的已经发生或者可能发生的争议，自本安排生效之日起，以书面形式明确约定内地人民法院或者香港特别行政区法院具有唯一管辖权的协议。本安排所称"书面形式"是指合同书、信件和数据电文（包括电报、电传、传真、电子数据交换和电子邮件）等可以有形地表现所载内容的形式。故 A 项错误。

《内地与香港认执民商事案件判决安排》第7条规定："申请认可和执行本安排规定的判决：①在内地，向申请人住所地或者被申请人住所地、财产所在地的中级人民法院提出；②在香港特别行政区，向高等法院提出。申请人应当向符合前款第1项规定的其中一个人民

法院提出申请。向 2 个以上有管辖权的人民法院提出申请的，由最先立案的人民法院管辖。"故 B 项正确，C 项错误。

《内地与香港认执民商事案件判决安排》第 26 条规定："被请求方法院就认可和执行的申请作出裁定或者命令后，当事人不服的，在内地可以于裁定送达之日起 10 日内向上一级人民法院申请复议，在香港特别行政区可以依据其法律规定提出上诉。"所以，如甲公司的申请被人民法院裁定驳回，它可向内地的上一级人民法院申请复议。故 D 项错误。

参考答案 B

要点凝练

（1）"书面形式"是指合同书、信件和数据电文（包括电报、电传、传真、电子数据交换和电子邮件）等可以有形地表现所载内容的形式。

（2）当事人可以同时向内地和香港特别行政区有管辖权的法院申请认可和执行，但不可以同时向一地的多个法院申请认可和执行。

（3）内地与香港特别行政区的救济方式不同：内地是向上一级法院申请复议；香港特别行政区是依其法律规定提出上诉。

185. 秦某与洪某在台北因合同纠纷涉诉，被告洪某败诉。现秦某向洪某财产所在地的大陆某中级人民法院申请认可该台湾地区的民事判决。关于该判决的认可，下列哪些选项是正确的？（2015/1/79-多）

A. 人民法院受理秦某申请后，应当在 6 个月内审结

B. 受理秦某的认可申请后，作出裁定前，秦某要求撤回申请的，人民法院应当允许

C. 如人民法院裁定不予认可该判决，秦某可以在裁定作出 1 年后再次提出申请

D. 人民法院受理申请后，如对该判决是否生效不能确定，应告知秦某提交作出判决的法院出具的证明文件

考点提示 涉台判决的认可和执行

选项解析 《最高人民法院关于认可和执行台湾地区法院民事判决的规定》（以下简称《认执台湾民事判决规定》）第 14 条第 1 款规定："人民法院受理认可台湾地区法院民事判决的申请后，应当在立案之日起 6 个月内审结。……"故 A 项正确。

《认执台湾民事判决规定》第 13 条规定："人民法院受理认可台湾地区法院民事判决的申请后，作出裁定前，申请人请求撤回申请的，可以裁定准许。"而本题 B 项为"应当"（B 项是 1998 年规定的条文，已经废止）。故 B 项错误。

《认执台湾民事判决规定》第 19 条规定："对人民法院裁定不予认可的台湾地区法院民事判决，申请人再次提出申请的，人民法院不予受理，但申请人可以就同一争议向人民法院起诉。"故 C 项错误。

《认执台湾民事判决规定》第 9 条第 1 款规定："申请人申请认可台湾地区法院民事判决，应当提供相关证明文件，以证明该判决真实并且已经生效。"故 D 项正确。

参考答案 AD（司法部原答案为 ABD）

✍ 要点凝练

（1）人民法院受理认可台湾地区法院民事判决的申请后，应在 6 个月内审结；

（2）人民法院受理认可台湾地区法院民事判决的申请后、作出裁定前，申请人请求撤回申请的，可以裁定准许；

（3）一事不再理原则。

186. 关于内地与香港民商事案件判决的认可与执行，根据内地与香港的相关安排，下列哪一选项是正确的？（2010/1/37－单）

A. 申请人向内地和香港法院提交的文件没有

中文文本的，均应提交证明无误的中文译本

B. 当事人通过协议选择内地或香港法院管辖的，经选择的法院作出的判决均可获得认可与执行

C. 当事人之间的合同无效，其中选择管辖法院的条款亦无效

D. 当事人对认可和执行与否的裁定不服的，在内地可向上一级法院申请复议，在香港可依其法律规定提出上诉

考点提示 涉港判决的认可和执行

选项解析 《内地与香港认执民商事案件判决安排》第 8 条规定："申请认可和执行本安排规定的判决……向内地人民法院提交的文件没有中文文本的，应当提交准确的中文译本。"法律未要求必须向香港法院提交中文译本。故 A 项错误。

《内地与香港认执民商事案件判决安排》第 12 条第 1 款列举了六种不予认可和执行的情形，所以并非所有判决均可获得认可和执行。故 B 项错误。

《民法典》第 507 条规定："合同不生效、无效、被撤销或者终止的，不影响合同中有关解决争议方法的条款的效力。"因此，协议管辖条款作为合同中独立存在的解决争议方法的条款，并不因为合同无效、被撤销或者终止而失去效力。故 C 项错误。

《内地与香港认执民商事案件判决安排》第 26 条规定："被请求方法院就认可和执行的申请作出裁定或者命令后，当事人不服的，在内地可以于裁定送达之日起 10 日内向上一级人民法院申请复议，在香港特别行政区可以依据其法律规定提出上诉。"故 D 项正确。

参考答案 D

✍ 要点凝练

（1）涉港判决的认可和执行，向内地法院提出的，必须提交中文文本或准确的中文译本，香港特别行政区无此要求。

（2）争议解决的条款独立于合同。

（3）内地与香港特别行政区的救济方式不同：内地是向上一级法院申请复议；香港特别行政区是依其法律规定提出上诉。

187. 香港甲公司与内地乙公司订立供货合同，约定由香港法院管辖。后双方因是否解除该合同及赔偿问题诉诸香港法院，法院判乙公司败诉。依相关规定，下列哪一选项是正确的？（2009/1/39-单）

A. 如该合同被解除，则香港法院管辖的协议也随之无效

B. 如乙公司在内地两省均有财产，甲公司可向两省的有关法院申请认可和执行

C. 如甲公司向内地法院申请认可和执行判决，免除执行费用

D. 如甲公司向内地法院提交的文件无中文文本，应当提交证明无误的中文译本

考点提示 涉港判决的认可和执行

选项解析《民法典》第 507 条规定："合同不生效、无效、被撤销或者终止的，不影响合同中有关解决争议方法的条款的效力。"因此，合同的解除不影响合同中关于争议解决方式条款的效力。故 A 项错误。

《内地与香港认执民商事案件判决安排》第 7 条规定："申请认可和执行本安排规定的判决：①在内地，向申请人住所地或者被申请人住所地、财产所在地的中级人民法院提出；②在香港特别行政区，向高等法院提出。申请人应当向符合前款第 1 项规定的其中一个人民法院提出申请。向 2 个以上有管辖权的人民法院提出申请的，由最先立案的人民法院管辖。"因此，甲公司只可向某一省有管辖权的法院申请认可和执行。故 B 项错误。

《内地与香港认执民商事案件判决安排》第 27 条规定："申请认可和执行判决的，应当

依据被请求方有关诉讼收费的法律和规定交纳费用。"故 C 项错误。

《内地与香港认执民商事案件判决安排》第 8 条第 3 款规定："向内地人民法院提交的文件没有中文文本的，应当提交准确的中文译本。"故 D 项正确。

参考答案 D

要点凝练

（1）争议解决的条款独立于合同；

（2）当事人可以同时向内地和香港特别行政区有管辖权的法院申请认可和执行，但不可以同时向一地的多个法院申请认可和执行。

二、区际仲裁裁决的认可和执行

188. 内地甲公司和澳门乙公司签订了一份买卖合同，约定适用 CFR 贸易术语。现甲公司与乙公司就合同履行发生纠纷，甲公司向澳门特别行政区仲裁机构申请仲裁。依据《最高人民法院关于内地与澳门特别行政区就仲裁程序相互协助保全的安排》以及内地和澳门特别行政区的相关区际司法协助协议，下列判断正确的有：（2022-回忆版-多）

A. 若甲公司向澳门特别行政区法院申请财产保全，则应当由初级法院管辖

B. 若甲公司向内地人民法院申请证据保全，则应当由内地中级人民法院管辖

C. 就该仲裁裁决的结果，甲公司可同时向内地人民法院和澳门特别行政区法院申请认可和执行

D. 就该仲裁裁决的结果，若向澳门特别行政区法院申请认可和执行，则应由初级法院认可和执行

考点提示《最高人民法院关于内地与澳门特别行政区就仲裁程序相互协助保全的安排》《内地与澳门认执仲裁裁决安排》

选项解析根据《最高人民法院关于内地与澳门

特别行政区就仲裁程序相互协助保全的安排》第 5 条第 1 款的规定，依据《仲裁法》向内地仲裁机构提起民商事仲裁程序的当事人，在仲裁裁决作出前，可以根据澳门特别行政区法律规定，向澳门特别行政区初级法院申请保全。故 A 项正确。

根据《最高人民法院关于内地与澳门特别行政区就仲裁程序相互协助保全的安排》第 2 条第 1 款的规定，按照澳门特别行政区仲裁法规向澳门特别行政区仲裁机构提起民商事仲裁程序的当事人，在仲裁裁决作出前，可以参照《民事诉讼法》《仲裁法》以及相关司法解释的规定，向被申请人住所地、财产所在地或者证据所在地的内地中级人民法院申请保全。故 B 项正确。

根据《最高人民法院关于内地与澳门特别行政区相互认可和执行仲裁裁决的安排》（以下简称《内地与澳门认执仲裁裁决安排》）第 3 条的规定，被申请人的住所地、经常居住地或者财产所在地分别在内地和澳门特别行政区的，申请人可以向一地法院提出认可和执行申请，也可以分别向两地法院提出申请。当事人分别向两地法院提出申请的，两地法院都应当依法进行审查。予以认可的，采取查封、扣押或者冻结被执行人财产等执行措施。仲裁地法院应当先进行执行清偿；另一地法院在收到仲裁地法院关于经执行债权未获清偿情况的证明后，可以对申请人未获清偿的部分进行执行清偿。两地法院执行财产的总额，不得超过依据裁决和法律规定所确定的数额。故 C 项正确。

根据《内地与澳门认执仲裁裁决安排》第 2 条第 3 款的规定，澳门特别行政区有权受理认可仲裁裁决申请的法院为中级法院。中级法院认可后，可以指令初级法院执行。故 D 项错误。

参考答案 ABC

要点凝练

（1）涉澳协助保全的安排中，澳门特别行政区有管辖权的法院是澳门初级法院，

内地有管辖权的法院是中级人民法院。

（2）当事人可以同时向内地和澳门特别行政区有管辖权的法院申请认可和执行。

（3）涉澳判决的认可和执行中，澳门特别行政区有认可权的法院是澳门中级法院，有执行权的法院是澳门初级法院；内地有管辖权的法院是中级人民法院。

189. 澳门甲公司与内地乙公司的合同争议由内地一仲裁机构审理，甲公司最终胜诉。乙公司在广东、上海和澳门均有财产。基于这些事实，下列哪些选项是正确的？（2010/1/82−多）

A. 甲公司可分别向广东和上海有管辖权的法院申请执行

B. 只有国务院港澳办提供的名单内的仲裁机构作出的裁决才能被澳门法院认可与执行

C. 甲公司分别向内地和澳门法院申请执行的，内地法院应先行执行清偿

D. 两地法院执行财产总额不得超过依裁决和法律规定所确定的数额

考点提示 《内地与澳门认执仲裁裁决安排》

选项解析 《内地与澳门认执仲裁裁决安排》第 2 条第 2 款规定："……2 个或者 2 个以上中级人民法院均有管辖权的，当事人应当选择向其中一个中级人民法院提出申请。"A 项中，甲公司分别向广东和上海有管辖权的法院申请的做法错误。故 A 项错误。

《内地与澳门认执仲裁裁决安排》第 1 条第 1 款规定："内地人民法院认可和执行澳门特别行政区仲裁机构及仲裁员按照澳门特别行政区仲裁法规在澳门作出的民商事仲裁裁决，澳门特别行政区法院认可和执行内地仲裁机构依据《中华人民共和国仲裁法》在内地作出的民商事仲裁裁决，适用本安排。"只要是内地仲裁机构依法作出的民商事仲裁裁决，均有机会获得澳门法院的认可和执行，不局限于国务院

港澳办提供的名单内的仲裁机构。故 B 项错误。

《内地与澳门认执仲裁裁决安排》第 3 条规定："被申请人的住所地、经常居住地或者财产所在地分别在内地和澳门特别行政区的，申请人可以向一地法院提出认可和执行申请，也可以分别向两地法院提出申请。当事人分别向两地法院提出申请的，两地法院都应当依法进行审查。予以认可的，采取查封、扣押或者冻结被执行人财产等执行措施。仲裁地法院应当先进行执行清偿；另一地法院在收到仲裁地法院关于经执行债权未获清偿情况的证明后，可以对申请人未获清偿的部分进行执行清偿。两地法院执行财产的总额，不得超过依据裁决和法律规定所确定的数额。"据此，甲公司分别向两地法院申请的，仲裁地法院（即内地法院）应当先执行清偿，澳门法院可就申请人未获清偿的部分执行清偿，两地法院执行财产的总额，不得超过依裁决和法律规定所确定的数额。故 C、D 项正确。

参考答案 CD

要点凝练

当事人可以同时向内地和澳门特别行政区有管辖权的法院申请认可和执行，但不可以同时向一地的多个法院申请认可和执行。

190. 上海甲公司作为卖方和澳门乙公司订立了一项钢材购销合同，约定有关合同的争议在中国内地仲裁。乙公司在内地和澳门均有营业机构。双方发生争议后，仲裁庭裁决乙公司对甲公司进行赔偿。乙公司未在规定的期限内履行仲裁裁决。关于甲公司对此采取的做法，下列哪些选项是正确的？（2008/

1/81-多）

A. 向内地有管辖权的中级人民法院申请执行该仲裁裁决
B. 向澳门特别行政区中级法院申请执行该仲裁裁决
C. 分别向内地有管辖权的中级人民法院和澳门特别行政区中级法院申请执行仲裁裁决
D. 向澳门特别行政区初级法院申请执行该仲裁裁决

考点提示 《内地与澳门认执仲裁裁决安排》

选项解析 《内地与澳门认执仲裁裁决安排》第 2 条规定："在内地或者澳门特别行政区作出的仲裁裁决，一方当事人不履行的，另一方当事人可以向被申请人住所地、经常居住地或者财产所在地的有关法院申请认可和执行。内地有权受理认可和执行仲裁裁决申请的法院为中级人民法院。……澳门特别行政区有权受理认可仲裁裁决申请的法院为中级法院，有权执行的法院为初级法院。"故 A、B 项正确，D 项错误。

《内地与澳门认执仲裁裁决安排》第 3 条第 1 款规定："被申请人的住所地、经常居住地或者财产所在地分别在内地和澳门特别行政区的，申请人可以向一地法院提出认可和执行申请，也可以分别向两地法院提出申请。"故 C 项正确。

参考答案 ABC

要点凝练

（1）涉澳判决的认可和执行中，澳门特别行政区有认可权的法院是澳门中级法院，有执行权的法院是澳门初级法院；内地有管辖权的法院是中级人民法院。

（2）当事人可以同时向内地和澳门特别行政区有管辖权的法院申请认可和执行。

国际贸易私法 第13讲

应试指导

国际贸易私法是法考中的重点和难点，该讲需要考生在理解的基础上灵活掌握。本讲包括国际货物买卖法、海上货物运输法、海上货物运输保险法、国际贸易支付法。国际货物买卖法的重点在于 1980 年《联合国国际货物销售合同公约》和《国际贸易术语解释通则》，海上货物运输法的重点在于提单法律制度和承运人责任，海上货物运输保险法的重点在于三大主险及除外责任，国际贸易支付法的重点在于托收和信用证。本讲平均每年分值会占据国际经济法的一半甚至一半以上，考生必须灵活、熟练掌握。

国际货物买卖法律制度之国际贸易术语 专题 39

一、《2020 年通则》对《2010 年通则》的主要修改

191. 中国奇峰公司向甲国海利公司出售一批设备，双方签订买卖合同，约定采用 DPU 术语，适用《2020 年国际贸易术语解释通则》。该批货物办理了航空托运，验货时海利公司发现部分货物发生毁损，经查是飞机降落时发生碰撞导致。中国和甲国都是《联合国国际货物销售合同公约》缔约国，根据国际法相关规则，下列说法正确的是：（2023-回忆版-单）

A. 中国奇峰公司应在目的地交货，且有义务买保险

B. 奇峰公司应确保货物上没有任何第三人的权利和要求

C. 中国奇峰公司应负责安排货物的运输

D. 中国奇峰公司须在运输终端交货

【考点提示】DPU 贸易术语；《联合国国际货物销售合同公约》

【选项解析】DPU 术语下，双方签订的是到运合同，所以，运输途中的风险由卖方承担，一般情况下卖方会买保险，但买保险并非卖方的强制性义务。双方均没有买保险的义务。故 A 项错误。

《联合国国际货物销售合同公约》第 42 条第 1 款要求卖方承担知识产权担保义务仅限于买方营业地和合同预期的货物销售或使用地。故 B 项错误。

DPU 贸易术语下，由卖方安排运输。本题中，应由中国奇峰公司安排货物的运输。故 C 项正确。

《2020 年国际贸易术语解释通则》（以下简

称《2020 年通则》）中的 DPU 贸易术语强调了目的地可以是方便卸货的任何地方，而不仅仅是"运输终端"。故 D 项错误。

参考答案 C

要点凝练

（1）DPU 贸易术语由卖方安排运输，交货地点为目的地方便卸货的任何地方；

（2）国际货物买卖合同下，卖方知识产权担保义务仅限于买方营业地和合同预期的货物销售或使用地。

192. 中国 A 公司以 DPU 贸易术语从甲国强峰公司进口一批货物，约定以信用证方式付款。依据《2020 年国际贸易术语解释通则》的规定，下列说法正确的是：（2020-回忆版-单）

A. 强峰公司有义务为中国 A 公司投保货物运输险

B. 强峰公司应在"运输终端"完成交货

C. 强峰公司应承担运输中的风险

D. 中国 A 公司应负责安排货物的运输

考点提示 DPU 贸易术语

选项解析 DPU 为到运合同，所以，运输途中的风险由卖方承担，一般情况下卖方会买保险，但买保险并非卖方的强制性义务。故 A 项错误，C 项正确。

《2020 年通则》的 DPU 贸易术语强调了目的地可以是任何地方，而不仅仅是"运输终端"，卖方必须确保其打算交货的地点是能够卸货的地点。故 B 项错误。

DPU 贸易术语由卖方安排运输，本题中，甲国强峰公司为卖方，应负责安排货物运输。故 D 项错误。

参考答案 C

要点凝练

（1）DPU 贸易术语由卖方安排运输；

（2）DPU 运输途中的风险由卖方承担；

（3）DPU 贸易术语强调了目的地可以是任何地方，而不仅仅是"运输终端"。

193. 根据《2020 年国际贸易术语解释通则》的规定，下列有关贸易术语的说法不正确的是：（2020-回忆版-多）

A. 在 CIP 贸易术语安排之下，如双方未约定，则卖方应投保"一切险减除外责任"

B. 在 DAP 贸易术语下，货物的运输应使用"第三方承运人"

C. 在运输义务和费用中加入与安全有关的要求，费用由受助方承担

D. DPU 贸易术语强调了目的地是"可以卸货的任何地方"

考点提示 《2020 年通则》对《2010 年国际贸易术语解释通则》（以下简称《2010 年通则》）的修改

选项解析 根据《2020 年通则》的规定，CIP 贸易术语下，如双方未约定，则卖方应投保"一切险减除外责任"。故 A 项正确，不当选。

在 DAP 术语下，允许使用自己的运输工具，也可以使用第三方承运人。故 B 项错误，当选。

在运输义务和费用中加入与安全有关的要求，费用由安排运输的一方承担。故 C 项错误，当选。

DPU 贸易术语强调了目的地可以是任何地方，而不仅仅是"运输终端"，卖方必须确保其打算交货的地点是能够卸货的地点。故 D 项正确，不当选。

参考答案 BC

要点凝练

（1）在《2020 年通则》的 CIP 贸易术语下，双方未约定的，卖方应投保一切险；

（2）DAP 贸易术语下，允许使用自己的运输工具，也可以使用第三方承运人；

（3）明确了与安全有关的运输费用应由安排运输的一方承担；

（4）DPU 贸易术语强调了目的地可以是任何地方，而不仅仅是"运输终端"。

二、贸易术语解释通则的考查角度

194. 中国甲公司向法国乙公司进口某货物，双方签订买卖合同，约定采用 FCA 贸易术语，适用《2020 年国际贸易术语解释通则》。在运输途中，由于遭遇意外自然灾害，货物推定为全损。对此，下列判断正确的是：（2023-回忆版-单）

A. 保险公司不接受委付

B. 应由法国乙公司买保险

C. 中国甲公司可以该批货物推定为全损为由拒绝支付货物的款项

D. FCA 适用多种运输方式，包括多式联运

考点提示 FCA 贸易术语；委付

选项解析 委付，是指当保险标的出现推定全损时，被保险人可以选择按全部损失求偿，此时，被保险人将保险标的权利转让给保险人，而由保险人赔付全部的保险金额。对于保险人来说，可以接受委付，也可以不接受委付。故 A 项错误。

FCA 贸易术语下，无论是卖方还是买方都没有买保险的义务，但按照习惯做法，一般由卖方买保险，但也不是强制义务。故 B 项错误。

FCA 贸易术语下，风险转移的时间是货交第一承运人，即在交付承运人后，风险由卖方法国乙公司转移给买方中国甲公司。运输途中因遭遇自然灾害，货物推定为全损，该损失由买方中国甲公司承担，中国甲公司仍需付支付货物的款项。故 C 项错误。

FCA 贸易术语可以适用于任何运输方式，其中也包括多式联运。故 D 项正确。

参考答案 D

 要点凝练

（1）推定全损下的委付制度；

（2）FCA 贸易术语适用于任何运输方式。

195. 营业地位于甲国的强峰公司和位于乙国的大丰公司签订了货物买卖合同，约定适用 FCA 贸易术语。根据《2010 年国际贸易术语解释通则》的规定，关于该贸易术语，下列说法正确的有：（2018-回忆版-多）

A. 该贸易术语可以适用于任何运输方式，包括多式联运

B. 该贸易术语只适用于海运运输合同

C. 该贸易术语要求卖方将货物交给买方指定的承运人时完成交货义务

D. 承运人自收到货物时，货物的风险由卖方转移给买方

考点提示 FCA 贸易术语

选项解析 FCA 贸易术语可以适用于任何运输方式。故 A 项正确，B 项错误。

FCA 贸易术语的交货时间和风险转移时间均为货交买方指定的承运人时。故 C、D 项正确。

参考答案 ACD

要点凝练

（1）FCA 贸易术语适用于任何运输方式；

（2）FCA 贸易术语交货时间和风险转移时间均为货交买方指定的承运人时。

196. 中国甲公司向波兰乙公司出口一批电器，采用 DAP 术语，通过几个区段的国际铁路运输，承运人签发了铁路运单，货到目的地后发现有部分损坏。依相关国际惯例及《国际铁路货物联运协定》，下列哪些选项是正确的？（2016/1/80-多）

A. 乙公司必须确定损失发生的区段，并只能向该区段的承运人索赔

B. 铁路运单是物权凭证，乙公司可通过转让运单转让货物

C. 甲公司在指定目的地运输终端将仍处于运输工具上的货物交由乙公司处置时，即完成交货

D. 各铁路区段的承运人应承担连带责任

考点提示 铁路运输；DAP 贸易术语

选项解析 根据《国际铁路货物联运协定》的规定，国际铁路货物联运，是指在经由 2 个或 2 个以上国家的铁路全程运输中，使用一份运送票据，并以参加运送的铁路承担连带责任而办理的货物运送。由此可见，在铁路联运合同中，参加运送铁路的承运人之间承担连带责任。故 A 项错误，D 项正确。

运单是货物的收据和运输合同的证明，但运单不具有物权凭证的作用。故 B 项错误。

DAP 贸易术语下，卖方只需在指定目的地把货物置于买方控制之下，即完成交货，无须承担卸货费。故 C 项正确。

参考答案 CD

要点凝练

（1）国际铁路货物联运下，各铁路区段的承运人承担连带责任；

（2）铁路运单不是物权凭证；

（3）DAP 贸易术语下，卖方只需把货物运到指定目的地（港），无需卸货。

三、三个常用的贸易术语：FOB、CIF 和 CFR

197. 中国甲公司与非洲 A 国乙公司签订 CIF 合同出口一批瓷器，货物运到 A 国时遭遇 A 国内乱，部分货物毁损。已知中国和 A 国均为 1980 年《联合国国际货物销售合同公约》的成员国，下列判断正确的是：（2019-回忆版-单）

A. 货物毁损由甲公司承担责任

B. 乙公司有理由相信在 A 国这种环境下，甲公司投保了一切险和战争险

C. 在没有特殊约定情况下，甲公司应投保平安险

D. 应由乙公司承担运输责任

考点提示 CIF 贸易术语

选项解析 CIF 贸易术语下的风险转移时间是装运港船上，因此，目的地的风险应由买方乙公司承担。故 A 项错误。

CIF 贸易术语下，如未在合同中约定保险的险别，则卖方甲公司只有义务投保海运最低险即平安险。故 C 项正确，B 项错误。

CIF 贸易术语下的运输责任由卖方中国甲公司承担。故 D 项错误。

参考答案 C

要点凝练

（1）CIF 贸易术语下，风险转移时间和地点是装运港船上；

（2）CIF 贸易术语未约定保险的，卖方只有义务投保海运最低险即平安险；

（3）CIF 贸易术语由卖方安排运输。

198. 法国甲公司与中国乙公司签订 FOB（2010）合同出口红葡萄酒，因法国甲公司的酒庄到装运港有一段陆地需要陆路运输，现买卖双方发生纠纷诉至我国法院。下列判断正确的是：（2019-回忆版-单）

A. 中国乙公司应承担包括陆路运输在内的所有运输工作

B. 法国甲公司将货物交给陆路运输的承运人即完成了交货

C. 法国甲公司在装运港将货物装上指定船舶即完成了交货

D. 法国甲公司在目的港完成交货

考点提示 FOB 贸易术语

选项解析 FOB 贸易术语仅适用于水运。在 FOB 贸易术语下，卖方承担装货义务，即卖方应在装运港将货物装上买方指定的船舶并通知买方。

故 C 项正确。其他项为混淆项，均错误。

参考答案 C

要点凝练

　　FOB 贸易术语只能适用于水运，且交货地点是装运港船上。

199. 中国甲公司向加拿大乙公司出口一批农产品，CFR 价格条件。货装船后，乙公司因始终未收到甲公司的通知，未办理保险。部分货物在途中因海上风暴毁损。根据相关规则，下列哪一选项是正确的？（2014/1/41-单）

A. 甲公司在装船后未给乙公司以充分的通知，造成乙公司漏保，因此损失应由甲公司承担

B. 该批农产品的风险在装港船舷转移给乙公司

C. 乙公司有办理保险的义务，因此损失应由乙公司承担

D. 海上风暴属不可抗力，乙公司只能自行承担损失

考点提示 CFR 贸易术语

选项解析 CFR 意为"成本加运费（指定目的港）"，卖方在装船后应给买方充分的通知；否则，因此而造成买方漏保引起的货物损失应由卖方承担。甲公司在装船后未给乙公司以充分的通知，造成乙公司漏保，因此，损失应由甲公司承担。故 A 项正确，D 项错误。

　　《国际贸易术语解释通则》属于任意法，因此，任何一个版本的通则都需要当事人的指定和选用才适用。但本题是 2014 年的真题，自《2010 年通则》出台到 2014 年已经过去 4 年，《2010 年通则》渐渐产生了习惯国际法的效力，所以，本题适用《2010 年通则》。根据《2010 年通则》的规定，CFR 贸易术语的风险转移地点是装运港装运上船。故 B 项错误。

　　CFR 贸易术语下，无论是卖方还是买方都没有强制买保险的义务，但按照习惯做法，一般由买方买保险。故 C 项错误。

参考答案 A

要点凝练

　　CFR 贸易术语下的充分通知义务，是指卖方交货时应给买方充分通知以便买方及时投保。

200. 中国甲公司与德国乙公司签订了购买成套设备的进口合同。价格条件为 CFR 上海，信用证付款。货物按时装上了承运人所属的利比里亚籍"玛丽"轮，甲公司投保了平安险。"玛丽"轮航行到上海港区时与日本籍"小治丸"轮因双方的过失发生碰撞，致使"玛丽"轮及其货舱中的部分货物受损。基于上述情况，下列哪一选项是正确的？（2007/1/46-单）

A. 本案碰撞引起的货损应由甲公司自行承担

B. 依《海牙规则》，"玛丽"轮所有人对过失碰撞引起的货损可以免责

C. 因甲公司投保的是平安险，保险公司对本案碰撞引起的部分货物损失不承担赔偿责任

D. 因已知货物受损，所以即使单证相符，甲公司仍有权要求银行拒付货款

考点提示 平安险；《海牙规则》；信用证

选项解析 由于货物投保平安险，平安险承保的范围为海上风险（包括海上自然灾害和海上意外事故）造成的全部和部分损失，除去单纯由自然灾害造成的货物单独海损。船舶碰撞属于意外事故，保险公司对碰撞引起的部分货物损失应承担赔偿责任，所以，甲公司对此不需要自行承担。故 A、C 项错误。

　　依据《统一提单的若干法律规则的国际公约》（又称《海牙规则》）的规定，承运人在管理、驾驶船舶过程中的过失是免责的。故 B 项正确。

　　信用证付款方式下，银行审查"单证相符、单单相符"即应付款，所以，甲公司无权

要求银行拒付货款。故 D 项错误。

参考答案 B

✎ 要点凝练

（1）平安险承保的范围为海上风险造成的全部和部分损失，除去单纯由自然灾

害导致的单独海损；

（2）《海牙规则》下，承运人航行过失免责+无过失免责；

（3）信用证下银行审查标准为"单单相符、单证相符"。

⏰ 40 专题 国际货物买卖法律制度之1980年《联合国国际货物销售合同公约》

一、公约适用范围

201. 中国甲公司与法国乙公司商谈进口特种钢材，乙公司提供了买卖该种钢材的格式合同，两国均为 1980 年《联合国国际货物销售合同公约》缔约国。根据相关规则，下列哪一选项是正确的？（2014/1/40-单）

A. 因两国均为公约缔约国，双方不能在合同中再选择适用其他法律

B. 格式合同为该领域的习惯法，对双方具有约束力

C. 双方可对格式合同的内容进行修改和补充

D. 如双方在合同中选择了贸易术语，则不再适用公约

考点提示《联合国国际货物销售合同公约》

选项解析 1980 年《联合国国际货物销售合同公约》具有任意性，当事人如果仅一般性地约定合同适用某一缔约国的法律，则现有的判例表明，公约仍予以适用，除非当事人明确约定适用某一缔约国的某个法律时，才能排除公约的适用。因此，虽然两国均为公约缔约国，但双方当事人仍可以在合同中再选择适用其他法律以排除公约的适用。故 A 项错误。

格式合同可以经双方当事人同意后进行修改，所以，乙公司提供的格式合同并不是对双方都具有约束力。故 B 项错误，C 项正确。

当事人约定贸易术语不意味着公约整体不再适用。故 D 项错误。

参考答案 C

✎ 要点凝练

（1）1980 年《联合国国际货物销售合同公约》属于任意法，当事人可以约定排除公约的适用，或者修改公约的条款；

（2）选择贸易术语和适用公约是两回事。

二、合同的成立（要约+承诺）

202. 2008 年 8 月 11 日，中国甲公司接到法国乙公司出售某种设备的发盘，有效期至 9 月 1 日。甲公司于 8 月 12 日电复："如能将每件设备价格降低 50 美元，即可接受"。对此，乙公司没有答复。甲公司于 8 月 29 日再次致电乙公司表示接受其 8 月 11 日发盘中包括价格在内的全部条件。根据 1980 年《联合国国际货物销售合同公约》，下列哪一选项是正确的？（2008/1/42-单）

A. 乙公司的沉默表明其已接受甲公司的降价要求

B. 甲公司 8 月 29 日的去电为承诺，因此合同已成立

C. 甲公司 8 月 29 日的去电是迟到的承诺，因此合同没有成立

D. 甲公司 8 月 29 日的去电是新要约，此时合同还没有成立

考点提示 要约和承诺

选项解析 甲公司 8 月 12 日的回复对原要约内容作出实质改变，已变成一个反要约，原要约失效。对于这个反要约，《联合国国际货物销售合同公约》第 18 条第 1 款规定："被发价人声明或做出其它行为表示同意一项发价，即是接受，缄默或不行动本身不等于接受。"乙公司未答复，即为拒绝，而甲公司于 8 月 29 日再次致电，形成了一个新的要约，此时合同未成立。故 D 项正确。

参考答案 D

要点凝练

（1）要约和承诺均采用"到达生效"；

（2）沉默不代表承诺。

三、国际货物买卖双方的权利义务

203. 2021 年 2 月 1 日，美国甲公司作为卖方与中国乙公司订立了出售一批冻品的合同，合同约定交货期为 2021 年 3 月底之前。已知美国和中国均为《联合国国际货物销售合同公约》的缔约国，但 2020 年 2 月中旬，美国新冠疫情全面爆发，导致货物无法按合同约定日期装船运输。根据《联合国国际货物销售合同公约》的规定，下列表述正确的有：（2021-回忆版-多）

A. 美国甲公司在履行合同中遭遇了不可抗力，其可以解除合同或延迟履行合同

B. 美国甲公司必须将障碍及对其履行义务能力的影响通知中国乙公司

C. 美国甲公司应就其解除合同或延迟履行承担赔偿责任

D. 美国甲公司只能延迟履行，不能解除合同

考点提示 不可抗力

选项解析 1980 年《联合国国际货物销售合同公约》第 79、80 条对当事人免责情况作了相应规定。由于各国对"不可抗力"的理解有一定差异，《联合国国际货物销售合同公约》没有采用"不可抗力"这一传统用语，但《联合国国际货物销售合同公约》所称的"某种非他所能控制的障碍"实际上就是"不可抗力"。"不可抗力"，是指合同订立后，发生了"不能预见、不能避免、不能克服"的情况。遭遇不可抗力的一方应视具体情况选择解除合同或迟延履行合同。故 A 项正确，D 项错误。

不履行义务的一方必须将障碍及对其履行义务能力的影响通知另一方。如果对方在不履行义务的一方已知道或理应知道此障碍后一段合理时间内仍未收到通知，则不履行义务的一方对由于对方未收到通知而造成的损害应负赔偿责任。故 B 项正确。

只有当不可抗力与当事人的过失同时存在的情况下，当事人才承担相应的赔偿责任。故 C 项错误。

参考答案 AB

要点凝练

（1）遭遇不可抗力的一方应视具体情况选择解除合同或迟延履行合同；

（2）不履行义务的一方必须将障碍及对其履行义务能力的影响通知另一方；

（3）只有当不可抗力与当事人的过失同时存在的情况下，当事人才承担相应的赔偿责任。

204. 中国甲公司与法国乙公司签订了向中国进口服装的合同，价格条件 CIF。货到目的港时，甲公司发现有两箱货物因包装不当途中受损，因此拒收，该货物在目的港码头又被雨淋受损。依 1980 年《联合国国际货物销售合同公约》及相关规则，下列哪一选项是正确的？（2015/1/40-单）

A. 因本合同已选择了 CIF 贸易术语，则不再适用《公约》

B. 在 CIF 条件下应由法国乙公司办理投保，故乙公司也应承担运输途中的风险

C. 因甲公司拒收货物，乙公司应承担货物在目的港码头雨淋造成的损失

D. 乙公司应承担因包装不当造成的货物损失

考点提示 《联合国国际货物销售合同公约》；CIF 贸易术语

选项 解析 如果双方没有通过约定排除《联合国国际货物销售合同公约》的适用，则《联合国国际货物销售合同公约》自动适用。而国际贸易术语属于国际惯例，不具有排除公约适用的效力。因此，选择何种贸易术语与是否适用公约是两回事。故 A 项错误。

买保险与承担风险是两个概念。CIF 贸易术语下安排投保是卖方的强制性义务，但是风险在装运港完成交货时由卖方转移给买方，所以，卖方不承担运输途中的风险。故 B 项错误。

根据《联合国国际货物销售合同公约》第 60 条的规定，接收货物是买方的义务。但接收不等于接受。因此，基于甲公司拒绝接收货物而导致的货损应由甲公司承担责任，乙公司不承担货物在目的港被雨淋造成的损失。故 C 项错误。

根据《联合国国际货物销售合同公约》第 35 条第 1 款的规定，卖方有义务提供符合货物运输的包装。因此，包装不当属于承运人的免责事项，同时也属于保险人的除外责任，乙公司应承担因包装不当造成的货物损失。故 D 项正确。

参考答案 D

📝 要点凝练

(1) 选择贸易术语和适用公约是两回事；

(2) CIF 贸易术语下，卖方买保险为卖方的强制性义务，但风险转移时间为装运港完成交货时；

(3) 买方有接收货物的义务；

(4) 卖方有义务提供符合货物运输的包装。

205. 甲公司从国外进口一批货物，根据

《联合国国际货物销售合同公约》，关于货物检验和交货不符合同约定的问题，下列说法正确的是：(2013/1/99-任)

A. 甲公司有权依自己习惯的时间安排货物的检验

B. 如甲公司须再发运货物，没有合理机会在货到后加以检验，而卖方在订立合同时已知道再发运的安排，则检验可推迟到货物到达新目的地后进行

C. 甲公司在任何时间发现货物不符合同均可要求卖方赔偿

D. 货物不符合同情形在风险转移时已经存在，在风险转移后才显现的，卖方应当承担责任

考点提示 《联合国国际货物销售合同公约》

选项 解析 根据《联合国国际货物销售合同公约》第 38 条的规定：①买方必须在按情况实际可行的最短时间内检验货物或由他人检验货物；②如果合同涉及货物的运输，检验可推迟到货物到达目的地后进行；③如果货物在运输途中改运或买方须再发运货物，没有合理机会加以检验，而卖方在订立合同时已知道或理应知道这种改运或再发运的可能性，检验可推迟到货物到达新目的地后进行。故 A 项错误，B 项正确。

根据《联合国国际货物销售合同公约》第 39 条的规定：①买方对货物不符合同，必须在发现或理应发现不符情形后一段合理时间内通知卖方，说明不符合同情形的性质，否则就丧失声称货物不符合同的权利；②无论如何，如果买方不在实际收到货物之日起 2 年内将货物不符合同情形通知卖方，他就丧失声称货物不符合同的权利，除非这一时限与合同规定的保证期限不符。故 C 项错误。

货物不符合同情形在风险转移时已经存在，说明是卖方违约，不存在风险转移的问题。故 D 项正确。

参考答案 BD

要点凝练

(1)《联合国国际货物销售合同公约》对货物检验的规定；

(2) 货物不符合同情形是卖方违约，不属于风险转移。

方营业地、合同预期的转售或使用地，不包括卖方营业地；

(2) 在运输途中销售的货物的风险转移时间为合同订立时。

206. 甲公司的营业所在甲国，乙公司的营业所在中国，甲国和中国均为《联合国国际货物销售合同公约》的当事国。甲公司将一批货物卖给乙公司，该批货物通过海运运输。货物运输途中，乙公司将货物转卖给了中国丙公司。根据该公约，下列哪些选项是正确的？（2012/1/80-多）

A. 甲公司出售的货物，必须是第三方依中国知识产权不能主张任何权利的货物

B. 甲公司出售的货物，必须是第三方依中国或者甲国知识产权均不能主张任何权利的货物

C. 乙公司转售的货物，自双方合同成立时风险转移

D. 乙公司转售的货物，自乙公司向丙公司交付时风险转移

考点提示 卖方知识产权担保义务；在途运输货物的风险转移

选项解析《联合国国际货物销售合同公约》第 42 条第 1 款要求卖方承担知识产权担保义务仅及于两个地方——买方营业地、合同预期的转售或使用地，不包括卖方营业。本题中，买方乙公司的营业地和转售地均在中国。故 A 项正确，B 项错误。

《联合国国际货物销售合同公约》第 68 条明确规定，在运输途中销售的货物，其风险原则上自双方订立合同时起转移。故 C 项正确，D 项错误。

参考答案 AC

要点凝练

(1) 卖方知识产权担保义务仅限于买

207. A 公司和 B 公司于 2011 年 5 月 20 日签订合同，由 A 公司将一批平板电脑售卖给 B 公司。A 公司和 B 公司营业地分别位于甲国和乙国，两国均为《联合国国际货物销售合同公约》缔约国。合同项下的货物由丙国 C 公司的"潇湘"号商船承运，装运港是甲国某港口，目的港是乙国某港口。在运输途中，B 公司与中国 D 公司就货物转卖达成协议。如货物运抵乙国后，乙国的 E 公司指控该批平板电脑侵犯其在乙国取得的专利权，致使货物遭乙国海关扣押，B 公司向 A 公司索赔。在下列选项中，A 公司无须承担责任的情形是：（2011/1/100-任）

A. A 公司在订立合同时不知道这批货物可能依乙国法属侵权

B. B 公司在订立合同时知道这批货物存在第三者权利

C. A 公司是遵照 B 公司提供的技术图样和款式进行生产的

D. B 公司在订立合同后知道这批货物侵权但未在合理时间内及时通知 A 公司

考点提示 卖方知识产权担保义务

选项解析 根据《联合国国际货物销售合同公约》第 42 条第 2 款的规定，在下列两种情况下，免除卖方的知识产权担保义务：①买方在订立合同时已知道或不可能不知道此项权利或要求；②此项权利或要求的发生，是由于卖方要遵照买方所提供的技术图样、图案、程式或其他规格。故 A 项不属于卖方免责的情形，不当选；B、C 项属于卖方免责的情况，当选。

根据《联合国国际货物销售合同公约》第 43 条第 1 款的规定，买方有及时通知的义务，

即买方应在已知道或理应知道第三方的权利或要求后一段合理时间内，将此一权利或要求的性质通知卖方；否则，买方就丧失了其依公约本来可以得到的权利，即要求卖方承担辩驳第三方的权利。本题中，买方 B 公司在订立合同后知道这批货物侵权但未在合理时间内及时通知 A 公司，使得 B 公司丧失要求 A 公司承担责任的权利。故 D 项属于卖方免责情形，当选。

参考答案 BCD

✏️ 要点凝练

（1）卖方知识产权担保义务仅限于买方营业地、合同预期的转售或使用地，不包括卖方营业地；

（2）买方明知时，卖方免除知识产权担保的责任。

四、国际货物买卖的风险转移

208. 中国伟业公司与甲国利德公司签订了采取铁路运输方式由中国出口一批货物的合同。后甲国法律发生变化，利德公司在收货后又自行将该批货物转卖到乙国，现乙国一公司声称该批货物侵犯了其知识产权。中国和甲国均为《国际货物销售合同公约》和《国际铁路货物联运协定》缔约国。依相关规则，下列哪一选项是正确的？（2017/1/40-单）

A. 伟业公司不承担该批货物在乙国的知识产权担保义务

B. 该批货物的风险应于订立合同时由伟业公司转移给利德公司

C. 铁路运输承运人的责任期间是从货物装上火车时起至卸下时止

D. 不同铁路运输区段的承运人应分别对在该区段发生的货损承担责任

考点提示 铁路运输；卖方知识产权担保义务；在途运输货物的风险转移

选项解析 根据《联合国国际货物销售合同公约》第 42 条第 1 款的规定，除货物在买方营业

地、合同预期的货物转售或使用地受到知识产权保护的情形之外，卖方对其交付货物的知识产权不承担担保义务。本题中，利德公司在收货后自行将该批货物转卖到乙国，乙国既不是买方营业地，也不是合同预期的货物销售或使用地，所以，伟业公司不承担该批货物在乙国的知识产权担保义务。故 A 项正确。

根据《联合国国际货物销售合同公约》第 67 条第 1 款的规定，货物风险原则上自"交货"时转移。故 B 项错误。

根据《铁路货物运输国际公约》的规定，按运单承运货物的铁路部门应对货物承担连带责任。承运人的责任期间为从签发运单时起至终点交付货物时止。故 C、D 项错误。

参考答案 A

✏️ 要点凝练

（1）国际铁路货物联运下，各铁路区段的承运人承担连带责任；

（2）卖方知识产权担保义务仅限于买方营业地、合同预期的转售或使用地，不包括卖方营业地；

（3）货物风险原则上自"交货"时转移。

五、违约救济

209. 中国甲公司与德国乙公司签订了进口设备合同，分三批运输。两批顺利履约后乙公司得知甲公司履约能力出现严重问题，便中止了第三批的发运。依《国际货物销售合同公约》，下列哪一选项是正确的？（2016/1/40-单）

A. 如已履约的进口设备在使用中引起人身伤亡，则应依公约的规定进行处理

B. 乙公司中止发运第三批设备必须通知甲公司

C. 乙公司在任何情况下均不应中止发运第三批设备

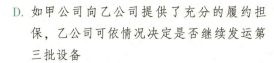

D. 如甲公司向乙公司提供了充分的履约担保，乙公司可依情况决定是否继续发运第三批设备

考点提示 《联合国国际货物销售合同公约》

选项解析 《联合国国际货物销售合同公约》不涉及的三个问题分别是：①合同的效力，或其任何条款的效力，或任何惯例的效力；②合同对所售货物所有权可能产生的影响（所有权转移规则）；③卖方对于货物对任何人所造成的死亡或伤害的责任（产品质量侵权）。《联合国国际货物销售合同公约》不涉及货物引起的人身损害责任。故 A 项错误。

《联合国国际货物销售合同公约》第 71 条第 1 款规定："如果订立合同后，另一方当事人由于下列原因显然将不履行其大部分重要义务，一方当事人可以中止履行义务：（a）他履行义务的能力或他的信用有严重缺陷；或（b）他在准备履行合同或履行合同中的行为。"这是对预期违约的规定。据此，乙公司在甲公司顺利履约两批设备后，得知其履约能力出现严重问题，可以推断甲公司不能继续履行第三批设备的义务，因此，乙公司可以中止履行第三批发运的义务。故 C 项错误。

《联合国国际货物销售合同公约》第 71 条第 3 款规定："中止履行义务的一方当事人不论是在货物发运前还是发运后，都必须立即通知另一方当事人，如经另一方当事人对履行义务提供充分保证，则他必须继续履行义务。"乙公司停止发货应通知甲公司，故 B 项正确。但若甲公司提供了付款担保，则乙公司必须发货，故 D 项错误。

参考答案 B

要点凝练

（1）《联合国国际货物销售合同公约》不涉及三个事项：合同效力、所有权转移、货物引起的人身伤亡责任。

（2）合同一方预期违约，另一方当事人可以中止履行义务，但必须通知另一方当事人；如另一方当事人提供充分保证，则他必须继续履行义务。

210. 甲公司（卖方）与乙公司订立了国际货物买卖合同。由于甲公司在履约中出现违反合同的情形，乙公司决定宣告合同无效，解除合同。依据《联合国国际货物销售合同公约》，下列哪些选项是正确的？（2010/1/86-任）

A. 宣告合同无效意味着解除了甲乙二公司在合同中的义务

B. 宣告合同无效意味着解除了甲公司损害赔偿的责任

C. 双方在合同中约定的争议解决条款也因宣告合同无效而归于无效

D. 如甲公司应归还价款，它应同时支付相应的利息

考点提示 《联合国国际货物销售合同公约》

选项解析 《联合国国际货物销售合同公约》第 81 条第 1 款规定："宣告合同无效解除了双方在合同中的义务，但应负责的任何损害赔偿仍应负责。宣告合同无效不影响合同关于解决争端的任何规定，也不影响合同中关于双方在宣告合同无效后权利和义务的任何其它规定。"据此，宣告合同无效解除了甲、乙公司在合同中的义务。故 A 项正确。但是甲公司的损害赔偿责任并未解除，双方在合同中约定的争议解决条款不受合同无效的影响。故 B、C 项错误。

《联合国国际货物销售合同公约》第 84 条第 1 款规定："如果卖方有义务归还价款，他必须同时从支付价款之日起支付价款利息。"故 D 项正确。

参考答案 AD

要点凝练

宣告合同无效解除了双方当事人在合同中的义务，但不影响损害赔偿责任的承担。

41 专题　国际海上货物运输法律制度之提单法律基础知识

一、提单的性质和分类

211. 海运单是 20 世纪 70 年代以来，随着集装箱运输的发展，特别是航程较短的运输中产生出来的一种运输单证。关于海运单，下列哪一选项是正确的？（2007/1/44-单）

A. 海运单是一种可流通的书面运输单证

B. 海运单不具有证明海上运输合同存在的作用

C. 第三方以非法的方式取得海运单时无权提取货物

D. 海运单具有物权凭证的特征，收货人凭海运单提取货物

考点提示 海运单

选项解析 海运单是证明海上运输货物由承运人接管或装船，且承运人保证将货物交给指定收货人的一种不可流通的书面运输单证。故 A 项错误。

海运单具有提单所具有的货物的收据和海上货物运输合同的书面证明作用。故 B 项错误。

海运单不具有流通性，不能转让，第三方以非法方式取得海运单时无权提取货物，因此，非法取得海运单的运单持有人是无法凭此提货的。故 C 项正确。

海运单不是货物物权凭证，收货人提货时无须凭海运单，只需要证明其身份。故 D 项错误。

参考答案 C

要点凝练

（1）海运单是海上货物运输合同的证明；

（2）海运单是承运人接收货物的收据；

（3）海运单非物权凭证。

二、无单放货——《最高人民法院关于审理无正本提单交付货物案件适用法律若干问题的规定》

212. 中国甲公司从国外购货，取得了代表货物的单据，其中提单上记载"凭指示"字样，交货地点为某国远东港，承运人为中国乙公司。当甲公司凭正本提单到远东港提货时，被乙公司告知货物已不在其手中。后甲公司在中国法院对乙公司提起索赔诉讼。乙公司在下列哪些情形下可免除交货责任？（2013/1/81-多）

A. 在甲公司提货前，货物已被同样持有正本提单的某公司提走

B. 乙公司按照提单托运人的要求返还了货物

C. 根据某国法律要求，货物交给了远东港管理当局

D. 货物超过法定期限无人向某国海关申报，被海关提取并变卖

考点提示 无单放货的司法解释

选项解析 依据《最高人民法院关于审理无正本提单交付货物案件适用法律若干问题的规定》（以下简称《审理无正本提单交付货物案件规定》）第 7~10 条的规定，承运人在以下情况下免于承担责任：①承运人依照提单载明的卸货港所在地法律规定，必须将承运到港的货物交付给当地海关或者港口当局的；②承运到港的货物超过法律规定期限无人向海关申报，被海关提取并依法变卖处理，或者法院依法裁定拍卖承运人留置的货物，承运人主张免除交付货物责任的；③承运人签发一式数份正本提单，向最先提交正本提单的人交付货物后，其他持有相同正本提单的人要求承运人承担无正本提单交付货物民事责任的；④承运人按照记名提

单托运人的要求中止运输、返还货物、变更到达地或者将货物交给其他收货人，持有记名提单的收货人要求承运人承担无正本提单交付货物民事责任的。故 A、C、D 项当选。

参考答案 ACD

✎ 要点凝练

无单放货司法解释中，承运人无单放货的免责事项可以简单概括为：

(1) 公权力优先；

(2) 承运人签发一式数份正本提单，向最先提交正本提单的人交付货物；

(3) 承运人按照记名提单托运人的要求中止运输、返还货物、变更到达地或者将货物交给其他收货人。

213. 中国甲公司通过海运从某国进口一批服装，承运人为乙公司，提单收货人一栏写明"凭指示"。甲公司持正本提单到目的港提货时，发现货物已由丙公司以副本提单加保函提取。甲公司与丙公司达成了货款支付协议，但随后丙公司破产。甲公司无法获赔，转而向乙公司索赔。根据我国相关法律规定，关于本案，下列哪一选项是正确的？（2011/1/40-单）

A. 本案中正本提单的转让无需背书

B. 货物是由丙公司提走的，故甲公司不能向乙公司索赔

C. 甲公司与丙公司虽已达成货款支付协议，但未得到赔付，不影响甲公司要求乙公司承担责任

D. 乙公司应当在责任限制的范围内承担因无单放货造成的损失

考点提示 无单放货的司法解释

选项解析 根据提单收货人一栏写明"凭指示"

可以判断，该提单为指示提单。指示提单转让必须经过记名背书或者空白背书，非经背书不能转让。故 A 项错误。

《审理无正本提单交付货物案件规定》第 11 条规定："正本提单持有人可以要求无正本提单交付货物的承运人与无正本提单提取货物的人承担连带赔偿责任。"本题中，无单承运人为乙公司，无单提货人为丙公司，甲公司可以要求乙公司与丙公司承担连带责任，既可要求乙公司赔偿，也可要求丙公司赔偿。故 B 项错误。

《审理无正本提单交付货物案件规定》第 13 条规定："在承运人未凭正本提单交付货物后，正本提单持有人与无正本提单提取货物的人就货款支付达成协议，在协议款项得不到赔付时，不影响正本提单持有人就其遭受的损失，要求承运人承担无正本提单交付货物的民事责任。"本题中，甲公司与丙公司达成了协议，但丙公司的破产使得该赔付无法实现，这并不影响甲公司要求承运人乙公司承担责任。故 C 项正确。

《审理无正本提单交付货物案件规定》第 4 条规定："承运人因无正本提单交付货物承担民事责任的，不适用海商法第 56 条关于限制赔偿责任的规定。"所以，乙公司的赔偿责任不适用限制赔偿责任。故 D 项错误。

参考答案 C

✎ 要点凝练

(1) 指示提单的转让需经过两个步骤：背书+交付；

(2) 承运人和实际取货人对正本提单持有人承担连带赔偿责任；

(3) 承运人无单放货的，不适用责任限制。

42 专题 国际海上货物运输法律制度之提单重要国际公约及中国《海商法》

214. 中国甲公司向法国乙公司出口一批货物，双方约定适用《2020 年国际贸易术语解释通则》中的 CIF 术语，中国甲公司按照法国乙公司提供的图纸制造设备。后按照合同约定分两次运输货物，第一次运输货物到港后存在知识产权争议，法国丙公司认为甲公司的产品侵犯其知识产权；第二次运输途中，船员驾驶不慎与其他船舶发生碰撞，导致部分货物毁损。根据《海牙规则》和相关国际法规则，下列说法正确的有：（2023－回忆版－多）

A. 如果双方没有约定，中国甲公司应当购买平安险

B. 第二次运输途中，船舶碰撞造成的损失不属于平安险的承保范围

C. 承运人不承担船舶碰撞的赔偿责任

D. 中国甲公司不应承担侵犯丙公司知识产权的责任

考点提示 《海牙规则》；平安险；卖方知识产权担保义务

选项解析 根据《2020 年通则》的规定，在双方没有约定的情况下，CIF 术语下卖方应投保最低险别，即平安险。故 A 项正确。

平安险承保的范围是"海上风险造成的全部和部分损失，减去自然灾害导致的单独海损"。第二次运输途中，船员驾驶不慎与其他船舶发生碰撞，导致部分货物毁损，属于海上意外事故造成的部分损失，属于平安险的承保范围。故 B 项错误。

《海牙规则》中，承运人的免责事项是"航行过失免责＋无过失免责"。根据《海牙规则》第 4 条第 2 款第（a）项的规定，对于因船长、船员、引水员或承运人的雇佣人员在航行或管理船舶中的行为、疏忽或不履行义务造成的货物损失，承运人可以免责。本题中，船

员驾驶不慎与其他船舶发生碰撞属于航行过失，因此，承运人免责。故 C 项正确。

根据《联合国国际货物销售合同公约》第 42 条第 2 款的规定，在下列两种情况下，免除卖方的知识产权担保义务：①买方在订立合同时已知道或不可能不知道此项权利或要求；②此项权利或要求的发生，是由于卖方要遵照买方所提供的技术图样、图案、程式或其它规格。本题中，中国甲公司按照乙国公司提供的图纸制造设备，属于卖方免责的情形。故 D 项正确。

参考答案 ACD

✎ **要点凝练**

（1）CIF 术语下，双方无约定的，卖方只有义务投保平安险；

（2）《海牙规则》中承运人免责事项为"航行过失免责＋无过失免责"；

（3）平安险承保海上风险造成的全部和部分损失，减去自然灾害造成的单独海损；

（4）卖方在买方明知的情况下，免除知识产权担保的责任。

215. 中国甲公司从意大利进口某种产品，合同约定由卖方安排航空运输，在飞机降落时因承运人驾驶过失使货物受损。根据《华沙公约》的规定，下列哪一选项是错误的？（2019－回忆版－单）

A. 航空运单是物权凭证

B. 国际航空货运单是订立合同、接受货物和运输条件的初步证据

C. 承运人对货物灭失、损害或迟延交货的责任，以每公斤 250 金法郎为限

D. 《华沙公约》规定的诉讼时效为 2 年

《华沙公约》

选项解析 依据 1929 年《统一国际航空运输某些规则的公约》（又称《华沙公约》）第 11 条第 1 款的规定，航空货运单是订立合同、接受货物和运输条件的初步证据。但其并非物权凭证。故 A 项错误，当选；B 项正确，不当选。

《华沙公约》规定的承运人对货物灭失、损害或延迟交货的责任，以每公斤 250 金法郎为限，除非托运人在交运时，曾特别声明行李或货物运到后的价值，并缴付必要的附加费。故 C 项正确，不当选。

《华沙公约》规定的诉讼时效是自航空器到达目的地之日或应该到达之日或运输停止之日起 2 年。故 D 项正确，不当选。

参考答案 A

要点凝练

（1）航空运单非物权凭证；

（2）《华沙公约》规定承运人的责任限额为每公斤 250 金法郎；

（3）《华沙公约》规定的诉讼时效为 2 年。

216. 中国某公司进口了一批仪器，采取海运方式并投保了水渍险，提单上的收货人一栏写明"凭指示"的字样。途中因船方过失致货轮与他船相撞，部分仪器受损。依《海牙规则》及相关保险条款，下列哪一选项是正确的？（2017/1/41-单）

A. 该提单交付即可转让

B. 因船舶碰撞是由船方过失导致，故承运人应对仪器受损承担赔偿责任

C. 保险人应向货主赔偿部分仪器受损的损失

D. 承运人的责任期间是从其接收货物时起至交付货物时止

考点提示 提单的种类；《海牙规则》；水渍险

选项解析 根据提单收货人一栏写明的"凭指示"可以判断，该提单为指示提单，指示提单

的转让需要通过背书和交付两个步骤方能完成。故 A 项错误。

根据《海牙规则》第 4 条第 2 款第（a）项的规定，航行过失为承运人的免责事项，即对于因船长、船员、引水员或承运人的雇佣人员在航行或管理船舶中的行为、疏忽或不履行义务造成的货物损失，承运人可以免责。所以，承运人对因船舶碰撞而导致的仪器受损不承担赔偿责任。故 B 项错误。

水渍险承保海上风险造成的全部和部分损失，海上风险包括自然灾害和意外事故，货轮与他船相撞导致部分仪器受损属于意外事故引起的损失。故 C 项正确。

根据《海牙规则》的规定，承运人的责任期间是货物从装到卸。故 D 项错误。

参考答案 C

要点凝练

（1）指示提单的转让需经过两个步骤：背书+交付；

（2）《海牙规则》中承运人航行过失免责，但保险公司需承担责任；

（3）《海牙规则》中承运人的责任期间是"装到卸"；

（4）水渍险承保"海上风险造成的全部和部分损失"。

217. 青田轮承运一批啤酒花从中国运往欧洲某港，货物投保了一切险，提单上的收货人一栏写明"凭指示"，因生产过程中水分过大，啤酒花到目的港时已变质。依《海牙规则》及相关保险规则，下列哪一选项是正确的？（2015/1/41-单）

A. 承运人没有尽到途中管货的义务，应承担货物途中变质的赔偿责任

B. 因货物投保了一切险，保险人应承担货物变质的赔偿责任

C. 本提单可通过交付进行转让

D. 承运人对啤酒花的变质可以免责

考点提示 提单的种类；《海牙规则》；一切险

选项解析 根据《海牙规则》的规定，承运人的免责事项为航行过失免责+无过失免责。因生产过程中水分过大导致啤酒花变质属于卖方过错，承运人不存在过失，因此，承运人对此可以免责。故 A 项错误，D 项正确。

中国人民保险公司海洋货物运输保险的除外责任包括：①被保险人的故意行为或过失所造成的损失；②属于发货人责任所引起的损失；③在保险责任开始前，被保险货物已存在的品质不良或数量短差所造成的损失；④被保险货物的自然损耗、本质缺陷、特性以及市价跌落、运输延迟所引起的损失或费用；⑤本公司海洋运输货物战争险条款和货物运输罢工险条款规定的责任范围和除外责任。本题中，因生产过程中水分过大导致啤酒花变质属于保险人的除外责任。故 B 项错误。

本题中，提单上的收货人一栏写明"凭指示"，因此，该提单为指示提单，指示提单的转让需要通过背书和交付两个步骤方能完成。故 C 项错误。

参考答案 D

✎ 要点凝练

（1）卖方对货物的自然属性承担责任，承运人、保险人均免责；

（2）指示提单的转让需经过两个步骤：背书+交付。

---

43 专题 **国际货物运输保险法律制度之确立险别的两个依据**

218. 甲国 A 公司向乙国 B 公司出口一批货物，双方约定适用 2010 年《国际贸易术语解释通则》中 CIF 术语。该批货物由丙国 C 公司"乐安"号商船承运，运输途中船舶搁浅，为起浮抛弃了部分货物。船舶起浮后继续航行中又因恶劣天气，部分货物被海浪打入海中。到目的港后发现还有部分货物因固有缺陷而损失。该批货物投保了平安险，关于运输中的相关损失的认定及赔偿，依《海牙规则》，下列选项正确的是：（2012/1/100-任）

A. 为起浮抛弃货物造成的损失属于共同海损

B. 因恶劣天气部分货物被打入海中的损失属于单独海损

C. 保险人应赔偿共同海损和因恶劣天气造成的单独海损

D. 承运人对因固有缺陷损失的货物免责，保险人应承担赔偿责任

考点提示 共同海损；平安险

选项解析 共同海损，是指在同一海上航程中，船舶、货物和其他财产遭遇共同危险，为了共同安全，有意地、合理地采取措施所直接造成的特殊牺牲、支付的特殊费用。本题中，A 项符合共同海损的特点。故 A 项正确。

部分损失中除了共同海损的部分均为单独海损，B 项属于单独海损。故 B 项正确。

平安险下，保险公司赔偿共同海损，但对自然灾害导致的单独海损不赔。故 C 项错误。

对货物的固有缺陷，承运人无过失可免责，同时，这也构成保险除外责任，保险公司也不应赔偿。故 D 项错误。

参考答案 AB

✎ 要点凝练

（1）共同海损必须以船货共同危险为前提；

（2）平安险承保"海上风险造成的全部和部分损失-自然灾害导致的单独海损"；

（3）卖方对货物的自然属性承担责任，承运人、保险人均免责。

219. 国内甲公司和境外乙公司签订进口合同，双方约定适用《2020 年国际贸易术语解释通则》中的 CIF 术语，信用证方式付款。海运过程中，因遇恶劣天气，货物推定全损。根据《联合国国际货物销售合同公约》和《ICC 跟单信用证统一惯例》及相关司法解释的规定，下列哪些说法是正确的？（2023-回忆版-多）

A. 双方未约定，应该投保平安险

B. 保险公司可以接受委付，也可以不接受委付

C. 货物因自然灾害推定全损，甲公司可因货损免除付款义务

D. 信用证单据和信用证条款不完全一致，但相互不存在矛盾的，不认定为不符点

考点提示 CIF 贸易术语；《联合国国际货物销售合同公约》；平安险；信用证

选项解析 CIF 术语下，双方未约定的，卖方应投保最低险，即平安险。故 A 项正确。

委付，是指当保险标的出现推定全损时，被保险人可以选择按全部损失求偿，此时，被保险人将保险标的权利转让给保险人，而由保险人赔付全部的保险金额。对于保险人来说，可以接受委付，也可以不接受委付。故 B 项正确。

CIF 术语下，货物在装运港装运上船时风险转移，即由卖方转移给买方。本案中，货物在海上运输的风险由买方承担。货物因自然灾害造成全损，该部分损失由买方承担，买方投保平安险后可由保险人承担，但并不能免除甲公司的付款义务。故 C 项错误。

《最高人民法院关于审理信用证纠纷案件若干问题的规定》（以下简称《信用证纠纷案件规定》）第 6 条规定："人民法院在审理信用证纠纷案件中涉及单证审查的，应当根据当事人约定适用的相关国际惯例或者其他规定进行；当事人没有约定的，应当按照国际商会《跟单信用证统一惯例》以及国际商会确定的相

关标准，认定单据与信用证条款、单据与单据之间是否在表面上相符。信用证项下单据与信用证条款之间、单据与单据之间在表面上不完全一致，但并不导致相互之间产生歧义的，不应认定为不符点。"故 D 项正确。

参考答案 ABD

要点凝练

（1）CIF 术语的保险和风险承担；

（2）推定全损下的委付制度；

（3）信用证下单单、单证一致的认定。

220. 中国甲公司和英国乙公司签订了 CFR 出口合同，货物分两批由丙公司安排运输。两批货物均投保平安险，通过信用证方式支付。第一批货物由于遭遇海上强热带风暴导致部分货物落入海中，第二批货物到达港口后因目的地防疫检验导致运输迟延，推定货物全损。依据《海牙规则》的规定及相关国际法规则，下列表述不正确的是：（2022-回忆版-多）

A. 承运人对第一批货物的损失可免责，但就第二批货物因防疫检验导致的运输迟延应当承担责任

B. 保险公司应当对第一批货物的损失负责

C. 因第二批货物推定全损可通知银行止付

D. 乙公司可以将推定全损的货物委付给保险公司，保险公司可以接受也可以不接受

考点提示 《海牙规则》；平安险；委付

选项解析 《海牙规则》中，承运人的免责事项是"航行过失免责+无过失免责"。海上强热带风暴属于自然灾害，承运人无过错，因此，承运人免责；第二批货物因防疫检验导致运输迟延，承运人也没有过错，因此，承运人也免责。故 A 项错误，当选。

平安险承保的范围是"海上风险造成的全

部和部分损失，减去自然灾害导致的单独海损"。第一批货物由于遭遇热带风暴导致部分货物落入海中属于单纯由自然灾害造成的单独海损，不属于平安险的承保范围，保险公司无需对损失承担责任。故 B 项错误，当选。

如果在银行对卖方提交的单据付款或者承兑以前，发现或获得确凿证据，证明卖方确有欺诈行为，则买方可以请求法院向银行颁发止付令。本题中，不存在信用证欺诈的情形，银行应当在单单一致、单证一致的条件下承担付款责任。故 C 项错误，当选。

委付，是指当保险标的出现推定全损时，被保险人可以选择按全部损失求偿，此时，被保险人将保险标的权利转让给保险人，而由保险人赔付全部的保险金额。对于保险人来说，可以接受委付，也可以不接受委付。故 D 项正确，不当选。

参考答案 ABC

✎ **要点凝练**

（1）《海牙规则》中承运人的免责事项是"航行过失免责+无过失免责"；

（2）平安险承保"海上风险造成的全部和部分损失-自然灾害导致的单独海损"；

（3）委付的前提是推定全损，保险人可以接受也可以不接受。

---

221. 中国三泰公司向甲国某公司进口一批货物，约定适用《2020年国际贸易术语解释通则》中的 CIF 贸易术语，同时约定甲国某公司为该批货物投保水渍险。货物运输途中遭遇海上强热带风暴导致部分货物毁损。依据《海牙规则》的规定及相关国际法规则，下列说法正确的是：（2021-回忆版-单）

A. 依据《海牙规则》的规定，对该批货物的损失，承运人应当承担责任

B. 保险公司应当对该批货物的损失承担责任

C. 依据《2020年通则》的规定，货物应投保一切险

D. 海上强热带风暴造成的部分货物损失不属于水渍险的承保范围

考点提示 《海牙规则》；水渍险

选项解析 《海牙规则》中，承运人的免责事项为"航行过失免责+无过失免责"。海上强热带风暴属于自然灾害，因此，承运人没有过失，不承担责任。故 A 项错误。

水渍险承保的范围为"海上风险造成的全部损失和部分损失"。故 B 项正确，D 项错误。

《2020年通则》中将 CIP 贸易术语改为了最高险，即一切险，CIF 贸易术语并无变动，仍然是平安险。故 C 项错误。

参考答案 B

✎ **要点凝练**

（1）《海牙规则》中承运人的免责事项是"航行过失免责+无过失免责"；

（2）水渍险承保"海上风险造成的全部和部分损失"。

---

222. 两批化妆品从韩国由大洋公司"清田"号货轮运到中国，适用《海牙规则》，货物投保了平安险。第一批货物因"清田"号过失与他船相碰致部分货物受损，第二批货物收货人在持正本提单提货时，发现已被他人提走。争议诉至中国某法院。根据相关规则及司法解释，下列哪些选项是正确的？（2014/1/81-多）

A. 第一批货物受损虽由"清田"号过失碰撞所致，但承运人仍可免责

B. 碰撞导致第一批货物的损失属于保险公司赔偿的范围

C. 大洋公司应承担第二批货物无正本提单放货的责任，但可限制责任

D. 大洋公司对第二批货物的赔偿范围限于货物的价值加运费

考点提示 《海牙规则》；平安险；无单放货的司法解释

选项解析《海牙规则》规定的承运人免责的事项共有 17 项。依其第 4 条第 2 款的规定，不论承运人或船舶，对由于下列原因引起或造成的灭失或损坏，都不负责：①船长、船员、引水员或承运人的雇佣人员，在航行或管理船舶中的行为、疏忽或不履行义务；②火灾，但由于承运人的实际过失或私谋所引起的除外；③海上或其他能航水域的灾难、危险和意外事故；④天灾；⑤战争行为；⑥公敌行为；⑦君主、当权者或人民的扣留或管制，或依法扣押；⑧检疫限制；⑨托运人或货主、其代理人或代表的行为或不行为；⑩不论由于任何原因所引起的局部或全面罢工、关厂停止或限制工作；⑪暴动和骚乱；⑫救助或企图救助海上人命或财产；⑬由于货物的固有缺点、性质或缺陷引起的体积或重量亏损，或任何其他灭失或损坏；⑭包装不善；⑮标志不清或不当；⑯虽克尽职责亦不能发现的潜在缺点；⑰非由于承运人的实际过失或私谋，或者承运人的代理人，或雇佣人员的过失或疏忽所引起的其他任何原因。因此，根据第 1 项的规定，承运人可以免除责任。故 A 项正确。

本题中，投保的险别为平安险。平安险不承保单纯自然灾害引起的货物的单独海损，而本题中第一批货物的损失是由意外事故引起的。故 B 项正确。

《审理无正本提单交付货物案件规定》第 4 条规定："承运人因无正本提单交付货物承担民事责任的，不适用海商法第 56 条关于限制赔偿责任的规定。"故 C 项错误。

《审理无正本提单交付货物案件规定》第 6 条规定："承运人因无正本提单交付货物造成正本提单持有人损失的赔偿额，按照货物装船时的价值加运费和保险费计算。"故 D 项错误。

参考答案 AB

要点凝练

（1）《海牙规则》中承运人航行过失免责，但保险公司需承担责任；

（2）承运人无单放货的赔偿额是"货物装船时的价值加运费和保险费"。

223. 甲公司向乙公司出口一批货物，由丙公司承运，投保了中国人民保险公司的平安险。在装运港装卸时，一包货物落入海中。海运途中，因船长过失触礁造成货物部分损失。货物最后延迟到达目的港。依《海牙规则》及国际海洋运输保险实践，关于相关损失的赔偿，下列哪些选项是正确的？（2013/1/82-多）

A. 对装卸过程中的货物损失，保险人应承担赔偿责任

B. 对船长驾船过失导致的货物损失，保险人应承担赔偿责任

C. 对运输延迟造成的损失，保险人应承担赔偿责任

D. 对船长驾船过失导致的货物损失，承运人可以免责

考点提示《海牙规则》；平安险

选项解析根据《中国人民保险公司海洋运输货物保险条款》第 1 条第 1 款的规定，以下损失和费用属于平安险的责任范围：①在运输过程中，由于自然灾害造成整批货物的全部损失或推定全损。②由于运输工具发生意外事故造成货物的全部损失或部分损失。③只要运输工具曾经发生搁浅、触礁、沉没、焚毁等意外事故，不论在此意外事故发生之前或者以后其又在海上遭受恶劣气候、雷电、海啸等自然灾害所造成的被保险货物的部分损失。④在装卸或转运过程中，一件或数件整件货物落海所造成的全部损失或部分损失。⑤运输工具遭遇海难后，在避难港卸货所引起的被保险货物的全部损失或部分损失。⑥运输工具遭遇海难后，需要在中途的港口或者在避难港口停靠，因而引起的卸货、装货、存仓以及运送货物所产生的特别费用。⑦发生共同海损所引起的牺牲、分摊和救助费用。⑧发生了保险责任范围内的危险，

被保险人对货物采取抢救、防止或减少损失的各种措施，因而产生的合理费用。但是，保险公司承担费用的限额不能超过这批被救货物的保险金额；施救费用可以在赔款金额以外的一个保险金额限度内承担。

在装运港装卸时，一包货物落入海中属于海上风险的意外事故，属于平安险承保范围，对于此种损失，保险人应当承担责任。故 A 项正确。

船长驾船过失导致的货物损失也属于意外事故，保险人应承担赔偿责任。故 B 项正确。

运输延迟属于海上货物运输保险的除外责任，保险人不承担赔偿责任。故 C 项错误。

根据《海牙规则》第 4 条第 2 款第（a）项的规定，对于因船长、船员、引水员或承运人的雇佣人员在航行或管理船舶中的行为、疏忽或不履行义务造成的货物损失，承运人可以免责。故 D 项正确。

参考答案 ABD

✎ 要点凝练

（1）《海牙规则》中承运人的免责事项是"航行过失免责+无过失免责"；

（2）平安险承保"海上风险造成的全部和部分损失-自然灾害导致的单独海损"。

224. 中国甲公司与某国乙公司签订茶叶出口合同，并投保水渍险，议定由丙公司"天然"号货轮承运。下列哪些选项属于保险公司应赔偿范围？（2011/1/80-多）

A. 运输中因茶叶串味等外来原因造成货损

B. 运输中因"天然"号过失与另一轮船相撞造成货损

C. 运输延迟造成货损

D. 运输中因遭遇台风造成部分货损

考点提示 水渍险

选项解析 水渍险承保海上风险造成的全部和部分损失。水渍险的责任范围除平安险各项责任外，还负责被保险货物由于恶劣气候、雷电、海啸、洪水等自然灾害所造成的部分损失。运输中，因茶叶串味等外来原因造成货损属于一般外来风险，不属于水渍险的赔偿范围。故 A 项不当选。

运输中因"天然"号过失与另一轮船相撞造成货损，属于平安险赔偿范围，当然更属于水渍险赔偿范围。故 B 项当选。

运输延迟造成货损属于海上运输保险除外责任，不应赔偿。故 C 项不当选。

运输中因遭遇台风造成部分货损，属于恶劣气候等自然灾害所造成的损失，属于水渍险赔偿范围。故 D 项当选。

参考答案 BD

✎ 要点凝练

（1）水渍险承保"海上风险造成的全部和部分损失"；

（2）运输迟延造成货损属于保险公司的除外责任，由承运人承担。

⏰ 45 专题 **国际贸易支付法律制度之托收法律关系**

225. 修帕公司与维塞公司签订了出口 200 吨农产品的合同，付款采用托收方式。船长签发了清洁提单。货到目的港后经检验发现货物质量与合同规定不符，维塞公司拒绝付款提货，并要求减价。后该批农产品全部变质。根据国际商会《托收统一规则》，下列哪一选项是正确的？（2008/1/44-单）

A. 如代收行未执行托收行的指示，托收行应对因此造成的损失对修帕公司承担责任

B. 当维塞公司拒付时，代收行应当主动制作

拒绝证书，以便收款人追索

C. 代收行应无延误地向托收行通知维塞公司拒绝付款的情况

D. 当维塞公司拒绝提货时，代收行应当主动提货以减少损失

 **考点提示** 托收

选项解析 国际商会《跟单托收统一规则》第11条规定："①为使委托人的指示得以实现，银行使用另一银行或其他银行的服务时，是代为该委托人办理的，因此，其风险由委托人承担；②即使银行主动地选择了其他银行办理业务，如该行所转递的指示未被执行，作出选择的银行也不承担责任或对其负责；③一方指示另一方去履行服务，指示方应受到外国法律和惯例施加给被指示方的一切义务和责任的制约，并应就有关义务和责任对受托方承担赔偿责任。"因此，托收行对代收行的不作为或不合理行为不负赔偿责任，后果由委托人承担。故A项错误。

国际商会《跟单托收统一规则》明确了银行的免责事项：①银行只需核实单据在表面上与托收指示书一致，此外没有进一步检验单据的义务；代收行对承兑人签名的真实性或签名人是否有签署承兑的权限概不负责。②与托收有关的银行对由于任何通知、信件或单据在寄送途中发生延误或失落所造成的一切后果，或对电报、电传、电子传送系统在传送中发生延误、残缺和其他错误，或对专门性术语在翻译上和解释上的错误，概不负责。③与托收有关的银行对由于天灾、暴动、骚乱、叛乱、战争或银行本身无法控制的任何其他原因，或对由于罢工或停工致使银行营业间断所造成的一切

后果，概不负责。④除非事先征得银行同意，货物不应直接运交银行或以银行为收货人，否则银行无义务提取货物。银行对于跟单托收项下的货物无义务采取任何措施。⑤在汇票被拒绝承兑或拒绝付款时，若托收指示书上无特别指示，银行没有制作拒绝证书的义务。依据上述托收行免责条款第5项可知，当付款人（维塞公司）拒付时，代收行没有主动制作拒绝证书的义务。故B项错误。依据上述免责条款第4项可知，维塞公司拒绝提货时，代收行也无义务提货。故D项错误。

托收行的义务包括：①及时提示的义务，即对即期汇票应毫无延误地作付款提示；对远期汇票则必须不迟于规定的到期日作付款提示。当远期汇票必须承兑时，应毫无延误地作承兑提示。②保证汇票和装运单据与托收指示书的表面一致。如发现任何单据有遗漏，应立即通知发出指示书的一方。③收到的款项在扣除必要的手续费和其他费用后必须按照指示书的规定无迟延地解交本人。④无延误地通知托收结果，包括付款、承兑、拒绝承兑或拒绝付款等。依据第4项的规定可知，代收行应无延误地向托收行通知维塞公司拒绝付款的情况。故C项正确。

参考答案 C

要点凝练

（1）托收行对其被指示的行为免责；

（2）如买方拒绝付款，代收行只需把结果通知卖方，代收行免除管理货物、垫付资金、票据追索的责任。

国际贸易支付法律制度之银行信用证 专题 46

226. 中国甲公司从某国乙公司进口一批货物，委托中国丙银行出具一份不可撤销信用

证。乙公司发货后持单据向丙银行指定的丁银行请求付款，银行审单时发现单据上记载

内容和信用证不完全一致。乙公司称甲公司接受此不符点，丙银行经与甲公司沟通，证实了该说法，即指示丁银行付款。后甲公司得知乙公司所发货物无价值，遂向有管辖权的中国法院申请中止支付信用证项下的款项。关于本案，下列说法正确的是：(2021-回忆版-单)

A. 甲公司已接受不符点，丙银行必须承担付款责任

B. 乙公司行为构成信用证欺诈

C. 即使丁银行已付款，法院仍应裁定丙银行中止支付

D. 丙银行发现单证存在不符点，有义务联系甲公司征询是否接受不符点

考点提示 《ICC 跟单信用证统一惯例》中银行对不符单据的处理

选项解析 根据《ICC 跟单信用证统一惯例》(UCP600)的规定，明确单证或单单不符时，银行可以自行联系开证申请人。比如，接到开证申请人放弃不符点的通知，银行可以释放单据，并不必须承担付款责任。故 A 项错误。

乙公司所发货物无价值，构成信用证欺诈。故 B 项正确。

根据《信用证纠纷案件规定》的规定，在银行付款或者承兑以前，发现确凿证据（申请人应当提供担保），开证申请人、开证行或其他利害关系人可以请求有管辖权的法院向银行颁发止付令。本题中，丁银行已经善意付款，所以法院不应当裁定丙银行中止支付。故 C 项错误。

单证或单单不符时，银行可以自行联系开证申请人，但没有义务联系甲公司征询是否接受不符点。故 D 项错误。

参考答案 B

✐ 要点凝练

　　明确单证或单单不符时，银行可以自行联系开证申请人，如接到开证申请人放弃不符点的通知，银行可以释放单据。

227. 美国 Megan Tool 公司（买方）和中国强峰公司（卖方）订立了一份进口家用工具的合同。目的港无直达航线，需转船运输，买方申请开证行开出了不可撤销信用证。下列哪些条款属于信用证中的"软条款"？(2019-回忆版-多)

A. 信用证规定"开证行需在货物检验合格后方可支付"

B. 信用证要求提单为已装船提单

C. 信用证要求经过保兑

D. 信用证规定"禁止转船"

考点提示 信用证"软条款"欺诈

选项解析 信用证中的"软条款"，是指信用证中规定一些限制性条款，限制了受益人获得信用证下付款的权利。该类条款也属于信用证欺诈的一种，被称为"软条款"欺诈，是卖方受制于买方的条款，也即买方骗卖方的条款。故 A、D 项当选。

参考答案 AD

✐ 要点凝练

　　"软条款"是指卖方受制于买方的条款，即买方骗卖方的条款。

228. 中国某公司进口了一批皮制品，信用证方式支付，以海运方式运输并投保了一切险。中国收货人持正本提单提货时发现货物已被他人提走。依相关司法解释和国际惯例，下列哪一选项是正确的？(2017/1/42-单)

A. 承运人应赔偿收货人因其无单放货造成的货物成本加利润损失

B. 因该批货物已投保一切险，故保险人应对货主赔偿无单放货造成的损失

C. 因货物已放予他人，收货人不再需要向卖方支付信用证项下的货款

D. 如交单人提交的单证符合信用证的要求，银行即应付款

考点提示 无单放货的司法解释；一切险；信

用证

选项解析《审理无正本提单交付货物案件规定》第6条规定："承运人因无正本提单交付货物造成正本提单持有人损失的赔偿额，按照货物装船时的**价值加运费和保险费计算**。"故 A 项错误。

承运人无单放货不属于由意外事故造成的损失，一切险下保险公司也无赔偿的义务。故 B 项错误。

信用证方式是纯单据业务。银行处理信用证业务时，只凭单据，不问货物，只审查受益人所提交的单据是否与信用证条款相符，以决定其是否履行付款责任。《ICC 跟单信用证统一惯例》（UCP600）第 5 条规定："银行处理的是单据，而不是单据可能涉及的货物、服务或履约行为。"在信用证业务中，只要受益人提交符合信用证条款的单据，**开证行就应承担付款责任**，收货人也应接受单据并向开证行付款赎单。故 C 项错误，D 项正确。

参考答案 D

 要点凝练

（1）承运人无单放货的赔偿额是"货物装船时的价值加运费和保险费"；

（2）一切险的承保范围是"水渍险+11 种一般附加险"；

（3）信用证下银行审查标准为"单单相符、单证相符"。

229. 中国甲公司与法国乙公司订立了服装进口合同，信用证付款，丙银行保兑。货物由"铂丽"号承运，投保了平安险。甲公司知悉货物途中遇台风全损后，即通知开证行停止付款。依《海牙规则》、UCP600 号及相关规则，下列哪一选项是正确的？（2016/1/41-单）

A. 承运人应承担赔偿甲公司货损的责任

B. 开证行可拒付，因货已全损

C. 保险公司应赔偿甲公司货物的损失

D. 丙银行可因开证行拒付而撤销其保兑

考点提示《海牙规则》；平安险；信用证

选项解析《海牙规则》规定的承运人免责的事项共有 17 项。根据《海牙规则》第 4 条第 2 款的规定，不论承运人或船舶，对由于下列原因引起或造成的灭失或损坏，都不负责：①船长、船员、引水员或承运人的雇佣人员，在航行或管理船舶中的行为、疏忽或不履行义务；②火灾，但由于承运人的实际过失或私谋所引起的除外；③海上或其他能航水域的灾难、危险和意外事故；④天灾；⑤战争行为；⑥公敌行为；⑦君主、当权者或人民的扣留或管制，或依法扣押；⑧检疫限制；⑨托运人或货主、其代理人或代表的行为或不行为；⑩不论由于任何原因所引起的局部或全面罢工、关厂停止或限制工作；⑪暴动和骚乱；⑫救助或企图救助海上人命或财产；⑬由于货物的固有缺点、性质或缺陷引起的体积或重量亏损，或任何其他灭失或损坏；⑭包装不善；⑮标志不清或不当；⑯虽克尽职责亦不能发现的潜在缺点；⑰非由于承运人的实际过失或私谋，或者承运人的代理人，或雇佣人员的过失或疏忽所引起的其他任何原因。因此，根据第 4 项的规定，承运人对台风可以免除责任。故 A 项错误。

根据《ICC 跟单信用证统一惯例》（UCP600）的规定，银行应当在**单证一致、单单一致**的条件下付款。只要符合单单一致、单证一致的条件，银行就必须付款。只有单单或单证不符时，银行才能拒付。因此，货物发生全损不能成为银行拒付的理由。故 B 项错误。

平安险不承保**单纯由自然灾害引起的货物单独海损**。本题中，货物因台风造成全部损失，系因自然灾害造成的全部损失，属于平安险的承保范围。因此，保险人应当承担保险责任。故 C 项正确。

保兑行自对信用证加以保兑时起，其承担的责任就相当于本身开证，不论开证行发生什么变化，保兑行都不能片面撤销其保兑。故 D 项错误。

参考答案 C

📝 要点凝练

(1)《海牙规则》中承运人的免责事项是"航行过失免责+无过失免责";

(2) 只有单单、单证不符,银行才能拒付;

(3) 平安险承保"海上风险造成的全部和部分损失-自然灾害导致的单独海损";

(4) 保兑行的付款义务独立于开证行。

230. 依最高人民法院《关于审理信用证纠纷案件若干问题的规定》,出现下列哪一情况时,不能再通过司法手段干预信用证项下的付款行为?(2015/1/42-单)

A. 开证行的授权人已对信用证项下票据善意地作出了承兑

B. 受益人交付的货物无价值

C. 受益人和开证申请人串通提交假单据

D. 受益人提交记载内容虚假的单据

考点提示 信用证欺诈例外原则

选项解析《信用证纠纷案件规定》第 10 条规定:"人民法院认定存在信用证欺诈的,应当裁定中止支付或者判决终止支付信用证项下款项,但有下列情形之一的除外:①开证行的指定人、授权人已按照开证行的指令善意地进行了付款;②开证行或者其指定人、授权人已对信用证项下票据善意地作出了承兑;③保兑行善意地履行了付款义务;④议付行善意地进行了议付。"故 A 项当选,B、C、D 项不当选。

参考答案 A

📝 要点凝练

信用证欺诈例外原则必须是在信用证下任何一家有义务付款的银行付款或承兑之前。

231. 中国甲公司与德国乙公司签订了出口红枣的合同,约定品质为二级,信用证方式

支付。后因库存二级红枣缺货,甲公司自行改装一级红枣,虽发票注明品质为一级,货价仍以二级计收。但在银行办理结汇时遭拒付。根据相关公约和惯例,下列哪些选项是正确的?(2014/1/80-多)

A. 甲公司应承担交货不符的责任

B. 银行应在审查货物的真实等级后再决定是否收单付款

C. 银行可以发票与信用证不符为由拒绝收单付款

D. 银行应对单据记载的发货人甲公司的诚信负责

考点提示《联合国国际货物销售合同公约》;信用证

选项解析《联合国国际货物销售合同公约》第 35 条第 1 款规定:"卖方交付的货物必须与合同所规定的数量、质量和规格相符,并须按照合同所规定的方式装箱或包装。"否则,卖方应当承担交货不符的责任。故 A 项正确。

根据《ICC 跟单信用证统一惯例》(UCP600)第 34 条的规定,银行对于单据中表明的货物描述、数量、重量、品质、状况、包装、交货、价值或其存在与否,或对于货物的发货人、承运人、运输代理人、收货人、保险人或其他任何人的诚信与否、作为或不作为、清偿能力、履约或资信状况,概不负责。故 B、D 项错误。

根据《ICC 跟单信用证统一惯例》(UCP600)的规定,在受益人交付的单据与信用证规定一致(单证一致)、单据与单据之间一致(单单一致)时,银行须根据信用证的类型履行相应的义务。当指定银行、保兑行或开证行确定交单不符时,可以拒绝承付或议付。故 C 项正确。

参考答案 AC

📝 要点凝练

(1) 卖方对货物承担质量担保的责任;

(2) 信用证的交易独立于买卖合同;

(3) 信用证下银行审查标准为"单单相符、单证相符"。

232. 根据《最高人民法院关于审理信用证纠纷案件若干问题的规定》，中国法院认定存在信用证欺诈的，应当裁定中止支付或者判决终止支付信用证项下款项，但存在除外情形。关于除外情形，下列哪些表述是正确的？（2012/1/81－多）

A. 开证行的指定人、授权人已按照开证行的指令善意地进行了付款

B. 开证行或者其指定人、授权人已对信用证项下票据善意地作出了承兑

C. 保兑行善意地履行了付款义务

D. 议付行善意地进行了议付

【考点提示】信用证欺诈例外原则

【选项解析】《信用证纠纷案件规定》第 10 条规定："人民法院认定存在信用证欺诈的，应当裁定中止支付或者判决终止支付信用证项下款项，但有下列情形之一的除外：①开证行的指定人、授权人已按照开证行的指令善意地进行了付款；②开证行或者其指定人、授权人已对信用证项下票据善意地作出了承兑；③保兑行善意地履行了付款义务；④议付行善意地进行了议付。"故 A、B、C、D 项均正确。

【参考答案】ABCD

【要点凝练】
信用证欺诈例外原则必须是在信用证下任何一家有义务付款的银行付款或承兑之前。

233. 中国甲公司（卖方）与某国乙公司签订了国际货物买卖合同，规定采用信用证方式付款，由设在中国境内的丙银行通知并保兑。信用证开立之后，甲公司在货物已经装运，并准备将有关单据交银行议付时，接到丙银行通知，称开证行已宣告破产，丙银行将不承担对该信用证的议付或付款责任。据此，下列选项正确的是：（2010/1/100－任）

A. 乙公司应为信用证项下汇票上的付款人

B. 丙银行的保兑义务并不因开证行的破产而免除

C. 因开证行已破产，甲公司应直接向乙公司收取货款

D. 虽然开证行破产，甲公司仍可依信用证向丙银行交单并要求付款

【考点提示】信用证

【选项解析】《ICC 跟单信用证统一惯例》（UCP600）第 6 条第 c 款规定："信用证不得开成凭以申请人为付款人的汇票兑用。"在信用证项下，汇票上的付款人只能是银行，一般是开证行或开证行指定的银行。故 A 项错误。

保兑行自对信用证加以保兑时起，其承担的责任就相当于本身开证，不论开证行发生什么变化，保兑行都不得片面撤销其保兑。因此，保兑行的保兑义务不因开证行的破产而免除。故 B、D 项正确，C 项错误。

【参考答案】BD

【要点凝练】
（1）信用证下汇票的当事人：卖方为出票人，开证行为付款人；
（2）保兑行的付款责任相当于开证行，且独立于开证行。

234. 中国甲公司（买方）与某国乙公司签订仪器买卖合同，付款方式为信用证，中国丙银行为开证行，中国丁银行为甲公司申请开证的保证人，担保合同未约定法律适用。乙公司向信用证指定行提交单据后，指定行善意支付了信用证项下的款项。后甲公司以乙公司伪造单据为由，向中国某法院申请禁止支付令。依我国相关法律规定，下列哪一选项是正确的？（2009/1/46－单）

A. 中国法院可以诈欺为由禁止开证行对外支付

B. 因指定行已善意支付了信用证项下的款项，中国法院不应禁止中国丙银行对外

付款

C. 如确有证据证明单据为乙公司伪造，中国法院可判决终止支付

D. 丁银行与甲公司之间的担保关系应适用《跟单信用证统一惯例》规定

考点提示 信用证

选项解析 《信用证纠纷案件规定》第10条规定："人民法院认定存在信用证欺诈的，应当裁定中止支付或者判决终止支付信用证项下款项，但有下列情形之一的除外：①开证行的指定人、授权人已按照开证行的指令善意地进行了付款；②开证行或者其指定人、授权人已对信用证项下票据善意地作出了承兑；③保兑行善意地履行了付款义务；④议付行善意地进行了议付。"据此，信用证下任何一家银行已经善意地付款或承兑，法院就不可裁定或判决止付信用证。本案中，指定行已经善意支付了信用证项下的款项，因此，中国法院不得颁发止

付令，丙银行有付款义务。故A、C项错误，B项正确。

《ICC跟单信用证统一惯例》（UCP600）只调整信用证下各方当事人之间的关系，不调整信用证以外的其他法律关系。本案中，丁银行只是甲公司的开证保证人，并非信用证下的保兑行，其与甲公司之间的担保关系不适用《ICC跟单信用证统一惯例》（UCP600）。故D项错误。

参考答案 B

✐ 要点凝练

（1）信用证欺诈例外原则必须是在信用证下任何一家有义务付款的银行付款或承兑之前；

（2）UCP600只能调整信用证下当事人之间的关系。

国际贸易公法 第14讲

应试指导

本讲主要包括中国对外贸易管理制度和世界贸易组织制度两大部分内容。中国对外贸易管理制度的重点在于中国出口管制法，中国对外贸易法以及反倾销、反补贴和保障措施三大贸易救济措施； 世界贸易组织制度的重点在于世界贸易组织的一般法律原则、《服务贸易总协定》和世界贸易组织争端解决机制等。其中，贸易救济措施与世界贸易组织争端解决机制的考试重复率最高。该部分内容应在理解基础上进行记忆。

中国《对外贸易法》 专题 47

一、《对外贸易法》总览

235. 根据我国 2022 年修正的《对外贸易法》的规定，关于对外贸易经营者，下列哪些选项是错误的？（2008/1/85 改编-多）

A. 个人须委托具有资格的法人企业才能办理对外贸易业务

B. 对外贸易经营者未依规定办理备案登记的，海关不予办理报关验放手续

C. 有足够的资金即可自动取得对外贸易经营的资格

D. 对外贸易经营者向国务院主管部门办妥审批手续后方能取得对外贸易经营的资格

考点提示 《对外贸易法》

选项解析 《对外贸易法》第 8 条将可以从事外

贸的主体扩大到自然人，个人无须委托具有资格的法人企业就能办理对外贸易业务。故 A 项错误，当选。

2022 年 12 月 30 日修正的《对外贸易法》删除了 2016 年《对外贸易法》第 9 条。因此 2016 年《对外贸易法》第 9 条第 2 款 "对外贸易经营者未按照规定办理备案登记的，海关不予办理进出口货物的报关验放手续" 的规定也同时失效。这标志着所有企业（个人）无需备案均可从事外贸业务。故 B 项错误，当选。

对外贸易经营权的获得虽已取消了备案登记制，但并非有足够资金即可自动获得。故 C 项错误，当选。

根据上述分析，对外贸易经营权的获得已经取消了备案登记的要求，至于审批制，早在 2004 年修订的《对外贸易法》中就已取消。故

D项错误，当选。

参考答案 ABCD

要点凝练

（1）《对外贸易法》对外贸经营者取消了"备案登记制"；

（2）对外贸易经营权的主体已扩大到自然人。

二、禁止、限制货物或技术进出口问题

236. 依据我国 2022 年修正的《中华人民共和国对外贸易法》的规定，关于货物的进出口管理，下列选项哪些是不正确的？（2004/1/74 改编-多）

A. 对自由进出口的货物无需办理任何手续

B. 全部自由进出口的货物均应实行进出口自动许可

C. 实行自动许可的进出口货物，国务院对外贸易主管部门有权决定是否许可

D. 自动许可的进出口货物未办理自动许可手续的，海关不予放行

考点提示《对外贸易法》

选项解析 自动许可的条件是主管部门基于监测进出口情况的需要，且客体是部分自由进出口的货物。自动许可的程序是由当事人在办理海关报关手续前提出自动许可申请，主管部门应当许可这种申请；如果未办理自动许可手续，海关不予放行。国家对货物进出口实行目录管理，分为禁止、限制和自由进出口三种。所谓

"自由进出口的货物"，是相对于禁止或限制进出口的货物而言，数量上不会受到配额、许可证等方式的调整。但这种自由绝不意味着进出口货物无需办理任何手续，在货物通过海关时仍要履行报关、检测等一系列手续。故 A 项认为"对自由进出口的货物无需办理任何手续"是错误的，当选。

根据《对外贸易法》第 14 条第 1 款的规定，国务院对外贸易主管部门基于监测进出口情况的需要，可以对部分自由进出口的货物实行进出口自动许可并公布其目录，而不是所有自由进出口的货物均应实行进出口自动许可。故 B 项错误，当选。

自动许可的目的在于便于监测和统计，对实行自动许可的进出口货物，国务院对外贸易主管部门应当予以许可，而不是以审批的方式决定是否许可。故 C 项错误，当选。

根据《对外贸易法》第 14 条第 2 款的规定，实行自动许可的进出口货物未办理自动许可手续的，海关不予放行。故 D 项正确，不当选。

参考答案 ABC

要点凝练

列入自动许可目录中的产品需办理自动许可手续，否则海关不予放行。

三、对国际服务贸易进出口的管理

司考（法考）最近 10 年暂未考查过。

48 专题 **中国《出口管制法》**

237. 中国上海甲公司与 A 国乙公司签订 CFR 合同出口某种与两用物项相关的货物，双方约定货物在运输前存放在甲公司位于上海的 B231 仓库，乙公司为该批货物的最终用

户。依据国际贸易法的相关规则，下列判断正确的是：（2022-回忆版-单）

A. 上海的 B231 仓库为该批货物的交货地点

B. 甲公司应为该批货物的出口申请许可证

C. 乙公司应当为该批货物投保平安险

D. 乙公司收到货物后方可向第三方转卖

【考点提示】CFR 贸易术语；《出口管制法》

【选项解析】CFR 的交货地点为装运港船上。故 A 项错误。

根据《出口管制法》的规定，出口经营者向国家两用物项出口管制管理部门申请出口两用物项时，应当依照法律、行政法规的规定如实提交相关材料。国家对两用物项的出口制定出口管制清单，实施出口许可制度。故 B 项正确。

CFR 的价格构成为装船时的货物价值（成本）加运输该货物需要支出的运费，不包含保险费用。故 C 项错误。

根据《出口管制法》第 16 条第 1 款的规定，管制物项的最终用户应当承诺，未经国家出口管制管理部门允许，不得擅自改变相关管制物项的最终用途或者向任何第三方转让。故 D 项错误。

【参考答案】B

【要点凝练】

> （1）CFR 贸易术语交货地点为装运港船上；
>
> （2）CFR 价格构成为成本+运费；
>
> （3）管制物项的最终用户不得擅自改变相关管制物项的最终用途或者向任何第三方转让。

238. 中国人杨某和甲公司都从事某种商品的出口，该种商品在国外颇受欢迎且销路很好。但自 2020 年《出口管制法》颁布以来，该种商品被列入我国出口管制清单。根据《对外贸易法》和《出口管制法》的相关规定，下列哪些判断是不正确的？（2021-回忆版-多）

A. 杨某作为自然人不能从事对外贸易活动

B. 甲公司只有经有关部门审批方能从事对外贸易活动

C. 该种商品出口应申领出口许可证

D. 该种商品的最终用户可自行改变产品用途

【考点提示】《对外贸易法》《出口管制法》

【选项解析】根据《对外贸易法》第 8 条的规定，外贸经营者的范围是"依照本法和其他有关法律、行政法规的规定从事对外贸易经营活动的法人、其他组织或者个人"，且外贸经营权的获得无需审批。故 A、B 项均错误，当选。

《出口管制法》第 12 条第 1、2 款规定："国家对管制物项的出口实行许可制度。出口管制清单所列管制物项或者临时管制物项，出口经营者应当向国家出口管制管理部门申请许可。"故 C 项正确，不当选。

《出口管制法》第 16 条第 1 款规定："管制物项的最终用户应当承诺，未经国家出口管制管理部门允许，不得擅自改变相关管制物项的最终用途或者向任何第三方转让。"故 D 项错误，当选。

【参考答案】ABD

【要点凝练】

> （1）对外贸易经营权的主体已扩大到自然人；
>
> （2）《对外贸易法》取消了对外贸易经营权取得的"备案登记制"；
>
> （3）出口管制清单所列管制物项或者临时管制物项，应申领出口许可证；
>
> （4）管制物项的最终用户不得擅自改变相关管制物项的最终用途或者向任何第三方转让。

49 专题 贸易救济措施之反倾销措施

239. 甲、乙两国企业均向中国出口某化工产品，中国生产同类化工产品的企业认为这一化工产品进口价格过低，向商务部提出了反倾销调查申请。商务部终局裁定确定倾销成立，决定征收反倾销税。已知中国和甲、乙两国均为 WTO 成员国。下列哪一选项是正确的？（2022-回忆版-单）

A. 商务部应就两国产品倾销对我国同类产业造成的影响进行累积评估

B. 对甲、乙两国的不同经营者在反倾销调查后应征收同一标准的反倾销税

C. 中国进口经营者对商务部的终局裁定不服的，可以提起行政诉讼

D. 甲、乙两国企业对商务部的终局裁定不服的，可以诉诸 WTO 争端解决中心

考点提示 反倾销；WTO 争端解决

选项解析 根据《反倾销条例》第 9 条的规定，倾销进口产品来自 2 个以上国家（地区），并且同时满足下列条件的，可以就倾销进口产品对国内产业造成的影响进行累积评估：①来自每一国家（地区）的倾销进口产品的倾销幅度不小于 2%，并且其进口量不属于可忽略不计的；②根据倾销进口产品之间以及倾销进口产品与国内同类产品之间的竞争条件，进行累积评估是适当的。可忽略不计，是指来自一个国家（地区）的倾销进口产品的数量占同类产品总进口量的比例低于 3%；但是，低于 3% 的若干国家（地区）的总进口量超过同类产品总进口量 7% 的除外。据此，只有同时满足以上条件，才可以进行累积评估。故 A 项错误。

根据上述规定，当 2 个以上国家存在倾销情形时，应当按照各自的倾销幅度确定应当采取的反倾销措施。故 B 项错误。

根据《最高人民法院关于审理反倾销行政案件应用法律若干问题的规定》第 1 条的规定，

人民法院依法受理对下列反倾销行政行为提起的行政诉讼：①有关倾销及倾销幅度、损害及损害程度的终裁决定；②有关是否征收反倾销税的决定以及追溯征收、退税、对新出口经营者征税的决定；③有关保留、修改或者取消反倾销税以及价格承诺的复审决定；④依照法律、行政法规规定可以起诉的其他反倾销行政行为。故 C 项正确。

WTO 争端解决中心受理的案件为政府间的争端，企业对商务部关于倾销的裁决不服的，不能够诉诸 WTO 争端解决中心。故 D 项错误。

参考答案 C

要点凝练

（1）累积评估的前提条件是倾销进口产品来自 2 个以上国家（地区），并且需要同时满足其他条件；

（2）反倾销存在行政诉讼；

（3）WTO 争端解决中心受理的案件为政府间的争端。

240. 甲、乙两国均为 WTO 成员，甲国出口至乙国的产品价格低于正常价值，乙国遂对进口甲国产品的国内企业征收高额反倾销税，甲国以乙国反倾销措施违反 WTO 协议为由诉至 WTO 争端解决机构。根据国际经济法相关规则，下列判断正确的有：（2021-回忆版-多）

A. WTO 专家组审理时不能就当事国未提出的主张作出裁决

B. 专家组在认为已经有效解决了争端的情况下，对其中的某些诉求可不进行审查

C. 反倾销措施是针对进口产品数量增加而采取的贸易救济措施

D. 甲、乙两国应根据 WTO 争端解决规则处理争端

【考点提示】司法经济原则；WTO 争端解决机制

【选项解析】司法经济原则在 WTO 争端解决规则中表现为：①对争端方没有提出的主张，专家组不能作出裁决，即使相关专家提出了这样的主张；②对申诉方根据不同规则提起的数个申诉请求，专家组可根据有效解决争端的必要性，在认为已经有效解决了争端的情况下，对其中的某些诉求不进行审查。故 A、B 项正确。

反倾销措施，是指针对进口产品以低于正常价值的价格进入进口国市场，并对已经建立的国内产业造成实质损害或产生实质损害威胁，或对建立国内产业造成实质阻碍而采取的贸易救济措施。故 C 项错误。

争端双方甲、乙两国将争议诉至 WTO 争端解决机构，此即贸易救济措施的多边程序救济，该救济应遵循世界贸易组织争端解决规则和程序。故 D 项正确。

【参考答案】ABD

【要点凝练】
(1) 司法经济原则也称司法克制原则；
(2) 反倾销措施的三项前提条件需同时具备；
(3) 贸易救济措施的多边程序救济是指将争端提交 WTO 争端解决机构。

241. 根据《中华人民共和国反倾销条例》的规定，下列有关临时反倾销措施的说法正确的有：（2020-回忆版-多）

A. 对于初步裁定确定倾销成立并由此对国内产业造成损害的，可以采取临时反倾销措施

B. 情况紧急的，商务部自立案之日起可以先行采取临时反倾销措施

C. 临时反倾销税的数额不得超过初步裁定确定的倾销幅度

D. 终裁确定的反倾销税税额高于临时反倾销税的数额的，差额部分应当由纳税义务人补足

【考点提示】临时反倾销措施

【选项解析】初裁确定倾销成立的，可以采取临时反倾销措施。故 A 项正确。

商务部立案公告之日起 60 天内，不可以采取临时反倾销措施。故 B 项错误。

临时反倾销税的数额不得超过倾销幅度。故 C 项正确。

根据"多退少不补原则"，终裁确定的反倾销税税额高于临时反倾销税的数额的，差额部分不予收取。故 D 项错误。

【参考答案】AC

【要点凝练】
(1) 商务部立案公告之日起不能立即采取临时反倾销措施；
(2) 临时反倾销税的税额不得超过倾销幅度；
(3) 临时反倾销税的征收采取"多退少不补原则"。

242. 我国轧钢产业向商务部申请对从甲国进口的轧钢进行反倾销调查，商务部终局裁定确定倾销成立，对国内轧钢产业造成损害，决定征收反倾销税。根据我国相关法律的规定，下列哪一选项是正确的？（2020-回忆版-单）

A. 反倾销税的纳税人应该是甲国轧钢出口商

B. 我国振华公司认为其已经缴纳的反倾销税款超过倾销幅度，可以向商务部申请退税

C. 针对商务部的终局裁定，甲国轧钢出口商必须先申请复审，对复审决定不服才能提起行政诉讼

D. 针对商务部的终局裁定，甲国轧钢出口商只能申请行政复议，无权向人民法院提起行政诉讼

【考点提示】反倾销

【选项解析】反倾销税的纳税人为倾销进口产品的进口经营者。故 A 项错误。

倾销进口产品的进口经营者有证据证明其已经缴纳的反倾销税税额超过倾销幅度的，可

以向商务部提出退税申请。故 B 项正确。

反倾销调查程序中，复审不是行政诉讼的必经程序。故 C 项错误。

对商务部反倾销终局裁定或复审决定，利害关系人可以依法申请行政复议，也可以依法向人民法院提起诉讼。故 D 项错误。

参考答案 B

要点凝练

(1) 反倾销税的纳税义务人为进口商；

(2) 反倾销税的税额不得超过倾销幅度；

(3) 反倾销措施的行政救济和司法救济途径。

243. 甲、乙、丙三国生产卷钢的企业以低于正常价值的价格向中国出口其产品，代表中国同类产业的 8 家企业拟向商务部申请反倾销调查。依我国《反倾销条例》，下列哪一选项是正确的？（2017/1/43-单）

A. 如支持申请的国内生产者的产量不足国内同类产品总产量25%的，不得启动反倾销调查

B. 如甲、乙、丙三国的出口经营者不接受商务部建议的价格承诺，则会妨碍反倾销案件的调查和确定

C. 反倾销税的履行期限是 5 年，不得延长

D. 终裁决定确定的反倾销税高于已付的临时反倾销税的，差额部分应予补交

考点提示 反倾销

选项解析《反倾销条例》第 17 条规定："在表示支持申请或者反对申请的国内产业中，支持者的产量占支持者和反对者的总产量的50%以上的，应当认定申请是由国内产业或者代表国内产业提出，可以启动反倾销调查；但是，表示支持申请的国内生产者的产量不足国内同类产品总产量的25%的，不得启动反倾销调查。"故 A 项正确。

《反倾销条例》第 32 条规定："出口经营者不作出价格承诺或者不接受价格承诺的建议的，不妨碍对反倾销案件的调查和确定。出口经营者继续倾销进口产品的，商务部有权确定损害威胁更有可能出现。"故 B 项错误。

《反倾销条例》第 48 条规定："反倾销税的征收期限和价格承诺的履行期限不超过 5 年；但是，经复审确定终止征收反倾销税有可能导致倾销和损害的继续或者再度发生的，反倾销税的征收期限可以适当延长。"故 C 项错误。

《反倾销条例》第 43 条第 3 款规定："终裁决定确定的反倾销税，高于已付或者应付的临时反倾销税或者为担保目的而估计的金额的，差额部分不予收取；低于已付或者应付的临时反倾销税或者为担保目的而估计的金额的，差额部分应当根据具体情况予以退还或者重新计算税额。"故 D 项错误。

参考答案 A

要点凝练

(1) 反倾销调查发起的方式可以是依职权，也可以是依申请。依申请提起必须是占国内同类产业半数以上才可以申请。

(2) 商务部可以建议出口经营者作出价格承诺，但不能强迫；出口经营者作出价格承诺的，商务部可以接受也可以不接受。

(3) 反倾销税的征收期限和价格承诺的履行期限不超过 5 年，但经复审可以延长。

(4) 临时反倾销税的征收采取"多退少不补原则"。

244. 甲乙丙三国企业均向中国出口某化工产品，2010 年中国生产同类化工产品的企业认为进口的这一化工产品价格过低，向商务部提出了反倾销调查申请。根据相关规则，下列哪一选项是正确的？（2014/1/42-单）

A. 反倾销税税额不应超过终裁决定确定的倾销幅度

B. 反倾销税的纳税人为倾销进口产品的甲乙丙三国企业

C. 商务部可要求甲乙丙三国企业作出价格承诺，否则不能进口

D. 倾销进口产品来自 2 个以上国家，即可就倾销进口产品对国内产业造成的影响进行累积评估

考点提示 反倾销

选项解析 中国《反倾销条例》第 42 条规定："反倾销税税额<u>不超过终裁决定确定的倾销幅度</u>。"故 A 项正确。

中国《反倾销条例》第 40 条规定："反倾销税的<u>纳税人</u>为倾销进口产品的<u>进口经营者</u>。"甲乙丙三国企业为出口者。故 B 项错误。

中国《反倾销条例》第 31 条规定："倾销进口产品的出口经营者在反倾销调查期间，<u>可以</u>向商务部作出改变价格或者停止以倾销价格出口的价格承诺。商务部<u>可以</u>向出口经营者提出价格承诺的建议。商务部<u>不得强迫</u>出口经营者作出价格承诺。"故 C 项错误。

中国《反倾销条例》第 9 条规定："倾销进口产品来自 2 个以上国家（地区），并且同时满足下列条件的，可以就倾销进口产品对国内产业造成的影响进行累积评估：①来自每一国家（地区）的倾销进口产品的倾销幅度不小于 2%，并且其进口量不属于可忽略不计的；②根据倾销进口产品之间以及倾销进口产品与国内同类产品之间的竞争条件，进行累积评估是适当的。可忽略不计，是指来自一个国家（地区）的倾销进口产品的数量占同类产品总进口量的比例低于 3%；但是，低于 3% 的若干国家（地区）的总进口量超过同类产品总进口量 7% 的除外。"因此，<u>只有当倾销进口产品来自 2 个以上国家，且同时满足以上条件时，才可就倾销进口产品对国内产业造成的影响进行累积评估</u>。故 D 项错误。

参考答案 A

要点凝练

（1）反倾销税税额不应超过终裁决定确定的倾销幅度。

（2）反倾销税的纳税义务人为进口商。

（3）商务部可以建议出口经营者作出价格承诺，但不能强迫；出口经营者作出价格承诺的，商务部可以接受也可以不接受。

（4）累积评估的前提条件是倾销进口产品来自 2 个以上国家（地区），并且需要同时满足其他条件。

245. 部分中国企业向商务部提出反倾销调查申请，要求对原产于某国的某化工原材料进口产品进行相关调查。经查，商务部终局裁定确定倾销成立，决定征收反倾销税。根据我国相关法律规定，下列哪一说法是正确的？（2012/1/41-单）

A. 构成倾销的前提是进口产品对我国化工原材料产业造成了实质损害，或者产生实质损害威胁

B. 对不同出口经营者应该征收同一标准的反倾销税税额

C. 征收反倾销税，由国务院关税税则委员会作出决定，商务部予以执行

D. 与反倾销调查有关的对外磋商、通知和争端事宜由外交部负责

考点提示 反倾销

选项解析 损害是反倾销措施适用的条件，是指倾销对已经建立的国内产业造成<u>实质损害</u>或者产生实质损害威胁，或者对建立国内产业造成实质阻碍。故 A 项正确。

《反倾销条例》第 41 条规定："反倾销税应当根据不同出口经营者的<u>倾销幅度，分别确定</u>。对未包括在审查范围内的出口经营者的倾销进口产品，需要征收反倾销税的，应当按照合理的方式确定对其适用的反倾销税。"故 B

项错误。

《反倾销条例》第38条规定："征收反倾销税，由商务部提出建议，国务院关税税则委员会根据商务部的建议作出决定，由商务部予以公告。海关自公告规定实施之日起执行。"故C项错误。

《反倾销条例》第57条规定："商务部负责与反倾销有关的对外磋商、通知和争端解决事宜。"故D项错误。

参考答案 A

要点凝练

（1）损害是反倾销措施适用的前提条件之一；

（2）反倾销税应当根据不同出口经营者的倾销幅度，分别确定；

（3）反倾销税由商务部建议，国务院关税税则委员会作出决定，商务部公告，海关执行。

246. 国内某产品生产商向我国商务部申请对从甲国进口的该产品进行反倾销调查。该产品的国内生产商共有100多家。根据我国相关法律规定，下列哪一项是正确的？（2010/1/44-单）

A. 任何一家该产品的国内生产商均可启动反倾销调查

B. 商务部可强迫甲国出口商作出价格承诺

C. 如终裁决定确定的反倾销税高于临时反倾销税，甲国出口商应当补足

D. 反倾销税税额不应超过终裁决定确定的倾

销幅度

考点提示 反倾销

选项解析 《反倾销条例》第13条规定："国内产业或者代表国内产业的自然人、法人或者有关组织（以下统称申请人），可以依照本条例的规定向商务部提出反倾销调查的书面申请。"故A项错误。

根据《反倾销条例》第31条第2、3款的规定，商务部可以建议但不得强迫出口经营者作出价格承诺。故B项错误。

根据《反倾销条例》第43条第3款的规定，终裁确定征收反倾销税并对实施临时反倾销税的期间追溯征收的，采取"多退少不补原则"。故C项错误。

《反倾销条例》第42条规定："反倾销税税额不超过终裁决定确定的倾销幅度。"故D项正确。

参考答案 D

要点凝练

（1）反倾销调查发起的方式可以是依职权，也可以是依申请。依申请提起必须是占国内同类产业半数以上才可以申请。

（2）商务部可以建议出口经营者作出价格承诺，但不能强迫；出口经营者作出价格承诺的，商务部可以接受也可以不接受。

（3）临时反倾销税的征收采取"多退少不补原则"。

（4）反倾销税税额不应超过终裁决定确定的倾销幅度。

50 专题 **贸易救济措施之反补贴措施**

247. 某甲国公司以远低于市场价值的价格向我国销售某产品，我国相关产业发现甲国为该公司提供了包括税收优惠政策在内的多项优惠措施，通过某企业为其提供资金扶持并修建了一条直通机场的高速公路。我国相关产业遂向我国商务部发起反补贴调查申请。

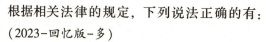

根据相关法律的规定，下列说法正确的有：
（2023-回忆版-多）

A. 甲国政府通过相关企业向该公司提供资金扶持属于补贴

B. 甲国政府给该公司修建一条直通机场的高速公路不属于补贴

C. 甲国政府可以直接对商务部反补贴调查的终裁决定提起行政诉讼

D. 甲国出口商可以提交 WTO 争端解决机构解决该纠纷

考点提示 反补贴

选项解析 《反补贴条例》第 3 条规定："补贴，是指出口国（地区）政府或者其任何公共机构提供的并为接受者带来利益的财政资助以及任何形式的收入或者价格支持。出口国（地区）政府或者其任何公共机构，以下统称出口国（地区）政府。本条第 1 款所称财政资助，包括：①出口国（地区）政府以拨款、贷款、资本注入等形式直接提供资金，或者以贷款担保等形式潜在地直接转让资金或者债务；②出口国（地区）政府放弃或者不收缴应收收入；③出口国（地区）政府提供除一般基础设施以外的货物、服务，或者由出口国（地区）政府购买货物；④出口国（地区）政府通过向筹资机构付款，或者委托、指令私营机构履行上述职能。"故 A、B 项正确。

根据《反补贴条例》第 52 条的规定，对商务部作出的终裁决定不服的，可以依法申请行政复议，也可以依法向人民法院提起诉讼。故 C 项正确。

WTO 争端解决机构只能解决 WTO 成员方之间的争端，甲国出口商不能作为适格的诉讼主体。故 D 项错误。

参考答案 ABC

要点凝练

（1）《反补贴条例》中指的财政资助仅限于出口国（地区）政府提供的货物、服务，或者由出口国（地区）政府购买货物等，不包括基础设施；

（2）对商务部作出的终裁决定不服的，可以依法申请行政复议，也可以依法向人民法院提起诉讼；

（3）WTO 争端解决机制下适格的诉讼主体仅限于 WTO 成员方。

248. 中国某企业认为甲国出口到中国的某类商品存在政府补贴，侵害了中国企业的利益，提出反补贴调查申请。商务部经审查，终局裁定甲国政府的行为构成补贴，遂采取反补贴措施。根据我国相关法律的规定，下列选项正确的有：（2021-回忆版-多）

A. 该项补贴必须是政府作出的专向性补贴

B. 对于甲国出口商在行政诉讼中提供的在反补贴调查中拒不提供的证据，人民法院不予采纳

C. 甲国出口商对商务部的终局裁定不服，可以提交 WTO 争端解决机构

D. 甲国出口商对商务部的终局裁定，可以申请复议，也可以向法院提起诉讼

考点提示 反补贴

选项解析 根据《反补贴条例》的规定进行调查、采取反补贴措施的补贴，必须具有专向性。故 A 项正确。

被告在作出被诉反补贴行政行为时没有提供的证据和事实材料，不能作为认定该行为合法的根据。故 B 项正确。

WTO 争端解决机构只能解决 WTO 成员方之间的争端，甲国出口商不能作为适格的诉讼主体。故 C 项错误。

根据《反补贴条例》第 52 条的规定，对商务部作出的终裁决定不服的，可以依法申请行政复议，也可以依法向人民法院提起诉讼。故 D 项正确。

参考答案 ABD

✍ 要点凝练

（1）采取反补贴措施的补贴，必须具有专向性；

（2）WTO争端解决机构只能解决WTO成员方之间的争端；

（3）反补贴措施的行政救济和司法救济途径。

249. 根据《中华人民共和国反补贴条例》，下列哪些选项属于补贴？（2014/1/82-多）

A. 出口国政府出资兴建通向口岸的高速公路

B. 出口国政府给予企业的免税优惠

C. 出口国政府提供的贷款

D. 出口国政府通过向筹资机构付款，转而向企业提供资金

考点提示 反补贴

选项解析 《反补贴条例》第3条规定："补贴，是指出口国（地区）政府或者其任何公共机构提供的并为接受者带来利益的财政资助以及任何形式的收入或者价格支持。出口国（地区）政府或者其任何公共机构，以下统称出口国（地区）政府。本条第1款所称财政资助，包括：①出口国（地区）政府以拨款、贷款、资本注入等形式直接提供资金，或者以贷款担保等形式潜在地直接转让资金或者债务；②出口国（地区）政府放弃或者不收缴应收收入；③出口国（地区）政府提供除一般基础设施以外的货物、服务，或者由出口国（地区）政府购买货物；④出口国（地区）政府通过向筹资机构付款，或者委托、指令私营机构履行上述职能。"故A项不当选，B、C、D项当选。

参考答案 BCD

✍ 要点凝练

采取反补贴措施的补贴，必须具有专向性。

250. 中国某化工产品的国内生产商向中国商务部提起对从甲国进口的该类化工产品的反补贴调查申请。依我国相关法律规定，下列哪一选项是正确的？（2009/1/45-单）

A. 商务部认为必要时可以强制出口经营者作出价格承诺

B. 商务部认为有必要出境调查时，必须通过司法协助途径

C. 反补贴税税额不得超过终裁决定确定的补贴金额

D. 甲国该类化工产品的出口商是反补贴税的纳税人

考点提示 反补贴

选项解析 《反补贴条例》第32条规定："在反补贴调查期间，出口国（地区）政府提出取消、限制补贴或者其他有关措施的承诺，或者出口经营者提出修改价格的承诺的，商务部应当予以充分考虑。商务部可以向出口经营者或者出口国（地区）政府提出有关价格承诺的建议。商务部不得强迫出口经营者作出承诺。"故A项错误。

司法协助只能适用于司法机关之间，商务部属于行政机关，不能适用。故B项错误。

《反补贴条例》第43条规定："反补贴税税额不得超过终裁决定确定的补贴金额。"故C项正确。

《反补贴条例》第41条规定："反补贴税的纳税人为补贴进口产品的进口经营者。"故D项错误。

参考答案 C

✍ 要点凝练

（1）商务部可以建议出口经营者作出价格承诺，但不能强迫；

（2）司法协助只能适用于司法机关之间；

（3）反补贴税税额不得超过终裁决定确定的补贴金额；

（4）反补贴税的纳税义务人为进口商。

贸易救济措施之保障措施　**专题 51**

251. 进口中国的某类化工产品 2015 年占中国的市场份额比 2014 年有较大增加，经查，两年进口总量虽持平，但仍给生产同类产品的中国产业造成了严重损害。依我国相关法律，下列哪一选项是正确的？（2015/1/43 - 单）

A. 受损害的中国国内产业可向商务部申请反倾销调查

B. 受损害的中国国内产业可向商务部提出采取保障措施的书面申请

C. 因为该类化工产品的进口数量并没有绝对增加，故不能采取保障措施

D. 该类化工产品的出口商可通过价格承诺避免保障措施的实施

考点提示 保障措施

选项解析《反倾销条例》第 2 条规定："进口产品以倾销方式进入中华人民共和国市场，并对已经建立的国内产业造成实质损害或者产生实质损害威胁，或者对建立国内产业造成实质阻碍的，依照本条例的规定进行调查，采取反倾销措施。"《反倾销条例》第 3 条第 1 款规定："倾销，是指在正常贸易过程中进口产品以低于其正常价值的出口价格进入中华人民共和国市场。"本题不属于可以采取反倾销措施的情形。故 A 项错误。

《保障措施条例》第 2 条规定："进口产品数量增加，并对生产同类产品或者直接竞争产品的国内产业造成严重损害或者严重损害威胁（以下除特别指明外，统称损害）的，依照本条例的规定进行调查，采取保障措施。"《保障措施条例》第 3 条规定："与国内产业有关的自然人、法人或者其他组织（以下统称申请人），可以依照本条例的规定，向商务部提出采取保障措施的书面申请。商务部应当及时对申请人的申请进行审查，决定立案调查或者不

立案调查。"本题属于可以采取保障措施的情形，保障措施可以依申请提起。故 B 项正确。

《保障措施条例》第 7 条规定："进口产品数量增加，是指进口产品数量的绝对增加或者与国内生产相比的相对增加。"故 C 项错误。

《保障措施条例》第 19 条第 2 款规定："保障措施可以采取提高关税、数量限制等形式。"价格承诺不是保障措施实施的形式。故 D 项错误。

参考答案 B

要点凝练

（1）进口产品数量增加属于保障措施实施的前提条件；

（2）进口产品数量增加包括绝对增加和相对增加；

（3）价格承诺不是保障措施实施的形式。

252. 根据《中华人民共和国保障措施条例》，下列哪一说法是不正确的？（2013/1/44 - 单）

A. 保障措施中"国内产业受到损害"，是指某种进口产品数量增加，并对生产同类产品或直接竞争产品的国内产业造成严重损害或严重损害威胁

B. 进口产品数量增加指进口数量的绝对增加或与国内生产相比的相对增加

C. 终裁决定确定不采取保障措施的，已征收的临时关税应当予以退还

D. 保障措施只应针对终裁决定作出后进口的产品实施

考点提示 保障措施

选项解析《保障措施条例》第 2 条规定："进口产品数量增加，并对生产同类产品或者直接竞

争产品的国内产业造成严重损害或者严重损害威胁（以下除特别指明外，统称损害）的，依照本条例的规定进行调查，采取保障措施。"故 A 项正确，不当选。

《保障措施条例》第 7 条规定："进口产品数量增加，是指进口产品数量的绝对增加或者与国内生产相比的相对增加。"故 B 项正确，不当选。

《保障措施条例》第 25 条规定："终裁决定确定不采取保障措施的，已征收的临时关税应当予以退还。"故 C 项正确，不当选。

《保障措施条例》第 16 条第 1 款规定："有明确证据表明进口产品数量增加，在不采取临时保障措施将对国内产业造成难以补救的损害的紧急情况下，可以作出初裁决定，并采取临时保障措施。"故 D 项错误，当选。

参考答案 D

✎ 要点凝练

（1）保障措施的实施需同时满足三项前提条件；

（2）进口产品数量增加包括绝对增加和相对增加；

（3）"多退少不补原则"；

（4）初裁决定可以采取临时保障措施。

253. 进口到中国的某种化工材料数量激增，其中来自甲国的该种化工材料数量最多，导致中国同类材料的生产企业遭受实质损害。根据我国相关法律规定，下列哪一选项是正确的？（2011/1/41-单）

A. 中国有关部门启动保障措施调查，应以国内有关生产者申请为条件

B. 中国有关部门可仅对已经进口的甲国材料采取保障措施

C. 如甲国企业同意进行价格承诺，则可避免被中国采取保障措施

D. 如采取保障措施，措施针对的材料范围应当与调查范围相一致

考点提示 保障措施

选项解析 根据《保障措施条例》第 3 条第 1 款、第 4 条的规定，与国内产业有关的自然人、法人或者其他组织（以下统称申请人），可以依照本条例的规定，向商务部提出采取保障措施的书面申请。商务部没有收到采取保障措施的书面申请，但有充分证据认为国内产业因进口产品数量增加而受到损害的，可以决定立案调查。故 A 项错误。

《保障措施条例》第 22 条规定："保障措施应当针对正在进口的产品实施，不区分产品来源国（地区）。"所以，本案中，中国有关部门应针对进口的化工材料实施保障措施，而不能仅针对甲国材料。故 B 项错误。

《保障措施条例》第 19 条第 2 款规定："保障措施可以采取提高关税、数量限制等形式。"价格承诺不是保障措施实施的形式，而是反倾销、反补贴措施的一种形式。故 C 项错误。

《保障措施条例》第 23 条规定："采取保障措施应当限于防止、补救严重损害并便利调整国内产业所必要的范围内。"此处的"必要的范围"一定不会超过调查范围，所以，如果采取保障措施，则针对的材料范围应当与调查范围一致。故 D 项正确。

参考答案 D

✎ 要点凝练

（1）保障措施发起的方式可以依申请，也可以依职权；

（2）保障措施的实施不区分产品来源国；

（3）价格承诺不是保障措施实施的形式；

（4）保障措施针对的材料范围应当与调查范围一致。

世界贸易组织基本法律制度　专题 ⑤②

一、世界贸易组织的法律框架——多边贸易协议（《世界贸易组织协定》及其附件1~3）和诸边贸易协议（附件4）

254. 关于中国与世界贸易组织的相关表述，下列哪一选项是不正确的？（2012/1/44-单）

A. 世界贸易组织成员包括加入世界贸易组织的各国政府和单独关税区政府，中国香港、澳门和台湾是世界贸易组织的成员

B. 《政府采购协议》属于世界贸易组织法律体系中诸边贸易协议，该协议对于中国在内的所有成员均有约束力

C. 《中国加入世界贸易组织议定书》中特别规定了针对中国产品的特定产品的过渡性保障措施机制

D. 《关于争端解决规则与程序的谅解》在世界贸易组织框架下建立了统一的多边贸易争端解决机制

考点提示 世界贸易组织的法律框架

选项解析 世界贸易组织的成员包括各国政府和单独关税区政府，中国香港、澳门和台湾都是以单独关税区的身份加入的 WTO。故 A 项正确，不当选。

《政府采购协议》属于四个诸边贸易协定之一，其只适用于特别表示接受其约束的世界贸易组织成员，对不接受的成员则不具有约束力。故 B 项错误，当选。

《中国加入世界贸易组织议定书》中特别规定了针对中国产品的特定产品的过渡性保障措施机制，该机制为期 12 年。这一机制专对中国产品实施，并且实施条件低于一般保障措施的要求。故 C 项正确，不当选。

世界贸易组织的争端解决机制是统一的，其以构成世界贸易组织多边贸易制度一部分的《关于争端解决规则与程序的谅解》(DSU) 为基

础。故 D 项正确，不当选。

参考答案 B

要点凝练

（1）世界贸易组织的成员包括各国政府和单独关税区政府；

（2）《政府采购协议》属于诸边贸易协议；

（3）《中国加入世界贸易组织议定书》中规定了针对中国产品的特定产品的过渡性保障措施机制；

（4）《关于争端解决规则与程序的谅解》是 WTO 争端解决机制的基础。

255. 关于中国在世贸组织中的权利义务，下列哪一表述是正确的？（2011/1/43-单）

A. 承诺入世后所有中国企业都有权进行货物进出口，包括国家专营商品

B. 对中国产品的出口，进口成员在进行反倾销调查时选择替代国价格的做法，在《中国加入世界贸易组织议定书》生效 15 年后终止

C. 非专向补贴不受世界贸易组织多边贸易体制的约束，包括中国对所有国有企业的补贴

D. 针对中国产品的过渡性保障措施，在实施条件上与保障措施的要求基本相同，在实施程序上相对简便

考点提示 中国在世贸组织中的权利义务

选项解析 根据《中国加入世界贸易组织议定书》第 5 条第 1 款的规定，中国承诺逐步开放贸易经营权，在中国加入世界贸易组织后的 3 年内，除国家专营商品外，所有中国企业都有权进行货物进出口。故 A 项错误。

对中国产品的出口，进口成员在根据反倾

销规范比较价格时，可以采取下列两种方法中的任何一种：①使用中国受调查产业的价格或成本；②使用替代国价格或成本。上述选择方法的规定在《中国加入世界贸易组织议定书》生效15年后终止。故B项正确。

非专向补贴不受世界贸易组织多边贸易体制的约束，但如果中国政府提供补贴的主要接受者是国有企业，或者国有企业接受了补贴中不成比例的大量数额，则该补贴视为专向补贴。故C项错误。

《中国加入世界贸易组织议定书》特别规定了针对中国产品的过渡性保障措施，实施条件与保障措施的要求不同，实施程序相对简便。故D项错误。

参考答案 B

要点凝练

（1）中国承诺逐步放开贸易经营权，不包括国家专营商品；

（2）非市场经济的承诺过渡期为15年；

（3）中国对所有国有企业的补贴均为专向性补贴；

（4）特保条款与一般保障措施条款的要求和实施程序均有区别。

二、世界贸易组织的基本原则

256. 甲国立达公司在乙国销售某类进口药品，为此开了十多家药店，后来立达公司发现乙国对其销售的此类进口药品征收了比国产同类药品更高的关税。现已知甲国、乙国均为世界贸易组织成员国。下列说法正确的有：（2019-回忆版-多）

A. 为保护乙国医药业，乙国有权对进口药品征收更高的关税

B. 立达公司应就其在乙国的营业所得向乙国纳税

C. 乙国违反了最惠国待遇原则

D. 乙国违反了国民待遇原则

考点提示 来源地税收管辖权；国民待遇原则

选项解析 根据税法中的来源地税收管辖权，立达公司应就其在乙国的所得向乙国纳税。故B项正确。

根据世界贸易组织国民待遇原则，A、C项错误，D项正确。

参考答案 BD

要点凝练

（1）一国征税的依据主要有来源地税收管辖权和居民税收管辖权两种；

（2）国民待遇原则是指给外国人等同于本国国民的待遇。

257. 甲乙丙三国为世界贸易组织成员，丁国不是该组织成员。关于甲国对进口立式空调和中央空调的进口关税问题，根据《关税与贸易总协定》，下列违反最惠国待遇的做法是：（2014/1/100-任）

A. 甲国给予来自乙国的立式空调和丙国的中央空调以不同的关税

B. 甲国给予来自乙国和丁国的立式空调以不同的进口关税

C. 因实施反倾销措施，导致从乙国进口的立式空调的关税高于从丙国进口的

D. 甲国给予来自乙丙两国的立式空调以不同的关税

考点提示 最惠国待遇原则

选项解析 最惠国待遇原则表现出普遍性、相互性、自动性和同一性的特点。世界贸易组织的任何成员，都可以享有其他成员给予任何国家的待遇。每一成员既是施惠者，也是受惠者。由于最惠国待遇义务的立即性和无条件性，每一成员自动享有其他成员给予其他任何国家的最惠国待遇。只有原产于其他成员的同类产品，才能享有最惠国待遇。同类产品并没有确切的定义和标准，应在具体情况下作具体分析。最惠国待遇义务适用于进口产品和出口产品。

本题中，甲乙丙三国均为世界贸易组织成员，可以享有最惠国待遇，因此，甲国应给予来自乙丙两国的立式空调以相同的关税。故 D 项错误，当选。

甲乙丙三国均为世界贸易组织成员，可以享有最惠国待遇，但是乙国的立式空调和丙国的中央空调不能算作同类产品，甲国给予其不同的关税待遇是正确的。故 A 项正确，不当选。

甲乙两国为世界贸易组织成员，而丁国不是世界贸易组织成员，因此，甲国无需给予来自乙国和丁国的立式空调以相同的进口关税。故 B 项正确，不当选。

《关税与贸易总协定》中有关于最惠国待遇义务的例外规定。比如：①允许以收支平衡为理由偏离最惠国待遇义务；②允许对造成国内产业损害的倾销进口或补贴进口征收反倾销税或反补贴税；③允许因一般例外或国家安全例外偏离最惠国待遇义务；④可对某一成员或某些成员豁免最惠国待遇义务。故 C 项正确，不当选。

参考答案 D

 要点凝练

> 最惠国待遇原则适用于同类产品。

服务贸易总协定（GATS） 专题 53

258. 根据世界贸易组织《服务贸易总协定》，下列哪一选项是正确的？（2013/1/42-单）

A. 协定适用于成员方的政府服务采购

B. 中国公民接受国外某银行在中国分支机构的服务属于协定中的境外消费

C. 协定中的最惠国待遇只适用于服务产品而不适用于服务提供者

D. 协定中的国民待遇义务，仅限于列入承诺表的部门

考点提示 《服务贸易总协定》

选项解析 WTO 的法律框架包括多边协议和诸边协议，其中，现在还有效的诸边协议包括《政府采购协议》，政府服务采购即由这个协议调整。《服务贸易总协定》并不调整政府服务采购。故 A 项错误。

中国公民接受国外某银行在中国分支机构的服务属于协定中的商业存在而不是境外消费。故 B 项错误。

协定中的最惠国待遇既适用于服务产品也适用于服务提供者。故 C 项错误。

国民待遇和市场准入属于成员方具体承诺的范围，仅限于列入减让表的部门。故 D 项

正确。

参考答案 D

 要点凝练

> （1）GATS 不调整政府服务采购；
>
> （2）GATS 中的市场准入和国民待遇仅限于列入减让表的部门；
>
> （3）GATS 的四种功能分类：跨境交付、境外消费、商业存在、自然人流动。

259. 《服务贸易总协定》规定了服务贸易的方式，下列哪一选项不属于协定规定的服务贸易？（2012/1/40-单）

A. 中国某运动员应聘到美国担任体育教练

B. 中国某旅行公司组团到泰国旅游

C. 加拿大某银行在中国设立分支机构

D. 中国政府援助非洲某国一笔资金

考点提示 服务贸易的四种功能分类

选项解析 《服务贸易总协定》对国际服务贸易做了四种功能分类：①跨境交付，其指从一成员境内向任何其他成员境内提供服务——服务产品跨境流动；②境外消费，其指在一成员境

内向任何其他成员的消费者提供服务——消费者跨境流动；③商业存在，其指一成员的服务提供者通过在任何其他成员境内的商业现场提供服务——服务者跨境流动且设立机构；④自然人流动，其指一成员的服务提供者通过在任何其他成员境内的一成员自然人的商业现场提供服务——服务者跨境流动但不设立机构。

本题中，A项属于自然人流动，B项属于境外消费，C项属于商业存在，均属于国际服务贸易，不当选。D项属于一国政府对另一国政府的资金援助，不属于服务贸易的范畴，当选。

参考答案 D

 要点凝练
> GATS的四种功能分类：跨境交付、境外消费、商业存在、自然人流动。

54 专题 WTO争端解决机制

260. 甲国多家出口企业在乙国被终裁认为具有倾销行为，并被乙国征收了反倾销税，现甲国这些出口企业欲进行相关法律救济。已知甲、乙两国均为WTO成员国，下列说法正确的有：（2018-回忆版-多）

A. 出口企业可以在乙国提起对乙国政府征收反倾销税行为的行政诉讼

B. 甲国政府可以直接向乙国政府提起外交保护

C. 甲国政府可以在WTO起诉乙国政府违反其承担的WTO的相关义务

D. 如果乙国政府在WTO被裁决败诉，WTO执行机构有权责令乙国修改其本国的国内立法

考点提示 贸易救济措施争议的国内程序救济和多边程序救济；外交保护

选项解析 根据贸易救济措施争议的国内程序救济和多边程序救济，故A、C项正确。

外交保护的前提条件有三个：①实际损害原则且损害归因于国家；②国籍继续原则；③用尽当地救济原则。本题并不符合用尽当地救济原则。故B项错误。

WTO无执行机构。故D项错误。

参考答案 AC

 要点凝练
> （1）贸易救济措施争议的国内程序救

济是指国内的行政救济和司法救济；多边程序救济是指WTO的争端解决机制。

（2）外交保护的提起需要以用尽当地救济为前提。

（3）WTO无执行机构。

261. 甲、乙、丙三国均为WTO成员国，甲国给予乙国进口丝束的配额，但没有给予丙国配额，而甲国又是国际上为数不多消费丝束产品的国家。为此，丙国诉诸WTO争端解决机制。依相关规则，下列哪些选项是正确的？（2017/1/80-多）

A. 丙国生产丝束的企业可以甲国违反最惠国待遇为由起诉甲国

B. 甲、丙两国在成立专家组之前必须经过"充分性"的磋商

C. 除非争端解决机构一致不通过相关争端解决报告，该报告即可通过

D. 如甲国败诉且拒不执行裁决，丙国可向争端解决机构申请授权对甲国采取报复措施

考点提示 最惠国待遇原则；WTO争端解决机制

选项解析 WTO争端解决机制程序的启动只能由成员方提起，国内企业无权启动。故A项

错误。

磋商是 WTO 争端解决机制的**必经程序**，它有严格的时间限制，即 **60 天**，因此，它并不要求必须是"充分性"的磋商。故 B 项错误。

除非争端解决机构一致不同意通过相关争端解决报告，该报告即获得通过，即采用"**反向一致**"原则。故 C 项正确。

根据《关于争端解决规则与程序的谅解》的有关规定，当有关成员不遵守裁决时，经申请授权可进行报复，报复包括平行报复和交叉报复，其程度和范围应与受到的损害相等。故 D 项正确。

参考答案 **CD**

📝 要点凝练

（1）WTO 争端解决机制程序的启动只能由成员方提起；

（2）磋商为必经程序，但并不要求"充分性"；

（3）争端解决机构报告的通过采用"反向一致"原则；

（4）报复包括平行报复和交叉报复。

262. 甲、乙、丙三国均为世界贸易组织成员，甲国对进口的某类药品征收 8% 的国内税，而同类国产药品的国内税为 6%。针对甲国的规定，乙、丙两国向世界贸易组织提出申诉，经裁决甲国败诉，但其拒不执行。依世界贸易组织的相关规则，下列哪些选项是正确的？（2015/1/80-多）

A. 甲国的行为违反了国民待遇原则

B. 乙、丙两国可向上诉机构申请强制执行

C. 乙、丙两国经授权可以对甲国采取中止减让的报复措施

D. 乙、丙两国的报复措施只限于在同种产品上使用

考点提示 国民待遇原则；WTO 争端解决机制

选项解析 甲、乙、丙三国均为世界贸易组织的

成员，根据世界贸易组织国民待遇原则的要求，任一成员不得以任何直接或间接的方式对进口产品征收高于对本国相同产品所征收的国内税或其他费用。甲国对进口的某类药品征收 8% 的国内税，而同类国产药品的国内税为 6%。该行为明显违反了国民待遇原则。故 A 项正确。

WTO 没有执行机构。故 B 项错误。

根据《关于争端解决规则与程序的谅解》的有关规定，当有关成员不遵守裁决时，经申请授权可进行报复，报复包括平行报复和交叉报复，其程度和范围应与受到的损害相等。故 C 项正确，D 项错误。

参考答案 **AC**

📝 要点凝练

（1）国民待遇原则是指给外国人等同于本国国民的待遇；

（2）WTO 没有执行机构；

（3）报复包括平行报复和交叉报复，且范围和程度与受到的损害相等。

263. 关于世界贸易组织争端解决机制的表述，下列哪一选项是不正确的？（2013/1/43-单）

A. 磋商是争端双方解决争议的必经程序

B. 上诉机构为世界贸易组织争端解决机制中的常设机构

C. 如败诉方不遵守争端解决机构的裁决，申诉方可自行采取中止减让或中止其他义务的措施

D. 申诉方在实施报复时，中止减让或中止其他义务的程度和范围应与其所受到损害相等

考点提示 WTO 争端解决机制

选项解析 磋商是争端双方解决争议的必经程序。故 A 项正确，不当选。

上诉机构为世界贸易组织争端解决机制中的常设机构。故 B 项正确，不当选。

如败诉方不遵守争端解决机构的裁决，则申诉方可以申请授权进行报复，但不得自行采取中止减让或中止其他义务的措施。故 C 项错误，当选。

根据损害与救济相当的原则，申诉方在实施报复时，中止减让或中止其他义务的程度和范围应与其所受到损害相等。故 D 项正确，不当选。

参考答案 C

要点凝练

（1）磋商为必经程序；

（2）上诉机构为常设机构；

（3）报复包括平行报复和交叉报复，且范围和程度与受到的损害相等。

264. 甲、乙均为世界贸易组织成员国。乙称甲关于影像制品的进口管制违反国民待遇原则，为此向世界贸易组织提出申诉，并经专家组和上诉机构审理。对此，下列哪一选项是正确的？（2012/1/42-单）

A. 甲、乙磋商阶段达成的谅解协议，可被用于后续争端解决审理

B. 专家组可对未在申请书中指明的诉求予以审查

C. 上诉机构可将案件发回专家组重审

D. 上诉案件由上诉机构 7 名成员中 3 人组成上诉庭审理

考点提示 WTO 争端解决机制

选项解析 磋商若达成谅解协议，则双方应承担保密的义务，不能用作于后续争端审查的对象。故 A 项错误。

根据 WTO 争端解决机制中的司法经济原则，对争端方没有提出的主张，专家组不能作出裁定，即使相关专家提出了这样的主张。故 B 项错误。

上诉机构是 WTO 争端解决机构的常设机构，上诉案件由上诉机构 7 名成员中的 3 名成

员组成上诉庭审理。上诉机构可以推翻、修改或撤销专家组的调查结果和结论，但无权将案件发回专家组重审。故 C 项错误，D 项正确。

参考答案 D

要点凝练

（1）磋商应保密进行；

（2）司法经济原则也称司法克制原则；

（3）上诉案件由上诉机构 7 名成员中的 3 名组成上诉庭审理，上诉机构无权发回重审。

265. 甲乙二国均为世贸组织成员国，乙国称甲国实施的保障措施违反非歧视原则，并将争端提交世贸组织争端解决机构。对此，下列哪一选项是正确的？（2010/1/46-单）

A. 对于乙国没有提出的主张，专家组仍可因其相关性而作出裁定

B. 甲乙二国在解决争端时必须经过磋商、仲裁和调解程序

C. 争端解决机构在通过争端解决报告上采用的是"反向一致"原则

D. 如甲国拒绝履行上诉机构的裁决，乙国可向争端解决机构上诉

考点提示 WTO 争端解决机制

选项解析 对争端方没有提出的主张，专家组不能作出裁定，即使相关专家提出了这样的主张。故 A 项错误。

争端解决机制中磋商为必经程序，仲裁和调解为非必经程序。故 B 项错误。

除非争端解决机构一致不同意通过相关争端解决报告，该报告即获得通过，即采用"反向一致"原则。故 C 项正确。

上诉机构的裁决为最后裁决，当事方应无条件接受，除非争端解决机构一致反对。因此，即使甲国拒绝履行上诉机构的裁决，乙国也不能上诉，但可以提起交叉报复的申请。故 D 项错误。

参考答案 C

 要点凝练

（1）司法经济原则也称司法克制原则；

（2）磋商为必经程序；

（3）争端解决机构报告的通过采用"反向一致"原则；

（4）上诉机构的裁决为最后裁决。

第15讲 国际知识产权法

应试指导

本讲重点要掌握三个知识产权方面的国际公约，即《保护工业产权巴黎公约》（以下简称《巴黎公约》）、《保护文学艺术作品伯尔尼公约》（以下简称《伯尔尼公约》）、《与贸易有关的知识产权协议》（TRIPs），尤其是这三大知识产权公约中的基本原则。另外，还应掌握中国对知识产权保护的边境措施和国际技术转让法律制度。本讲内容不多，但考点相对固定，平均每年会有1道题。

 专题 《巴黎公约》

266. 2011年4月6日，张某在广交会上展示了其新发明的产品，4月15日，张某在中国就其产品申请发明专利（后获得批准）。6月8日，张某在向《巴黎公约》成员国甲国申请专利时，得知甲国公民已在6月6日向甲国就同样产品申请专利。下列哪一说法是正确的？（2013/1/41—单）

A. 如张某提出优先权申请并加以证明，其在甲国的申请日至少可以提前至2011年4月15日

B. 2011年4月6日这一时间点对张某在甲国以及《巴黎公约》其他成员国申请专利没有任何影响

C. 张某在中国申请专利已获得批准，甲国也应当批准他的专利申请

D. 甲国不得要求张某必须委派甲国本地代理人代为申请专利

考点提示 《巴黎公约》

选项解析 《巴黎公约》的优先权原则，是指已经在一个成员国正式提出了发明专利、实用新型专利、外观设计专利或商标注册的申请人，在其他成员国提出同样的申请时，在规定期限内享有优先权的原则。发明专利优先权的申请期间为12个月，张某在6月8日申请，并没有超过期限，所以至少可以提前至2011年4月15日。故A项正确。

根据《巴黎公约》所确立的临时保护制度，成员国应依照其本国法律，对在任何一个成员国举办的官方或经官方承认的国际展览会展出的商品中可以取得专利的发明、实用新型、外观设计和商标，给予临时保护。如果张某在后续申请中提出2011年4月6日这一时间点的优先权申请，则对张某后续申请有一定影响。故B项错误。

根据《巴黎公约》的专利独立性原则，张某在中国申请专利获得批准，并不代表甲国也一定会批准。故 C 项错误。

根据国民待遇原则的例外，甲国可以根据自己国内的立法要求张某必须委派甲国本地代理人代为申请专利。故 D 项错误。

参考答案 A

要点凝练

（1）《巴黎公约》的优先权原则仅适用于发明、实用新型、外观设计、商标四项工业产权。

（2）《巴黎公约》的临时保护原则也仅适用于发明、实用新型、外观设计、商标四项工业产权。临时保护一旦获批，则申请日提前至产品公开之日。

（3）《巴黎公约》采用非自动保护原则。

267. 根据《保护工业产权的巴黎公约》，关于优先权，下列哪一选项是正确的？（2009/1/42-单）

A. 优先权的获得需要申请人于"在后申请"中提出优先权申请并提供有关证明文件

B. 所有的工业产权均享有相同期间的优先权

C. "在先申请"撤回，"在后申请"的优先权地位随之丧失

D. "在先申请"被驳回，"在后申请"的优先权地位随之丧失

考点提示《巴黎公约》的优先权原则

选项解析 优先权原则，是指某一成员国提出专利、实用新型、外观设计或商标注册申请的人或其权利合法继承人，在规定期限内，享有在其他国提出申请的优先权。即如果申请人在其他成员国也提出同样的申请，则这些国家必须承认该申请在第一个国家的申请日为本国的申请日。优先权的获得不是自动的，需要申请人于"在后申请"中提出关于优先权的申请。故 A 项正确。

并非所有的工业产权都享有相同期间的优先权，其中发明与实用新型专利的优先权申请期间为 12 个月，外观设计和商标的优先权申请期间为 6 个月。故 B 项错误。

优先权以"在先申请"的提出为基础，其被撤回、驳回或放弃均不影响优先权的获得，即只要当事人提交了第一个申请，无论该申请是否被申请国所接受，在他向其他成员国也提出同样的申请时，仍然享有优先权。故 C、D 项错误。

参考答案 A

要点凝练

（1）发明和实用新型的优先权保护期为 12 个月，外观设计和商标的优先权保护期为 6 个月；

（2）优先权是依申请而获得的；

（3）在先申请的撤回、驳回或放弃不影响优先权的获得。

《伯尔尼公约》 专题

268. 甲国人迈克在甲国出版著作《希望之路》后 25 天内，又在乙国出版了该作品，乙国是《保护文学和艺术作品伯尔尼公约》缔约国，甲国不是。依该公约，下列哪一选项是正确的？（2017/1/44-单）

A. 因《希望之路》首先在非缔约国出版，不能在缔约国享受国民待遇

B. 迈克在甲国出版《希望之路》后 25 天内在乙国出版，仍然具有缔约国的作品国籍

C. 乙国依国民待遇为该作品提供的保护需要

迈克履行相应的手续

D. 乙国对该作品的保护有赖于其在甲国是否受保护

考点提示 《伯尔尼公约》的基本原则

选项解析 根据《伯尔尼公约》国民待遇原则中的"作品国籍待遇原则"的规定，非公约成员国国民的作品只要在任何一个成员国出版，或者在一个成员国和非成员国同时出版（30日之内），也应在一切成员国中享有国民待遇。故 A 项错误，B 项正确。

根据《伯尔尼公约》自动保护原则的规定，作者在其他同盟成员国享有及行使依国民待遇所提供的著作权时，不需要履行任何手续。故 C 项错误。

根据《伯尔尼公约》独立保护原则的规定，著作权的保护不依赖于其作品在来源国受到保护。故 D 项错误。

参考答案 B

✎ 要点凝练

（1）"作者国籍"要求作品完成即可；"作品国籍"针对非作者，因此要求作品必须首先在《伯尔尼公约》成员国出版或发表。

（2）著作权采用自动保护原则。

（3）著作权的保护不依赖于其作品在来源国受到的保护。

269. 甲国人柯里在甲国出版的小说流传到乙国后出现了利用其作品的情形，柯里认为侵犯了其版权，并诉诸乙国法院。尽管甲乙两国均为《伯尔尼公约》的缔约国，但依甲国法，此种利用作品不构成侵权，另外，甲国法要求作品要履行一定的手续才能获得保护。根据相关规则，下列哪一选项是正确的？（2014/1/43-单）

A. 柯里须履行甲国法要求的手续才能在乙国得到版权保护

B. 乙国法院可不受理该案，因作品来源国的法律不认为该行为是侵权

C. 如该小说在甲国因宗教原因被封杀，乙国仍可予以保护

D. 依国民待遇原则，乙国只能给予该作品与甲国相同水平的版权保护

考点提示 《伯尔尼公约》的基本原则

选项解析 《伯尔尼公约》的基本原则之一是自动保护原则。依据公约第 5 条第 2 款的规定，该原则要求作者在其他同盟成员国享有及行使依国民待遇所提供的有关权利时，不需要履行任何手续，也不论其作品在起源国是否受到保护，即其他同盟成员国应自动予以保护。依该原则，成员国国民及在成员国有惯常居所的其他人，在作品创作完成时即自动享有著作权。故 A、B 项错误，C 项正确。

根据《伯尔尼公约》第 5 条第 2 款规定的版权独立性基本原则，享有国民待遇的人在公约任何成员国所得到的著作权保护，不依赖于其作品在来源国受到的保护。在保护水平上，不能因为作品来源国的保护水平低，其他成员国就降低对有关作品的保护水平。故 D 项错误。

参考答案 C

✎ 要点凝练

（1）著作权采用自动保护原则；

（2）著作权的保护不依赖于其作品在来源国受到的保护。

270. 李伍为惯常居所地在甲国的公民，满成为惯常居所地在乙国的公民。甲国不是《保护文学艺术作品伯尔尼公约》缔约国，乙国和中国是该公约的缔约国。关于作品在中国的国民待遇，下列哪些选项是正确的？（2012/1/82-多）

A. 李伍的文章在乙国首次发表，其作品在中国享有国民待遇

B. 李伍的文章无论发表与否，其作品在中国

C. 满成的文章无论在任何国家首次发表，其作品在中国享有国民待遇

D. 满成的文章无论发表与否，其作品在中国享有国民待遇

考点提示《伯尔尼公约》的"双国籍国民待遇原则"

选项解析 根据《伯尔尼公约》的规定，有权享有国民待遇的主体包括：

（1）公约成员国国民和在成员国有惯常居所的非成员国国民，无论其作品是否出版，均应在一切成员国中享有国民待遇。乙国和中国都是公约缔约国，满成惯常居所在乙国，其文章无论是否发表，都在中国享有国民待遇。故

C、D 项正确。

（2）非公约成员国国民，其作品只要是在任何一个成员国出版，或者在一个成员国和非成员国同时出版（30 日之内），也应在一切成员国中享有国民待遇。甲国不是公约缔约国，李伍的惯常居所在甲国，其作品在乙国（公约成员国）首次发表，即在中国享有国民待遇。故 A 项正确，B 项错误。

参考答案 ACD

✎ 要点凝练

"作者国籍"要求作品完成即可；"作品国籍"针对非作者，因此要求作品必须首先在《伯尔尼公约》成员国出版或发表。

《与贸易有关的知识产权协议》（TRIPs） 专题 57

271. 甲国奥尔公司与中国嘉顶公司签订了投资某连锁酒店的合同，后双方产生争议提交至法院，嘉顶公司主张该合同无效，并称该服务标记并未在中国注册。经查，该连锁酒店为驰名商标。已知甲国和中国均为世界贸易组织成员方，依据 WTO《与贸易有关的知识产权协议》的规定，下列哪些选项是正确的？（2023-回忆版-多）

A. 因该合同签订于《外商投资法》施行前，故应适用合同签订时的规定来认定合同效力

B. 驰名商标的保护不以获得注册为前提条件

C. 如该项投资不在负面清单之内，则法院不应支持嘉顶公司有关合同无效的主张

D. 服务标记受到保护

考点提示《外商投资法》《与贸易有关的知识产权协议》

选项解析《最高人民法院关于适用〈中华人民共和国外商投资法〉若干问题的解释》第 2 条规定："对外商投资法第 4 条所指的外商投资准

入负面清单之外的领域形成的投资合同，当事人以合同未经有关行政主管部门批准、登记为由主张合同无效或者未生效的，人民法院不予支持。前款规定的投资合同签订于外商投资法施行前，但人民法院在外商投资法施行时尚未作出生效裁判的，适用前款规定认定合同的效力。"故 A 项错误，C 项正确。

根据《巴黎公约》对驰名商标的特殊保护规定，驰名商标的认定不以注册为前提，使用亦可成为认定的依据。故 B 项正确。

《与贸易有关的知识产权协议》扩大了对驰名商标的保护，对其特殊保护扩大至服务标记，实行绝对保护。故 D 项正确。

参考答案 BCD

✎ 要点凝练

（1）《外商投资法》的司法解释；

（2）《巴黎公约》对驰名商标的保护不以注册为前提；

（3）《与贸易有关的知识产权协议》对驰名商标的保护扩大至服务标记。

272. 巴黎是法国地名，中国某企业为了推广其生产的香水，拟为其产品注册"巴黎"商标。依《与贸易有关的知识产权协议》的规定，下列哪些选项是正确的？（2021-回忆版-多）

A. 只要该企业有关"巴黎"的商标注册申请在先，商标局就可以为其注册

B. 如该注册足以使公众对该产品的来源产生误认，则应拒绝注册

C. 如该企业是在利用巴黎这一地理标志进行暗示，则应拒绝注册

D.《与贸易有关的知识产权协议》要求各成员有义务对地理标志提供法律保护

考点提示 地理标志

选项解析 地理标志，是指表示某一种商品的产地在某一成员领土内，或者在该领土内的某一地区或地方的标志，而某种商品的特定品质、名声或特色与其地理来源有关。TRIPs要求各成员有义务对地理标志提供法律保护，禁止将地理标志作任何足以使公众对该商品来源误认的使用。据此，B、C、D项正确，A项错误。

参考答案 BCD

 要点凝练

根据TRIPs的规定，不得将地理标志作任何足以使公众对该商品来源误认的使用。

273. 关于版权保护，下列哪一选项体现了《与贸易有关的知识产权协议》对《伯尔尼公约》的补充？（2010/1/41-单）

A. 明确了摄影作品的最低保护期限

B. 将计算机程序和有独创性的数据汇编列为版权保护的对象

C. 增加了对作者精神权利方面的保护

D. 无例外地实行国民待遇原则

考点提示 《与贸易有关的知识产权协议》

选项解析 根据《伯尔尼公约》第7条第4款的规定，摄影作品和作为艺术作品加以保护的实用美术作品的保护期限由本同盟各成员国的法律规定；但这一期限不应少于自该作品完成时算起25年。可知，对于摄影作品的最低保护期限，公约中已有明确规定。故A项错误。

《与贸易有关的知识产权协议》对《伯尔尼公约》的补充体现有二：①在保护客体方面，将计算机程序和有独创性的数据汇编列为版权保护的对象；②在权利内容方面，增加了计算机程序和电影作品的出租权。故B项正确。

《伯尔尼公约》第6条之二规定了保护作者的精神权利。故C项错误。

《与贸易有关的知识产权协议》在第3条第1款中专门提到了《伯尔尼公约》第6条和《罗马公约》第16条第1款第b项。这两个条款允许成员国在特殊场合以"互惠"原则取代国民待遇原则。所以，D项所述《与贸易有关的知识产权协议》无例外地实行国民待遇原则的说法错误。故D项错误。

参考答案 B

 要点凝练

《与贸易有关的知识产权协议》对《伯尔尼公约》的补充主要体现在保护计算机程序和电影作品的出租权方面，但是其删除了《伯尔尼公约》中对作者精神权利的保护。

58 专题 技术转让法

274. 中国甲公司与德国乙公司签订了一项新技术许可协议，规定在约定期间内，甲公司在亚太区独占使用乙公司的该项新技术。依相关规则，下列哪一选项是正确的？（2016/

1/43-单）

A. 在约定期间内，乙公司在亚太区不能再使用该项新技术

B. 乙公司在全球均不能再使用该项新技术

C. 乙公司不能再将该项新技术允许另一家公司在德国使用

D. 乙公司在德国也不能再使用该项新技术

考点提示 独占许可协议

选项解析 根据甲公司、乙公司达成的独占许可协议，甲公司在亚太区独占使用乙公司的该项新技术。独占许可协议相当于是转让，出让人不得再允许他人使用，出让人本人也不能再使用该技术。故 A 项正确。

知识产权有地域性特点，协议约定独占许可的范围仅限于亚太地区，不包括欧洲地区甚至全球。故 B、C、D 项错误。

参考答案 A

要点凝练

独占许可协议相当于是转让，出让人不得再允许他人使用，出让人本人也不能再使用该技术。

第**16**讲 国际投资法

应试指导

　　本讲主要考查国际投资领域三个重要的国际公约：《与贸易有关的投资措施协议》、《多边投资担保机构公约》、《关于解决国家和他国国民之间投资争端公约》（又称《华盛顿公约》）。本讲考点固定，考生只需记忆相关内容即可应对。本讲基本上平均每年有 1 题，少数年份踏空。

59 专题 《与贸易有关的投资措施协议》（TRIMs）

275. 针对甲国影响机床企业的一系列措施，乙、丙、丁等国向甲国提出了磋商请求。四国均为世界贸易组织成员。关于甲国采取的措施，下列哪些是《与贸易有关的投资措施协议》禁止使用的？（2019-回忆版-多）

A. 要求机床生产企业在生产过程中使用的原材料必须优先在国内市场购买

B. 依国产化率对机床中使用的进口机床部件减税

C. 将机床企业可使用的外汇限制在与该企业外汇流入相关的水平

D. 要求机床企业以低于国际市场的价格将本应出口的产品在当地销售

考点提示 《与贸易有关的投资措施协议》

选项解析 《与贸易有关的投资措施协议》（TRIMs）禁止世界贸易组织成员内外资立法有以下四类条款：①当地成分要求；②贸易平衡要求；③外汇平衡要求；④国内销售要求。

本题中，A、B 项属于当地成分要求，C 项属于外汇平衡要求，D 项属于国内销售要求。故 A、B、C、D 项均当选。

参考答案 ABCD

要点凝练

　　《与贸易有关的投资措施协议》仅禁止成员国内外资立法中的四类条款。

276. 关于国际投资法相关条约，下列哪些表述是正确的？（2013/1/80-多）

A. 依《关于解决国家和他国国民之间投资争端公约》，投资争端应由双方书面同意提交给投资争端国际中心，当双方表示同意后，任何一方不得单方面撤销

B. 依《多边投资担保机构公约》，多边投资担保机构只对向发展中国家领土内的投资予以担保

C. 依《与贸易有关的投资措施协议》，要求

企业购买或使用最低比例的当地产品属于协议禁止使用的措施

D. 依《与贸易有关的投资措施协议》，限制外国投资者投资国内公司的投资比例属于协议禁止使用的措施

【考点提示】《华盛顿公约》《多边投资担保机构公约》《与贸易有关的投资措施协议》

【选项解析】双方提交给投资争端国际中心的投资争端应当经双方书面同意，而且同意后不得单方面撤回。故 A 项正确。

多边投资担保机构作为独立的国际法人，是依照国际条约建立的一个国际保险机构，专门承保向发展中会员国投资的政治风险。故 B 项正确。

《与贸易有关的投资措施协议》要求成员方取消四项投资措施：当地成分要求、贸易平衡要求、外汇平衡要求和国内销售要求。要求企业购买或使用最低比例的当地产品即当地成分要求，应禁止。故 C 项正确。

限制外国投资者投资国内公司的投资比例不属于协议禁止的措施。故 D 项错误。

【参考答案】ABC

✒ 要点凝练

（1）《华盛顿公约》下，提交投资争端国际中心管辖必须经双方书面同意；

（2）《多边投资担保机构公约》下，合格东道国仅限于发展中国家；

（3）TRIMs 协议规定各成员方外资立法不得包含以下条款：当地成分要求、贸易平衡要求、外汇平衡要求、国内销售要求。

277. 针对甲国一系列影响汽车工业的措施，乙、丙、丁等国向甲国提出了磋商请求。四国均为世界贸易组织成员。关于甲国采取的措施，下列哪些是《与贸易有关的投资措施协议》禁止使用的？（2009/1/84-多）

A. 要求汽车生产企业在生产过程中必须购买一定比例的当地产品

B. 依国产化率对汽车中使用的进口汽车部件减税

C. 规定汽车生产企业的外资股权比例不应超过 60%

D. 要求企业购买进口产品的数量不能大于其出口产品的数量

【考点提示】《与贸易有关的投资措施协议》

【选项解析】根据《与贸易有关的投资措施协议》的规定，在不损害 1994 年《关税与贸易总协定》的权利和义务的情况下，各成员不得实施任何与 1994 年《关税与贸易总协定》第 3 条第 4 款规定的国民待遇原则或第 11 条第 1 款规定的一般性取消数量限制原则不一致的与贸易有关的投资措施。

与国民待遇原则不符的与贸易有关的投资措施包括：①当地成分要求，即要求企业购买或使用国内产品或任何国内来源的产品；②贸易平衡要求，即将企业购买或使用的进口产品限制在与其出口的当地产品的数量或价值相关的水平。与一般性取消数量限制原则不符的与贸易有关的投资措施包括：①贸易平衡要求；②外汇平衡要求，即企业进行生产所需的进口被限制在属于该企业流入的外汇的一定数量内；③国内销售要求，即要求企业的产品必须有一部分在国内销售。

本题中，A、B 项构成当地成分要求，D 项构成贸易平衡要求，故 A、B、D 项当选。C 项中的外资股权比例限制不在《与贸易有关的投资措施协议》的禁止之列，故 C 项不当选。

【参考答案】ABD

✒ 要点凝练

《与贸易有关的投资措施协议》规定各成员方外资立法不得包含以下条款：①当地成分要求；②贸易平衡要求；③外汇平衡要求；④国内销售要求。

殷敏 讲 三国法300题 ▶▶ 2024年国家法律职业资格考试 · 真题卷

60 专题 《多边投资担保机构公约》（MIGA）和
《关于解决国家和他国国民之间投资争端公约》（ICSID）

278. 中国某基建公司在甲国进行一项投资，中国丙银行为其出具见索即付的保函，双方约定就投资事项产生的问题提交依 ICSID 公约设立的解决国际投资争端中心仲裁。后因甲国违约不履行该投资义务，双方产生纠纷。中国该基建公司拟将与甲国的争端提交该中心仲裁。已知中国和甲国均为 ICSID 公约的缔约国。依据 ICSID 公约和我国关于独立保函的规定，下列哪些选项是正确的？（2023-回忆版-多）

A. 中国该基建公司可在中国法院起诉，中国法院具有管辖权

B. 一定要认定基础合同违约，独立保函才能赔付

C. 必须书面提交协议至该投资争端解决中心

D. 对于该中心的仲裁裁决不服的，一方不能上诉

考点提示 《华盛顿公约》；独立保函

选项解析 根据《华盛顿公约》的规定，解决国际投资争端中心的管辖权具有排他效力，即一旦当事人同意在中心仲裁，有关争端便不再属于争端一方的缔约国国内法管辖的范围，而属于该中心的专属管辖。在本案中，双方约定产生纠纷提交至中心仲裁，该中心即具有排他管辖权，中国法院对本案不具有管辖权。故 A 项错误。

《最高人民法院关于审理独立保函纠纷案件若干问题的规定》第 6 条规定："受益人提交的单据与独立保函条款之间、单据与单据之间表面相符，受益人请求开立人依据独立保函承担付款责任的，人民法院应予支持。开立人以基础交易关系或独立保函申请关系对付款义务提出抗辩的，人民法院不予支持，但有本规定第 12 条情形的除外。"故在受益人请求付款

并提交符合保函要求的单据时，开立人即向其支付特定价款，并不需要认定基础合同违约。故 B 项错误。

双方提交给解决国际投资争端中心的投资争端应当经双方书面同意，且同意后不得单方面撤回。故 C 项正确。

根据《华盛顿公约》第 53 条第 1 款的规定，ICSID 的裁决对争端双方具有约束力。不得进行任何上诉或采取除本公约规定外的任何其他补救办法。故 D 项正确。

参考答案 CD

要点凝练

（1）独立保函下，开立人的付款独立于基础合同；

（2）ICSID 行使管辖权的前提条件是必须有双方书面的仲裁协议；

（3）ICSID 作出的裁决具有终局性。

279. 甲国 A 公司前往乙国投资，双方约定就投资事项产生的问题提交解决国际投资争端中心（以下简称"中心"）仲裁。后双方因履约问题发生纠纷。依据《华盛顿公约》的规定，下列说法不正确的有：（2022-回忆版-多）

A. 乙国政府可以要求 A 公司用尽当地救济，包括行政救济和司法救济

B. 乙国没有相关解决的法律或法律不明时，中心不能就该事项作出裁决

C. 中心可以管辖与"投资"有关的任何争端

D. 提交中心后，甲国不得进行外交保护

考点提示 《华盛顿公约》

选项解析 东道国政府可以把用尽当地救济作为提交中心仲裁的前提条件，也可以不作此要求。

故 A 项正确，不当选。

中心仲裁庭应依争端双方同意的法律规则对争端作出裁决。如果争端双方没有对应适用的法律达成协议，则仲裁庭应适用作为争端一方的缔约国的国内法。故 B 项错误，当选。

根据《华盛顿公约》第 25 条第 1 款的规定，中心管辖适用于一缔约国和另一缔约国国民之间"直接因投资而产生并经双方书面同意提交给中心的任何法律争端"。故 C 项错误，当选。

提交中心管辖后，在中心仲裁期间排除投资者母国的外交保护。但中心作出裁决后，如果东道国政府拒绝履行裁决，则投资者母国可以恢复行使外交保护。故 D 项错误，当选。

参考答案 BCD

📝 **要点凝练**

（1）中心只解决直接因投资而引起的法律争端；

（2）中心首先适用双方选择的法律，未选择的，适用缔约国一方的国内法；

（3）东道国可以要求用尽当地救济，也可以不作此要求；

（4）提交中心管辖后，中心仲裁期间排除投资者母国的外交保护。

280. 甲国 A 公司在乙国投资设立 B 公司，并就该投资项目向多边投资担保机构投保货币汇兑险。A 公司的某项产品发明在甲国首次申请专利后又在乙国提出专利申请，同时要求获得优先权保护。甲、乙两国都是《多边投资担保机构公约》和《保护工业产权巴黎公约》的缔约国，下列哪些说法是正确的？(2020-回忆版-多)

A. 乙国应为发展中国家

B. 外汇管制是商业风险，不属于货币汇兑险的承保范围

C. 乙国有权要求甲国 A 公司必须委托乙国本地代理人代为申请专利

D. 甲国 A 公司在乙国申请专利的优先权期限为自向甲国提出专利申请日起 6 个月

考点提示《多边投资担保机构公约》《巴黎公约》

选项解析《多边投资担保机构公约》的目标是通过自身业务活动来推动成员国之间的投资，特别是向发展中国家投资，促进发展中成员国的投资流动。所以，公约规定的东道国必须是发展中国家。故 A 项正确。

《多边投资担保机构公约》只承保政治风险，不承保商业风险，外汇管制属于政治风险，属于货币汇兑险的承保范围。故 B 项错误。

根据《巴黎公约》国民待遇原则的例外，各成员国在关于司法和行政程序、管辖以及选定送达地址或指定代理人的法律规定等方面，可以保留。所以，成员国可以要求外国专利申请人必须委派当地国家的代理人代为申请专利。故 C 项正确。

《巴黎公约》规定了优先权的保护期，发明和实用新型为 12 个月，外观设计和商标为 6 个月。故 D 项错误。

参考答案 AC

📝 **要点凝练**

（1）《多边投资担保机构公约》规定的合格的东道国是发展中国家；

（2）《多边投资担保机构公约》只承保政治风险，不承保商业风险；

（3）《巴黎公约》成员国可以要求外国专利申请人必须委派当地国家的代理人代为申请专利；

（4）《巴黎公约》规定的发明和实用新型的优先权保护期为 12 个月，外观设计和商标的优先权保护期为 6 个月。

281. 甲国公司在乙国投资建成地热公司，并向多边投资担保机构投了保。1993 年，乙国因外汇大量外流采取了一系列的措施，使地热公司虽取得了收入汇出批准书，但仍无法进行

货币汇兑并汇出，甲公司认为已发生了禁兑风险，并向投资担保机构要求赔偿。根据相关规则，下列选项正确的是：(2014/1/99-任)

A. 乙国中央银行已批准了货币汇兑，不能认为发生了禁兑风险

B. 消极限制货币汇兑也属于货币汇兑险的范畴

C. 乙国应为发展中国家

D. 担保机构一经向甲公司赔付，即代位取得向东道国的索赔权

考点提示 《多边投资担保机构公约》

选项解析 货币汇兑险，是指承保由于东道国的责任而采取的任何措施，使投资人无法自由地将其投资所得、相关投资企业破产的清算收入及其他收益兑换成可自由使用的货币，或依东道国的法律，无法将相关收益汇出东道国的风险。导致货币汇兑风险的行为可以是东道国采取的积极行为，如明确以法律手段禁止货币的兑换和转移，也可以是消极地限制货币兑换或汇出的行为，如负责业务的政府机构长期拖延协助投资人兑换或汇出货币。故 A 项错误，B 项正确。

多边投资担保机构的目标是通过自身业务活动来推动成员国之间的投资，特别是向发展中国家投资，促进发展中成员国的投资流动。因此，多边投资担保机构的东道国应当为发展中国家。故 C 项正确。

根据《多边投资担保机构公约》的规定，担保合同应要求被保险人在向机构要求支付前，寻求在当时条件下合适的、按东道国法律可随时利用的行政补救方法。多边投资担保机构一经向被保险人支付或同意支付赔偿，即代位取得被保险人对东道国和其他债务人所拥有的有关承保投资的各种权利或索赔权，各成员国都应承认多边投资担保机构的此项权利。故 D 项正确。

参考答案 BCD

要点凝练

(1)《多边投资担保机构公约》承保

四项非商业风险：征收和类似措施险、战争和内乱险、货币汇兑险和政府违约险；

(2) 多边投资担保机构的东道国为发展中国家；

(3) 多边投资担保机构的代位求偿权。

282. 根据《多边投资担保机构公约》，关于多边投资担保机构（MIGA）的下列哪一说法是正确的？(2011/1/44-单)

A. MIGA 承保的险别包括征收和类似措施险、战争和内乱险、货币汇兑险和投资方违约险

B. 作为 MIGA 合格投资者（投保人）的法人，只能是具有东道国以外任何一个缔约国国籍的法人

C. 不管是发展中国家的投资者，还是发达国家的投资者，都可向 MIGA 申请投保

D. MIGA 承保的前提条件是投资者母国和东道国之间有双边投资保护协定

考点提示 《多边投资担保机构公约》

选项解析 《多边投资担保机构公约》承保四项非商业风险：征收和类似措施险、战争和内乱险、货币汇兑险和政府违约险。政府违约属于政治风险，而投资方违约不属于政治风险，不在多边投资担保机构承保范围内。故 A 项错误。

根据《多边投资担保机构公约》第 13 条的规定，投保的投资者必须是具备东道国以外的会员国国籍的自然人或在东道国以外一会员国注册并设有主要营业点的法人，或其多数资本为东道国以外一个或几个会员国所有或其国民所有的法人。此外，只要东道国同意，且用于投资的资本来自东道国境外，则根据投资者和东道国的联合申请，经该机构董事会特别多数票通过，还可将合格的投资者扩大到东道国的自然人、在东道国注册的法人以及其多数资本为东道国国民所有的法人。据此，合格的投资者一般为东道国以外的自然人和法人，特殊情况下可扩大至东道国的自然人和法人。故 B

项错误。

多边投资担保机构只承保向发展中会员国的投资，这是对投资对象的要求。作为投资主体，不管是发展中国家的投资者，还是发达国家的投资者，只要符合 MIGA 合格投资者的条件，都可向 MIGA 申请投保。故 C 项正确。

MIGA 承保的前提条件是投资者母国和东道国均加入 MIGA，而非二者之间有双边投资保护协定。故 D 项错误。

 参考答案 C

📝 **要点凝练**

> （1）《多边投资担保机构公约》承保的四项非商业风险：征收和类似措施险、战争和内乱险、货币汇兑险和政府违约险；
> （2）合格投资者一般为东道国以外的自然人、法人，满足一定条件可以扩大到东道国的自然人、法人。

283. 甲、乙均为《解决国家和他国公民间投资争端公约》缔约国。甲国 A 公司拟将与乙的争端提交根据该公约成立的解决国际投资争端中心。对此，下列哪一选项是不正确的？（2012/1/43-单）

A. 该中心可根据 A 公司的单方申请对该争端行使管辖权

B. 该中心对该争端行使管辖权，须以 A 公司和乙书面同意为条件

C. 如乙没有特别规定，该中心对争端享有管辖权不以用尽当地救济为条件

D. 该中心对该争端行使管辖权后，可依争端双方同意的法律规则作出裁决

考点提示 《华盛顿公约》

选项解析 解决国际投资争端中心行使管辖权需要以争端双方出具同意中心管辖的书面文件为条件。故 A 项错误，当选；B 项正确，不当选。

除非另有声明，提交中心仲裁应视为双方同意排除其他任何救济方法，但是东道国可以要求投资者用尽当地的各种行政或司法的救济手段，作为它同意提交中心仲裁的条件。故 C 项正确，不当选。

中心仲裁庭可依争端双方同意的法律规则对争端作出裁决。故 D 项正确，不当选。

参考答案 A

📝 **要点凝练**

> （1）《华盛顿公约》下，提交中心管辖必须经双方书面同意；
> （2）东道国可以要求用尽当地救济；
> （3）中心可依争端双方同意的法律规则作出裁决。

第17讲 国际融资法和国际税法

应试指导

　　本讲包括国际融资法和国际税法两部分内容。本讲只有个别年份有考题涉及，考点集中在国际融资担保、国际税收管辖权、国际双重征税、国际逃税和国际避税等问题上。考生只需掌握大纲列明的考点，重点掌握历年真题即可。

 61 专题　国际贷款协议的种类及国际融资担保

一、国际贷款协议的种类及共同性条款

284. 关于国际商业银团贷款的法律文件，下列说法正确的有：（2021-回忆版-多）

A. 借款人给牵头银行的委托书，是银团贷款的主要法律文件之一，借款人一旦签发委托书，就要受委托书的约束

B. 委托书是银团贷款法律文件。借款人与银团签订贷款合同前，首先向银团中的牵头银行出具委托书，授权牵头银行为其安排银团贷款

C. 在国际商业银团贷款中，借款人委托书可以同时授予几个银行

D. 牵头银行和各个贷款银行之间承担连带责任

考点提示　国际银团贷款

选项解析　国际银团贷款，是指由数家各国商业银行联合组成集团，依统一的贷款条件向同一借款人提供贷款的方式。国际银团贷款中只能

委托一家牵头银行，由借款人和牵头银行签订贷款协议，各个贷款银行仅就各自承诺的贷款份额向借款人负责，相互之间不承担连带责任。故 A、B 项正确，C、D 项错误。

参考答案　AB

📝 **要点凝练**

　　（1）国际银团贷款只能委托一家牵头银行；

　　（2）各贷款银行就各自承诺的贷款份额向借款人负责，相互之间不承担连带责任。

285. 甲国 A 公司为了在乙国投资，申请某国际融资机构的贷款。据此，下列属于 A 公司的预期违约事项的有：（2020-回忆版-多）

A. A 公司经营状况发生重大不利变化，可能丧失清偿能力

B. A 公司财产被乙国征用

C. A 公司涉嫌在丙国逃税，被丙国税务机关扣押财产

D. A 公司到期不清偿贷款的本金和利息

考点提示 国际贷款协议

选项解析 国际贷款协议中借款人的违约分为实际违约和预期违约两类。本题中，A、B、C 项为预期违约，D 项为实际违约。故 A、B、C 项当选。

参考答案 ABC

要点凝练

预期违约与实际违约的判断可以比照《民法典》合同编的规定判断。

二、国际融资担保

286. 根据《最高人民法院关于审理独立保函纠纷案件若干问题的规定》的规定，关于独立保函的法律适用与管辖，下列说法不正确的有：（2019-回忆版-多）

A. 独立保函纠纷案件应由基础交易合同争议解决条款确定管辖法院或提交仲裁

B. 涉外独立保函止付保全程序适用的法律首先允许当事人协议，不能达成协议的，适用独立保函开立人经常居所地法律

C. 涉外独立保函未载明适用法律的，适用独立保函开立人经常居所地法律

D. 涉外独立保函欺诈纠纷案件，首先允许当事人协议选择适用的法律，未达成协议的，适用开立人经常居所地法律

考点提示《最高人民法院关于审理独立保函纠纷案件若干问题的规定》

选项解析 根据独立保函的独立性原则，独立保函纠纷案件中，"当事人主张根据基础交易合同争议解决条款确定管辖法院或提交仲裁的，人民法院不予支持"。故 A 项错误，当选。

根据《最高人民法院关于审理独立保函纠纷案件若干问题的规定》的规定，关于独立保

函的法律适用主要分三种情形：①涉外独立保函止付保全程序，适用中国法律；②涉外独立保函欺诈纠纷的法律适用按以下顺序：协议、共同经常居所地法、开立人经常居所地法（分支机构登记地法）；③涉外独立保函其他案件的法律适用按以下顺序：协议、开立人经常居所地法（分支机构登记地法）。故 B、C、D 项错误，当选。

参考答案 ABCD

要点凝练

（1）独立保函的管辖不能依据基础交易合同争议解决条款来确定管辖法院；

（2）涉外独立保函的法律适用分三种情形。

287. 中国强峰工程公司在甲国承包了一项工程，中国丙银行为强峰公司出具了见索即付的保函。后双方因工程合同产生纠纷至甲国某仲裁机构仲裁，仲裁机构裁决甲国发包方支付中国强峰公司合同约定的工程款。甲国发包方拒绝履行仲裁裁决，中国强峰公司遂向中国丙银行要求支付保函上的款项，但遭到发包方拒绝。关于本案，以下说法正确的是：（2018-回忆版-单）

A. 如果甲国发包方是甲国政府独资的国有企业，则丙银行可以此为由拒绝向受益人强峰公司付款

B. 中国丙银行可以主张保函受益人强峰公司先向甲国发包方主张求偿，待其拒绝后再履行保函义务

C. 中国丙银行应对施工合同进行实质性审查后方可决定是否履行保函义务

D. 只要保函受益人强峰公司提交的书面文件与保函要求相符，丙银行就必须承担付款责任

考点提示 独立保函

选项解析 根据独立保函的独立性原则，开立人

的付款义务独立于申请人与受益人的基础合同。故 A、C 项错误。

根据独立保函的跟单性原则，只要受益人提交独立保函要求的文件，开立人就必须付款。故 B 项错误，D 项正确。

参考答案 D

要点凝练

（1）开立人的付款义务独立于基础合同；

（2）只要受益人提交独立保函要求的文件，开立人就必须付款。

288. 中国甲公司在承担中东某建筑工程时涉及一系列分包合同和买卖合同，并使用了载明适用《见索即付保函统一规则》的保函。后涉及保函的争议诉至中国某法院。依相关司法解释，下列哪些选项是正确的？（2017/1/82-多）

A. 保函内容中与《见索即付保函统一规则》不符的部分无效

B. 因该保函记载了某些对应的基础交易，故该保函争议应适用我国《担保法》（现为《民法典》）有关保证的规定

C. 只要受益人提交的单据与独立保函条款、单据与单据之间表面相符，开立人就须独立承担付款义务

D. 单据与独立保函条款之间表面上不完全一致，但并不导致相互之间产生歧义的，仍应认定构成表面相符

考点提示 独立保函司法解释

选项解析《见索即付保函统一规则》属于任意性的交易示范规则，如果当事人约定与其不同，则当事人的约定优先。故 A 项错误。

题干中已经明确了当事双方选择适用《见索即付保函统一规则》，这将排除其他法律的适用。故 B 项错误。

见索即付保函具有"无条件性"，它意味

着开立人承担的是第一顺位的、独立的付款义务。只要受益人提交的单据与独立保函条款之间、单据与单据之间表面相符，开立人就应承担付款责任。故 C 项正确。

根据《见索即付保函统一规则》第 19 条第 b 款的规定，保函所要求的单据的内容应结合该单据本身、保函和本规则进行审核。单据的内容无需与该单据的其他内容、其他要求的单据或保函中的内容等同一致，但不得矛盾。所以，单据与独立保函条款之间表面上不完全一致，但并不导致相互之间产生歧义的，仍应认定为构成表面相符。故 D 项正确。

参考答案 CD

要点凝练

（1）《见索即付保函统一规则》属于任意法范畴；

（2）见索即付保函的独立性和跟单性；

（3）"单单一致、单函一致"只要求单单、单函表面相符。

289. 在一国际贷款中，甲银行向贷款银行乙出具了备用信用证，后借款人丙公司称贷款协议无效，拒绝履约。乙银行向甲银行出示了丙公司的违约证明，要求甲银行付款。依相关规则，下列哪些选项是正确的？（2016/1/81-多）

A. 甲银行必须对违约的事实进行审查后才能向乙银行付款

B. 备用信用证与商业跟单信用证适用相同的国际惯例

C. 备用信用证独立于乙银行与丙公司的国际贷款协议

D. 即使该国际贷款协议无效，甲银行仍须承担保证责任

考点提示 备用信用证

选项解析 备用信用证，是指担保人（开证银行）应借款人的要求，向贷款人开出备用信用

证,当贷款人向担保人出示备用信用证和借款人违约证明时,担保人须按照该信用证的规定支付款项。贷款人出具信用证要求的违约证明时,担保人即向贷款人付款,并<u>不需要对违约的事实进行审查</u>。故 A 项错误。

<u>备用信用证适用《国际备用信用证惯例》</u>,而商业跟单信用证适用《ICC 跟单信用证统一惯例》(UCP600)。故 B 项错误。

备用信用证<u>独立于基础合同</u>,即使基础合同无效,出具备用信用证的银行也仍须承担保证责任。故 C、D 项正确。

参考答案 CD

 要点凝练

(1) 备用信用证下的开证银行不审查违约事实,其独立于基础合同;

(2) 备用信用证适用《国际备用信用证惯例》。

居民税收管辖权与来源地税收管辖权 专题 62

290. 为了完成会计师事务所交办的涉及中国某项目的财务会计报告,永居甲国的甲国人里德来到中国工作半年多,圆满完成报告并获得了相应的报酬。依相关法律规则,下列哪些选项是正确的?(2015/1/82—多)

A. 里德是甲国人,中国不能对其征税

B. 因里德在中国停留超过了 183 天,中国对其可从源征税

C. 如中国已对里德征税,则甲国在任何情况下均不得对里德征税

D. 如里德被甲国认定为纳税居民,则应对甲国承担无限纳税义务

考点提示 居民税收管辖权与来源地税收管辖权

选项解析 如果里德的所得来源于中国境内,则中国在一定条件下可以基于来源地税收管辖权对里德征税。故 A 项错误。

根据国际上所谓"<u>183 天规则</u>"的规定,若纳税人在劳务提供国连续或累计居住不超过 183 天,则该项所得仅由纳税人居住国征税;但若超过 183 天,则劳务提供国可根据所得来源地税收管辖权对其来源于本国境内的所得征税。故 B 项正确。

根据居民税收管辖权的规定,一国政府对本国纳税居民的全球所得享有征税权,且纳税人承担的是无限纳税义务。故 D 项正确,C 项

错误。

参考答案 BD

 要点凝练

(1) 居民税收管辖权和来源地税收管辖权是一国征税的两个依据;

(2) "183 天规则"是国际上对非居民纳税人劳务所得的一项通用规则;

(3) 一国纳税居民对本国政府承担全球无限纳税义务。

291. 甲国人李某长期居住在乙国,并在乙国经营一家公司,在甲国则只有房屋出租。在确定纳税居民的身份上,甲国以国籍为标准,乙国以住所和居留时间为标准。根据相关规则,下列哪一选项是正确的?(2014/1/44—单)

A. 甲国只能对李某在甲国的房租收入行使征税权,而不能对其在乙国的收入行使征税权

B. 甲乙两国可通过双边税收协定协调居民税收管辖权的冲突

C. 如甲国和乙国对李某在乙国的收入同时征税,属于国际重叠征税

D. 甲国对李某在乙国经营公司的收入行使的是所得来源地税收管辖权

考点提示 居民税收管辖权与来源地税收管辖权；国际重复征税

选项解析 由于甲国以国籍为纳税标准，所以，只要具有甲国国籍，无论是否在甲国居住，均为甲国的纳税居民。李某为甲国人，因此，甲国既可以对李某在甲国的房租收入行使征税权，也可以对李某在乙国的收入行使征税权。故 A 项错误。

由于各国在确定居民身份上采取了不同的标准，因此，当纳税人进行跨越国境的经济活动时，就可能出现 2 个以上的国家同时认定其为本国纳税居民的情况，而协调居民税收管辖权的冲突主要是通过双边协定。故 B 项正确。

国际重复征税，是指 2 个或 2 个以上国家各依自己的税收管辖权按同一税种对同一纳税人的同一征税对象在同一征税期限内同时征税。国际重叠征税，是指 2 个或 2 个以上国家对同一笔所得在具有某种经济联系的不同纳税人手中各征一次税的现象。因此，甲国和乙国对李某在乙国的收入同时征税，属于国际重复征税。故 C 项错误。

来源地税收管辖权，是指一国政府针对非居民纳税人就其来源于该国境内的所得征税的权力。甲国认定纳税居民以国籍为标准，李某为甲国人，因此，李某是甲国的纳税居民。由此可见，甲国对李某在乙国经营公司的收入行使的不是所得来源地税收管辖权，而是依据其国籍行使的居民税收管辖权。故 D 项错误。

参考答案 B

要点凝练

（1）居民税收管辖权和来源地税收管辖权是一国征税的两个依据；

（2）国际重复征税需同时满足四个"同一"。

292. 目前各国对非居民营业所得的纳税普遍采用常设机构原则。关于该原则，下列哪些表述是正确的？（2010/1/84-多）

A. 仅对非居民纳税人通过在境内的常设机构获得的工商营业利润实行征税

B. 常设机构原则同样适用于有关居民的税收

C. 管理场所、分支机构、办事处、工厂、油井、采石场等属于常设机构

D. 常设机构必须满足公司实体的要求

考点提示 常设机构原则

选项解析 对非居民纳税人的跨国营业所得的征税，目前各国通常采用常设机构原则。常设机构原则，是指仅对非居民纳税人设在征税国境内的常设机构所获取的工商营业利润实行征税的原则。因此，常设机构原则不适用于居民纳税人。故 A 项正确，B 项错误。

常设机构包括管理场所、分支机构、办事处、工厂、车间、作业场所、矿场、油井、采石场等。由此可见，常设机构仅仅是一个企业的一个固定的营业场所，不是一个独立的法人，因此，其设立不必满足于对一个公司实体的法律要求。故 C 项正确，D 项错误。

参考答案 AC

要点凝练

（1）常设机构原则针对非居民纳税人的跨国营业所得；

（2）常设机构包括管理场所、分支机构、办事处、工厂、车间、作业场所、矿场、油井、采石场等，其不是一个独立的法人。

293. 在国际税法中，对于法人居民身份的认定各国有不同标准。下列哪些属于判断法人纳税居民身份的标准？（2009/1/87-任）

A. 依法人的注册成立地判断

B. 依法人的股东在征税国境内停留的时间判断

C. 依法人的总机构所在地判断

D. 依法人的实际控制与管理中心所在地判断

考点提示 国际税法中法人身份的认定

选项解析 当前国际上对法人纳税居民身份的认定主要有三种标准：①法人登记注册地标准，即依法人在何国注册成立来判别法人纳税居民的身份；②实际控制与管理中心所在地标准，即法人的实际控制与管理中心所在地设在哪个国家，该法人即为哪个国家的纳税居民，董事会或股东大会所在地往往是判断实际管辖中心所在地的标志；③总机构所在地标准，即法人的总机构设在哪个国家，该法人即为哪个国家的纳税居民，总机构通常指负责管理和控制企业日常营业活动的中心机构。一些国家在确定法人纳税居民身份时，经常会采取 2 种以上的标准。故 A、C、D 项当选，B 项不当选。

参考答案 ACD

✎ 要点凝练

　　国际上法人居民身份的认定标准主要有三种：法人登记注册地标准；实际控制与管理中心所在地标准；总机构所在地标准。

国际双重征税及其解决 专题 63

294. 甲乙两国均为 WTO 成员，甲国纳税居民马克是甲国保险公司的大股东，马克从该保险公司在乙国的分支机构获利 35 万美元。依《服务贸易总协定》及相关税法规则，下列哪些选项是正确的？（2016/1/82－多）

A. 甲国保险公司在乙国设立分支机构，属于商业存在的服务方式

B. 马克对甲国承担无限纳税义务

C. 两国均对马克的 35 万美元获利征税属于重叠征税

D. 35 万美元获利属于甲国人马克的所得，乙国无权对其征税

考点提示《服务贸易总协定》；国际重复征税

选项解析 商业存在，是指一国的服务提供者通过在另一国境内设立的机构提供服务，如一国的服务提供者到他国开设银行、保险公司等。本题中，甲国公司在乙国设立分支机构，属于商业存在的服务方式。故 A 项正确。

　　无限纳税义务，是指纳税人就其来源于全球范围内的所得或财产对其所在国负有纳税义务。无限纳税义务只适用于本国纳税居民。本题中，马克系甲国纳税居民，对甲国负有无限纳税义务。故 B 项正确。

　　国际重复征税，是指 2 个或 2 个以上国家各依据自己的税收管辖权按同一税种对同一纳税人的同一征税对象在同一征税期限内同时征税。国际重叠征税，是指 2 个或 2 个以上的国家对同一笔所得在具有某种经济联系的不同纳税人手中各征一次税的现象。本题中，甲国和乙国对马克的 35 万美元所得征税属于对同一纳税人、同一笔收入同时征税，因此属于国际重复征税。故 C 项错误。

　　虽然马克属于甲国税法上管辖的居民，但乙国基于来源地税收管辖权也可以对马克在乙国的所得征税。故 D 项错误。

参考答案 AB

✎ 要点凝练

　　（1）GATS 的四种功能分类：跨境交付、境外消费、商业存在、自然人流动；

　　（2）一国纳税居民对本国政府承担全球无限纳税义务；

　　（3）国际重复征税需同时满足四个"同一"。

64 专题 **国际逃税、避税及其防止**

295. 甲国人王小明与家人长期居住在中国，因海外多国业务经常往返于世界各地。王小明在乙国有存款账户和托管账户，在丙国有房产，房产内有艺术品和珠宝。现已知中国与甲乙丙国均确认了按照共同申报准则（CRS）实施税务信息交换。根据 CRS 与我国税法的相关规定，下列选项正确的有：（2021-回忆版-多）

A. 乙国应依中国的申请，方可提供王小明的相关税务信息

B. 因王小明是甲国人，中国对王小明无税收管辖权

C. 王小明在乙国的存款账户和托管账户信息均需申报给中国

D. 王小明在丙国的房产及艺术品、珠宝信息无需申报给中国

考点提示 "共同申报准则"（CRS）

选项解析 CRS 是自动的、无需理由的信息交换。故 A 项错误。

税收管辖权有居民税收管辖权和来源地税收管辖权两种，并且我国对自然人居民身份的认定兼采住所和居留时间标准。王小明长期居住在中国，中国对其有税收管辖权。故 B 项错误。

CRS 涵盖的信息源包括海外金融机构的各项信息、资产信息、个人信息等。CRS 不涵盖的信息源主要有：①境外税务居民所控制的公司拥有的金融账户在 25 万美元以下的；②不产生现金流的资产，如海外房产、珠宝、艺术品、贵金属等。故 C、D 项正确。

参考答案 CD

 要点凝练

（1）CRS 是自动的、无需理由的信息交换；

（2）我国对自然人居民身份的认定兼采住所和居留时间标准；

（3）CRS 涵盖的信息源和不涵盖的信息源。

296. 中国和新加坡都接受了《金融账户涉税信息自动交换标准》中的"共同申报准则"（CRS）。定居在中国的王某在新加坡银行和保险机构均有账户，同时还在新加坡拥有房产和收藏品等。据此，下列说法正确的是：（2019-回忆版-单）

A. 王某可因自己为巴拿马国籍，要求新加坡不向中国报送其在新加坡的金融账户信息

B. 如中国未提供正当理由，新加坡无需向中国报送王某的金融账户信息

C. 新加坡可不向中国报送王某在特定保险机构的账户信息

D. 新加坡可不向中国报送王某在新加坡的房产和收藏品信息

考点提示 "共同申报准则"（CRS）

选项解析 CRS 识别依据为账户持有人税收居住地标准，而非账户持有人的国籍。故 A 项错误。

CRS 涵盖的信息源包括账户持有人的海外金融机构信息、资产信息、个人信息等。CRS 不涵盖的信息源主要有：①境外税务居民所控制的公司拥有的金融账户在 25 万美元以下的；②不产生现金流的资产，如海外房产、珠宝、艺术品、贵金属等。故 B、C 项错误，D 项正确。

参考答案 D

 要点凝练

（1）CRS 识别依据为账户持有人税收

居住地标准；

（2）CRS 涵盖的信息源包括账户持有人的海外金融机构信息、资产信息、个人

信息等；

（3）不产生现金流的资产，如海外房产、珠宝、艺术品、贵金属等不需要申报。

第18讲 海 商 法

应试指导

　　海商法属于广义国际法的学科范畴，但本讲在法考中一般间隔 2~3 年出现一次，有些年份无试题涉及。本讲内容主要围绕海商法特有的概念和制度展开。法考中本讲的考点相对集中，需要重点掌握海商法的适用范围和相关概念、三种船舶担保物权的成立要件及受偿顺序。

65 专题 **海 商 法**

一、海商法的适用范围

297. 依照我国《海商法》的规定，下列哪项是正确的？（2006/3/29-单）

A. 承运人对集装箱装运的货物的责任期间是从货物装上船起至卸下船止

B. 上海至广州的货物运输应当适用海商法

C. 天津至韩国釜山的货物运输应当适用海商法

D. 海商法与民法规定不同时，适用民法的规定

考点提示《海商法》

选项解析《海商法》第 46 条第 1 款规定："承运人对集装箱装运的货物的责任期间，是指从装货港接收货物时起至卸货港交付货物时止，货物处于承运人掌管之下的全部期间。承运人对非集装箱装运的货物的责任期间，是指从货物装上船时起至卸下船时止，货物处于承运人掌管之下的全部期间。在承运人的责任期间，货物发生灭失或者损坏，除本节另有规定外，

承运人应当负赔偿责任。"故 A 项错误。

《海商法》第 2 条规定："本法所称海上运输，是指海上货物运输和海上旅客运输，包括海江之间、江海之间的直达运输。本法第四章海上货物运输合同的规定，不适用于中华人民共和国港口之间的海上货物运输。"故 B 项错误，C 项正确。

《海商法》相对于民法是特别法，根据特别法优于普通法的原则，当《海商法》与民法规定不同时，应适用《海商法》的规定。故 D 项错误。

参考答案 C

要点凝练

　　（1）《海商法》对承运人责任期间的规定；

　　（2）《海商法》不适用于我国港口之间的海上货物运输；

　　（3）特别法优于一般法。

二、船舶物权类型及排序

298. 依据我国《海商法》和《物权法》（现为《民法典》）的相关规定，关于船舶物权的表述，下列哪一选项是正确的？（2013/3/33-单）

A. 甲的船舶撞坏乙的船舶，则乙就其损害赔偿对甲的船舶享有留置权

B. 甲以其船舶为乙设定抵押担保，则一经签订抵押合同，乙即享有抵押权

C. 以建造中的船舶设定抵押权的，抵押权仅在办理登记后才能产生效力

D. 同一船舶上设立数个抵押权时，其顺序以抵押合同签订的先后为准

考点提示 船舶担保物权

选项解析《海商法》第 25 条第 2 款规定："前款所称船舶留置权，是指造船人、修船人在合同另一方未履行合同时，可以留置所占有的船舶，以保证造船费用或者修船费用得以偿还的权利。船舶留置权在造船人、修船人不再占有所造或者所修的船舶时消灭。"可见，船舶留置权特指船舶建造人、修船人在合同另一方未履行合同时，可以留置所占有的船舶，以保证造船费用或者修船费用得以偿还的权利。故 A 项错误。

《海商法》第 13 条第 1 款规定："设定船舶抵押权，由抵押权人和抵押人共同向船舶登记机关办理抵押权登记；未经登记的，不得对抗第三人。"故 B 项正确，C 项错误。

《海商法》第 19 条规定："同一船舶可以设定 2 个以上抵押权，其顺序以登记的先后为准。同一船舶设定 2 个以上抵押权的，抵押权人按照抵押权登记的先后顺序，从船舶拍卖所得价款中依次受偿。同日登记的抵押权，按照同一顺序受偿。"故 D 项错误。

参考答案 B

要点凝练

（1）船舶留置权仅适用于造船人、修船人，以保证造船费或者修船费得以偿还；

（2）中国《海商法》中船舶抵押权采用的是"登记对抗"。

299. 关于船舶担保物权及针对船舶的请求权的表述，下列哪些选项是正确的？（2012/3/76-多）

A. 海难救助的救助款项给付请求，先于在船舶营运中发生的人身伤亡赔偿请求而受偿

B. 船舶在营运中因侵权行为产生的财产赔偿请求，先于船舶吨税、引航费等的缴付请求而受偿

C. 因保存、拍卖船舶和分配船舶价款产生的费用，应从船舶拍卖所得价款中先行拨付

D. 船舶优先权先于船舶留置权与船舶抵押权受偿

考点提示 船舶担保物权

选项解析《海商法》第 22 条第 1 款规定："下列各项海事请求具有船舶优先权：①船长、船员和在船上工作的其他在编人员根据劳动法律、行政法规或者劳动合同所产生的工资、其他劳动报酬、船员遣返费用和社会保险费用的给付请求；②在船舶营运中发生的人身伤亡的赔偿请求；③船舶吨税、引航费、港务费和其他港口规费的缴付请求；④海难救助的救助款项的给付请求；⑤船舶在营运中因侵权行为产生的财产赔偿请求。"该法第 23 条第 1 款规定："本法第 22 条第 1 款所列各项海事请求，依照顺序受偿。但是，第 4 项海事请求，后于第 1 项至第 3 项发生的，应当先于第 1 项至第 3 项受偿。"据此，海难救助的救助款项给付请求先于船舶在营运中发生的人身伤亡赔偿请求而受偿。故 A 项正确。

根据上述规定，其他依照顺序受偿，所以，船舶在营运中因侵权行为产生的财产赔偿请求，应"后于"船舶吨税、引航费等的缴付请求而受偿。故 B 项错误。

《海商法》第 24 条规定："因行使船舶优先权产生的诉讼费用，保存、拍卖船舶和分配

船舶价款产生的费用，以及为海事请求人的共同利益而支付的其他费用，应当从船舶拍卖所得价款中先行拨付。"故 C 项正确。

依据《海商法》第 25 条第 1 款的规定，船舶担保物权的受偿顺序为：①船舶优先权；②船舶留置权；③船舶抵押权。故 D 项正确。

参考答案 **ACD**

✏ **要点凝练**

（1）海难救助无论发生在先，还是在

后，均优先受偿；

（2）人身性质的优于财产性质的先受偿；

（3）《海商法》第 22 条第 1 款中规定的各项海事请求并非在每一个具体案件中都全部存在；

（4）船舶担保物权的受偿顺序依次是：船舶优先权、船舶留置权、船舶抵押权。

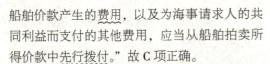 **66** **专题 国际经济法新领域**

300. 关于特别提款权，下列哪些选项是正确的？（2009/1/85-多）

A. 甲国可以用特别提款权偿还国际货币基金组织为其渡过金融危机提供的贷款

B. 甲乙两国的贸易公司可将特别提款权用于两公司间国际货物买卖的支付

C. 甲乙两国可将特别提款权用于两国政府间结算

D. 甲国可以将特别提款权用于国际储备

考点提示 特别提款权

选项解析 特别提款权（Special Drawing Right，简称 SDR）是国际货币基金组织于 1968 年在原有的普通贷款权之外，按各国认缴份额的比例分配给会员国的一种使用资金的特别权利。

成员国在基金组织开设特别提款权账户，作为一种账面资产或记账货币，可用于办理政府间结算，可偿付政府间结算逆差，还可以用以偿还基金组织的贷款，或作为偿还债务的担保等。故 A、C 项正确。

特别提款权只是一种账面资产，并非真实的货币，不能用于实际货物贸易支付。故 B 项错误。

各会员国可以凭特别提款权向基金组织提用资金，因此，特别提款权可与黄金、外汇一起作为国际储备。故 D 项正确。

参考答案 **ACD**

✏ **要点凝练**

（1）特别提款权不能用于实际货物贸易支付；

（2）特别提款权可与黄金、外汇一起作为国际储备。

答案速查表

题号	答案	题号	答案	题号	答案
1	A	26	AC	51	AD
2	AC	27	CD	52	CD
3	ACD	28	A	53	ABD
4	C	29	C	54	ABD
5	B	30	BC	55	B
6	AD	31	BC	56	ABCD
7	A	32	ABD	57	D
8	ACD	33	A	58	D
9	D	34	ABD	59	AD
10	BCD	35	D	60	BD
11	D	36	B	61	BD
12	BC	37	BC	62	B
13	ABCD	38	ACD	63	AC
14	A	39	CD	64	B
15	AD	40	D	65	AD
16	BC	41	AB	66	B
17	C	42	ABD	67	C
18	A	43	AC	68	A
19	A	44	BD	69	BC
20	B	45	B	70	B
21	C	46	B	71	A
22	C	47	AB	72	BC
23	C	48	AC	73	B
24	AC	49	B	74	AC
25	D	50	ABD	75	B

题号	答案	题号	答案	题号	答案
76	C	105	A	134	AC
77	AD	106	B	135	AD
78	B	107	A	136	BCD
79	AC	108	AD	137	A
80	ACD	109	ABC	138	C
81	D	110	ABC	139	D
82	B	111	A	140	D
83	A	112	BC	141	CD
84	AC	113	B	142	D
85	C	114	BD	143	B
86	D	115	A	144	A
87	A	116	C	145	A
88	C	117	D	146	ABCD
89	B	118	D	147	BD
90	A	119	CD	148	BD
91	AC[1]	120	AB	149	CD
92	B	121	C	150	B
93	AD	122	CD	151	ABC
94	C	123	D	152	B
95	D	124	A	153	ACD
96	B	125	D	154	ABCD
97	AC	126	D	155	ABC
98	CD	127	B	156	BC
99	CD	128	ABD	157	B
100	D	129	BCD	158	B
101	D	130	A	159	A
102	AC	131	B	160	B
103	B	132	BC	161	ABC
104	A	133	AD	162	AC

〔1〕 司法部原答案为 ABC。

题号	答案	题号	答案	题号	答案
163	BC	190	ABC	217	D
164	BCD	191	C	218	AB
165	CD	192	C	219	ABD
166	A	193	BC	220	ABC
167	B	194	D	221	B
168	C	195	ACD	222	AB
169	ABC	196	CD	223	ABD
170	C	197	C	224	BD
171	A	198	C	225	C
172	A	199	A	226	B
173	D	200	B	227	AD
174	C	201	C	228	D
175	ACD	202	D	229	C
176	C	203	AB	230	A
177	B	204	D	231	AC
178	BD	205	BD	232	ABCD
179	CD[1]	206	AC	233	BD
180	D	207	BCD	234	B
181	BC	208	A	235	ABCD
182	BC	209	B	236	ABC
183	ABC	210	AD	237	B
184	B	211	C	238	ABD
185	AD[2]	212	ACD	239	C
186	D	213	C	240	ABD
187	D	214	ACD	241	AC
188	ABC	215	A	242	B
189	CD	216	C	243	A

〔1〕 司法部原答案为 ACD。

〔2〕 司法部原答案为 ABD（B 项是 1998 年规定的条文，已经废止）。

题号	答案	题号	答案	题号	答案
244	A	263	C	282	C
245	A	264	D	283	A
246	D	265	C	284	AB
247	ABC	266	A	285	ABC
248	ABD	267	A	286	ABCD
249	BCD	268	B	287	D
250	C	269	C	288	CD
251	B	270	ACD	289	CD
252	D	271	BCD	290	BD
253	D	272	BCD	291	B
254	B	273	B	292	AC
255	B	274	A	293	ACD
256	BD	275	ABCD	294	AB
257	D	276	ABC	295	CD
258	D	277	ABD	296	D
259	D	278	CD	297	C
260	AC	279	BCD	298	B
261	CD	280	AC	299	ACD
262	AC	281	BCD	300	ACD

图书在版编目（ＣＩＰ）数据

真题卷.三国法 300 题/殷敏编著.—北京：中国政法大学出版社，2024.2
ISBN 978-7-5764-1269-7

Ⅰ.①真… Ⅱ.①殷… Ⅲ.①国际法－资格考试－习题集②国际私法－资格考试－习题集③国际经济法－资格考试－习题集 Ⅳ.①D920.4

中国国家版本馆 CIP 数据核字(2024)第 009216 号

出 版 者　　中国政法大学出版社
地　　址　　北京市海淀区西土城路 25 号
邮寄地址　　北京 100088 信箱 8034 分箱　　邮编 100088
网　　址　　http://www.cuplpress.com (网络实名：中国政法大学出版社)
电　　话　　010-58908285(总编室) 58908433 （编辑部） 58908334(邮购部)
承　　印　　三河市华润印刷有限公司
开　　本　　787mm×1092mm　　1/16
印　　张　　13
字　　数　　390 千字
版　　次　　2024 年 2 月第 1 版
印　　次　　2024 年 2 月第 1 次印刷
定　　价　　49.00 元

厚大法考（西安）2024 年客观题面授教学计划

班次名称			授课模式	授课时间	标准学费（元）	阶段优惠(元)		
						11.10 前	12.10 前	1.10 前
尊享系列	尊享一班（视频+面授）		全日制	4.2～主观题（主客一体）	39800	主客一体、协议保障，全程享受 VIP 高端服务；座位优先，量身打造个性化学习方案，一对一抽背，学科个性化规划，让备考更科学、复习更高效、提分更轻松。2024 年客观题意外未通过，退 28800 元；主观题意外未通过，退 13800 元。限招 10 人！		
	尊享二班（视频+面授）		全日制	5.8～主观题（主客一体）	36800	主客一体、协议保障，全程享受 VIP 高端服务；座位优先，量身打造个性化学习方案，一对一抽背，学科个性化规划，让备考更科学、复习更高效、提分更轻松。2024 年客观题意外未通过，退 26800 元；主观题意外未通过，退 13800 元。		
周末系列	周末长训班（视频+面授）	A 模式	周末+暑期	3.25～主观题（主客一体）	16800	主客一体、协议保障、无优惠；座位前三排、督促辅导、定期抽背纠偏、心理疏导。2024 年客观题成绩合格，凭成绩单上主观题短训班；客观题意外未通过，退 10000 元。限招 10 人！		
		B 模式	周末+暑期	3.25～主观题（主客一体）	13800	主客一体、协议保障。2024 年客观题成绩合格，凭成绩单上主观题短训班。		
		C 模式	周末+暑期	3.25～8.31	13800	8380	8880	9380
大成系列	大成 VIP 班（视频+面授）	A 模式	全日制	4.2～主观题（主客一体）	28800	主客一体、协议保障；小组辅导，量身打造个性化学习方案；高强度、多轮次、全方位消除疑难，环环相扣不留死角。2024 年客观题成绩合格，凭成绩单上主观题短训班；客观题意外未通过，免学费重读 2025 年大成 VIP 班 B 模式。		
		B 模式	全日制	4.2～8.31	16800	10380	10880	11380
	大成集训班（视频+面授）	A 模式	全日制	5.8～主观题（主客一体）	26800	主客一体、协议保障；小组辅导，量身打造个性化学习方案；高强度、多轮次、全方位消除疑难，环环相扣不留死角。2024 年客观题成绩合格，凭成绩单上主观题短训班；客观题意外未通过，免学费重读 2025 年大成集训班 B 模式。		
		B 模式	全日制	5.8～8.31	16800	9380	9880	10380
暑期系列	暑期主客一体班（面授）		全日制	7.10～主观题（主客一体）	11800	主客一体、无优惠。2024 年客观题成绩合格，凭成绩单上主观短训班。		
	暑期全程班（面授）	A 模式	暑期	7.10～8.31	18800	主客一体、协议保障；座位前三排、督促辅导、定期抽背纠偏、心理疏导。2024 年客观题成绩合格，凭成绩单上主观题短训班；客观题意外未通过，退 12000 元。		
		B 模式	暑期	7.10～8.31	11800	7380	7880	8380
冲刺系列	考前密训冲刺班		全日制	8.22～8.31	4680	3680		3980

其他优惠：

1. 多人报名可在优惠价格基础上再享团报优惠：3 人（含）以上报名，每人优惠 180 元；5 人（含）以上报名，每人优惠 280 元；8 人（含）以上报名，每人优惠 380 元。

2. 厚大面授老学员在阶段优惠价格基础上再优惠 500 元（冲刺班次和协议班次除外），不再享受其他优惠。

备注：因不可抗力因素而造成不能进行线下教学而改用线上教学（含录播和直播课）时，线上教学课程等同于线下教学课程。

【西安分校地址】陕西省西安市雁塔区长安南路 449 号丽融大厦 1802 室（西北政法大学北校区对面）

联系方式：18691857706 李老师　18066532593 田老师　18192337083 李老师　18192337067 王老师

厚大法考 APP

厚大法考官博

西安厚大法考官微

西安厚大法考 QQ 服务群

西安厚大法考官博

厚大法考（杭州）2024年客观题面授教学计划

班次名称		授课时间	标准学费（元）	阶段优惠（元）			备注
				11.10前	12.10前	1.10前	
大成系列	大成集训班（加密视频+暑期面授）	5.8~8.28	13800	6980	7480	7980	本班配套图书及内部资料
	大成集训主客一体班（加密视频+面授）	5.8~主观题考前	19800	主客一体,协议保障,无优惠。2024年客观成绩合格,凭客观题成绩单上2024年主观题决胜班;2024年客观题意外未通过,退15800元。			
暑期系列	暑期主客一体尊享班	7.9~主观题考前	19800	无优惠,座位前三排,主客一体,签订协议,专属辅导。2024年客观成绩合格,凭客观题成绩单上2024年主观题决胜班(赠送专属辅导,一对一批阅);2024年客观题意外未通过,学费全退;2024年主观题意外未通过,免学费重读2025年主观题决胜班。			本班配套图书及内部资料
	暑期主客一体班	7.9~主观题考前	12800	主客一体,签订协议,无优惠。2024年客观成绩合格,凭客观题成绩单上2024年主观题决胜班;2024年客观题意外未通过,退8000元。			
	暑期VIP班	7.9~8.28	9800	无优惠,签订协议,专属辅导。2024年客观题意外未通过,学费全退。			
	暑期全程班	7.9~8.28	9800	4980	5480	5980	
	大二长训班	7.9~8.28(2024年)	13800	6980	7480	7980	一年学费读2年,本班次只针对在校法本大二学生
		7.9~8.28(2025年)					
周末系列	周末主客一体班（加密视频+点睛面授）	4.4~主观题考前	9800	主客一体,协议保障,无优惠。2024年客观成绩合格,凭客观题成绩单上2024年主观题点睛冲刺班;2024年客观题意外未通过,退8000元。			本班配套图书及内部资料
	周末全程班（加密视频+点睛面授）	4.4~8.28	6980	4080	4380	4680	
	周末精英班（加密视频）	4.4~8.18	4980	2580	2880	3180	
	周末长训班（加密视频+暑期面授）	4.4~6.23(周末)	13800	6980	7480	7980	
		7.9~8.28(脱产)					
冲刺系列	点睛冲刺班	8.19~8.28	4580	2980			本班内部资料

其他优惠：

1.多人报名可在优惠价格基础上再享团报优惠(协议班次除外):3人(含)以上报名,每人优惠200元;5人(含)以上报名,每人优惠300元;8人(含)以上报名,每人优惠500元。

2.厚大面授老学员报名(2024年3月10日前)再享9折优惠(VIP班次和协议班次除外)。

备注:面授教室按照学员报名先后顺序安排座位。部分面授班次时间将根据2024年司法部公布的考试时间进行微调。

【杭州分校】浙江省杭州市钱塘区二号大街515号智慧谷1009室　　咨询热线:0571-28187005

厚大法考APP

厚大法考官博

杭州厚大法考官博

厚大法考（广州、深圳）2024 年客观题面授教学计划

班次名称		授课时间	标准学费(元)	阶段优惠(元) 11.10前	12.10前	1.10前	2.10前	3.10前	配套资料
至尊系列(全日制)	主客一体至尊私塾班	随报随学直至通关	177000	协议班次，无优惠；自报名之日至通关之时，学员全程、全方位享受厚大专业服务，私人定制、讲师私教、课前一对一专属辅导课、大班面授；多轮次、高效率系统学习，主客一体；送住宿二人间；当年通过法考，奖励 2 万元。					理论卷 8 本真题卷 8 本法考特训集随堂讲义等
	主客一体至尊 VIP 班	4.10~9.1	157000	协议班次，无优惠；享至尊班专属辅导。若未通过 2024 年客观题，学费全退；若未通过 2024 年主观题，学费退一半。					
	至尊班	4.10~9.1	76800	50000		55000		60000	
				若未通过 2024 年客观题，免学费重读第二年客观题大成长训班；若通过 2024 年客观题，赠送 2024 年主观题短训班。					
大成系列(全日制)	大成长训班	4.10~9.1	38800	24800	25800	26800	28800	30800	
	主客一体长训班	4.10~9.1	38800	若未通过 2024 年客观题，免学费重读 2025 年客观题大成集训班；若通过 2024 年客观题，赠送 2024 年主观题短训班。					
	大成集训班	5.18~9.1	28800	17800	18800	19800	20800	21800	
	主客一体集训班	5.18~9.1	28800	若未通过 2024 年客观题，免学费重读 2025 年客观题大成集训班；若通过 2024 年客观题，赠送 2024 年主观题衔接班。					
暑期系列	大三先锋班	3.25~6.30	15800	3~6 月每周一至周五，晚上线上授课，厚大内部精品课程，内部讲义。					理论卷 8 本真题卷 8 本随堂讲义
		7.8~9.1		8200	8500	8800	9300	9800	
	暑期全程班	7.8~9.1	13800	7500	7700	8000	8300	8500	
	暑期主客一体冲关班	7.8~9.1	16800	若未通过 2024 年客观题，免学费重读 2025 年客观题暑期全程班；若通过 2024 年客观题，赠送 2024 年主观题密训营。					
				14300	14800	15300	15800	16300	
	私塾班	3.16~6.30 / 7.8~9.1	18800	13000	13300	13500	13800	14000	
周末系列	周末精英班	3.16~8.18	8980	7580	7880	8180	8580	8780	
	周末精英班(深圳)	3.30~8.18	7980	6580	6880	7180	7580	7880	
	周末全程班	3.16~9.1	15800	9300	9600	9800	10200	10500	
	周末全程班(深圳)	3.30~9.5	14800	8300	8600	8800	9300	9800	
	周末主客一体冲关班	3.16~9.1	16800	若未通过 2024 年客观题，免学费重读 2025 年客观题周末精英班；若通过 2024 年客观题，赠送 2024 年主观题密训营。					
冲刺系列	点睛冲刺班	8.24~9.1	4980	4080					随堂讲义

其他优惠：详询工作人员

【广州分校】广东省广州市海珠区新港东路 1088 号中洲交易中心六元素体验天地 1207 室
　　　　　　咨询热线：020-87595663 / 020-85588201
【深圳分校】广东省深圳市罗湖区滨河路 1011 号深城投中心 7 楼 717 室　　咨询热线：0755-22231961

厚大法考 APP

厚大法考官博

广州厚大法考官微

深圳厚大法考官微

2024年主客一体全程班

厚大网授

客观题（普通）、主客一体（普通）、主客一体（重读）
三种模式任你选择

课程阶段　2024年1月中旬～主观题考前

十个月充足准备　十大学习阶段　十大省心服务

时间充分	十个月计划安排游刃有余,上班学习两不误
实力师资	名师+应试讲师强强联合,专业授课有保障
优质课程	主客一体备考,精品内部课程,最新考点全覆盖
内部资料	授课老师2024年精编讲义,内部专属,无需再购买其他资料
海量习题	供真题+模拟题刷到形成条件反射,学得踏实,练得过硬
模考测试	定期测试,检验每科所学,查漏补缺,效果显著
考前预测	名师精编考前预测资料,以题带点,迅速复盘,应试效果拉满
在线答疑	由专业答疑团队多渠道多平台在线答疑,扫除学习盲点
配套图书	多阶段赠纸质图书大礼包,包邮送到家

课前导学　入学摸底
小灶梳理　学习规划
模考专场　群内答疑
人工批改　定期班会
音频带背　督学回访

客观题普通模式
扫码购买了解详情

主客一体普通模式
扫码购买了解详情

主客一体重读模式
扫码购买了解详情

全程系列	班型	课程阶段		学习模式	定价
	客观题全程班	客观		普通模式	8800
	主客一体全程班	客观	主观	普通模式	10800
	主客一体全程班	客观	主观	重读模式	12800

备注：凡购买重读模式课程的学员,须报名参加2024年度国家法律职业资格客观题部分的考试,且卷一与卷二均不能为0分。若遗憾未能达到2024年度法考客观题考试的合格分数线（放宽地区考生达到该地区合格线即为通过,即B证、C证也算通过）,可申请免费重读2025年客观题在职先锋班。具体重读细则,详见相关协议。

在职周末主客一体直播班

（仅需5980元，不过重读）

 在职考生
体系不完整，没有固定
学习时间，做题训练少

 零基础考生
对考试不了解莫名恐惧
无从下手，没有方向

屡考不过
难突破瓶颈、缺乏应试技巧
想成功上岸的考生

 全职妈妈
时间碎片化，学习效率
低，学习动力欠缺

 初入职场
缺少一纸证书，抓不住
心仪的工作机会

 在校学生
毕业事情多，准备多个考试，
需要最大化有效备考

课程包含

客观阶段	时间	学习效果
基础导学	报名~3月初	三实两诉夯实基础，细致梳理，让专业的知识通俗化、简单化；专业的指导以及学习习惯的养成，让备考有计划、有底气
系统精讲	3月中旬~7月初	搭建知识框架，名师直播授课与答疑，抽丝剥茧、重点突出；真题训练，即时检测学习成果
刷题强训	7月初~8月中旬	名师亲编黄金模拟题，将知识转化为分数，让你会做题，做对题
点睛押题	8月底~9月初	学院派名师精心打造，考前临门一脚，快速提分50+

主观阶段	时间	学习效果
主观 三位一体阶段	出成绩后2天	主观重要科目考点梳理，帮助考生从客观到主观答题思维与答题方法的转变
主观 考前密训阶段	10月1~10月7日	高质量模拟大案例的讲解，让考生掌握主观考试重点的同时，锻炼主观答题逻辑思维，有效掌握答题技巧
主观 民事融合课程	10月8日	讲授民事融合的高频考点，训练答题技巧，定向突破民法、商法、民诉50多分的案例综合题，有效提高综合性题目得分

课程服务

- 入学调查
- 专业答疑
- 学科导学
- 名师直播
- 布置任务
- 跟踪督学
- 阶段班会
- 考前抽背

扫码即可报名

厚大法考 2024年 "客观题学习包" 免费网络课堂课程安排

系统强化阶段（☆夯实基础——主讲各科主要内容，全面学习和掌握各科知识点）

教学内容： 系统讲解各科的考试主要内容及核心内容。围绕各学科内容的框架体系，将基本理论进行详细讲解，结合案例分析帮助大家理解并掌握知识。

教学目标： 让学生领悟各学科的精髓，掌握重点难点，具备应试能力。

部门法	授课教师	课时	部门法	授课教师	课时	配套资料	上传时间
民法	张翔	8天	民诉法	刘鹏飞	4天	理论卷	2023年10月底开始陆续上传
刑法	罗翔	6天	刑诉法	向高甲	5天		
行政法	魏建新	5天	三国法	殷敏	4天		
商经知	鄢梦萱	6天	理论法	白斌	5天		

真题破译阶段（☆重者恒重，法考客观题怎么考，通过剖析真题来掌握客观题真谛）

教学内容： 对历年经典真题进行归类讲解，归纳考试重点，剖析命题陷阱，掌握法考方向等，一方面巩固课程内容，另一方面使学生领悟法考真谛。

教学目标： 使学生深刻领悟法考真考什么，怎么考，培养客观题解题技巧，领会命题思路，领悟法考真谛。

部门法	授课教师	课时	部门法	授课教师	课时	配套资料	上传时间
民法	张翔	3天	民诉法	刘鹏飞	2天	真题卷	2024年5月初开始陆续上传
刑法	罗翔	2天	刑诉法	向高甲	2天		
行政法	魏建新	2天	三国法	殷敏	2天		
商经知	鄢梦萱	2天	理论法	白斌	2天		

119 必背阶段（☆浓缩精华——客观题考前必背的精华提炼总结）

教学内容： 临考之前，将各科进行精华总结，提炼各科核心，将"重中之重""2024年浓缩版必考点"进行总结提炼与讲授。

教学目标： 在客观题临考之前，帮学生归纳总结，去粗取精，提高核心内容学习效果，提升应试能力。

部门法	授课教师	课时	部门法	授课教师	课时	配套资料	上传时间
民法	张翔	4天	民诉法	刘鹏飞	3天	背诵卷	2024年7月初开始陆续上传
刑法	罗翔	4天	刑诉法	向高甲	3天		
行政法	魏建新	3天	三国法	殷敏	3天		
商经知	鄢梦萱	4天	理论法	白斌	3天		

冲刺100题阶段（☆模拟训练——考前冲刺，轻松应战客观题）

教学内容： 带领学生进行高仿真模拟训练，迅速对知识查漏补缺，提升应试能力。

教学目标： 带领学生进行高仿真模拟训练，以题带点，以点带面，适应考考命题趋势，提升客观题实战破题能力。

部门法	授课教师	课时	部门法	授课教师	课时	配套资料	上传时间
民法	张翔	2天	民诉法	刘鹏飞	1.5天	金题卷	2024年8月上旬开始陆续上传
刑法	罗翔	2天	刑诉法	向高甲	1.5天		
行政法	魏建新	1.5天	三国法	殷敏	1.5天		
商经知	鄢梦萱	1.5天	理论法	白斌	1.5天		

2024厚大法考客观题学习包

 专属学习平台
学习中心——学情监控,记录你的学习进度

 全名师阵容
厚大学院派名师领衔授课,凝聚智慧力量,倾情传授知识

 32册图书700+课时
独家精编图书覆盖全程,免费高清视频,教学精准减负,营养增效

 专业答疑服务
高分导学师,专业答疑解惑

 更多过关学员选择
备受法考小白零基础及在校/在职考生信赖

 贴心带学服务
学习包学员专享,全程带学,不负每一位学员

八大名师

 民法|张翔

 刑法|罗翔

 民诉|刘鹏飞

 刑诉|向高甲

 行政|魏建新

 商经|鄢梦萱

 三国|殷敏

 理论|白斌

全套图书

《理论卷》
8本

《真题卷》
8本

《背诵卷》
8本

《金题卷》
8本

请打开手机淘宝扫一扫
厚大教育旗舰店

扫码下载官方APP
即可立即听课